人间有味是清欢

苏东坡的生活美学

刘晗——著

河南大学出版社
HENAN UNIVERSITY PRESS
·郑州·

图书在版编目（CIP）数据

人间有味是清欢：苏东坡的生活美学 / 刘晗著．
郑州：河南大学出版社，2024.10．-- ISBN 978-7
-5649-6102-2

Ⅰ．K825.6-49；B834.3-49

中国国家版本馆CIP数据核字第20244WW999号

RENJIAN YOUWEI SHI QINGHUAN——SU DONGPO DE SHENGHUO MEIXUE
人间有味是清欢——苏东坡的生活美学

策 划 人	孔令刚
项目统筹	谌洪波
责任编辑	陈　炜
责任校对	陈晓林
装帧设计	高枫叶

出版发行　河南大学出版社
　　　　　地址：郑州市郑东新区商务外环中华大厦2401号
　　　　　邮编：450046
　　　　　电话：0371-86059752（大众文化出版中心）
　　　　　　　　0371-86059701（营销部）
　　　　　网址：hupress.henu.edu.cn

排　版	河南大学出版社设计排版中心
印　刷	河南瑞之光印刷股份有限公司
版　次	2024年10月第1版
开　本	710 mm×1010 mm　1/16
字　数	248千字

印　次　2024年10月第1次印刷
印　张　15.5
定　价　75.00元

（本书如有印装质量问题，请与河南大学出版社联系调换。）

目 录

导 论 ·· 1

第一章　北宋独特的时代风貌 ································· 15
　　第一节　近世社会的开端 ··· 17
　　第二节　新型士人阶层的形成 ··································· 26
　　第三节　北宋士人独特的审美情趣 ····························· 36

第二章　日常之雅 ··· 41
　　第一节　吾安往而不乐 ·· 43
　　第二节　东坡与美食 ··· 48
　　第三节　东坡与茶 ·· 73
　　第四节　东坡与酒 ·· 91

第三章　家居之安 ··· 101
　　第一节　东坡的家园 ··· 102
　　第二节　温情的建筑 ··· 110
　　第三节　居家与在野 ··· 117

第四章　山水之乐 ·· 129

第一节　身行万里半天下 ································ 131
第二节　体万物之生意 ···································· 135
第三节　东坡的疏野情结 ································ 142

第五章　文人之趣 ·· 151

第一节　读书与作文 ······································ 153
第二节　东坡与文人画 ···································· 161
第三节　最爱那片石 ······································ 175
第四节　书房清赏 ·· 185

第六章　养生之道 ·· 195

第一节　吾生如寄耳 ······································ 197
第二节　养生是个审美事件 ······························ 204

第七章　东坡生活美学的当代价值 ····················· 219

后　记 ·· 239

导论

扫码查看
- AI东坡先生
- 品大宋风雅
- 享东坡食谱
- 观风流人生

一、一个话题：生活与艺术

20世纪90年代以来，随着人们物质生活的日益富足，越来越多的艺术元素被植入购物中心、娱乐场所、城市建筑区等日常生活场所，大众日常生活得到全方位"美化"，艺术品不再局限于艺术馆、博物馆、文化馆等，现成的物品、人物、事件、场景等都有可能成为艺术性存在。生活世界与艺术世界的区别日益模糊。当今新技术、新媒体更是打破了艺术与生活的藩篱，改变着人们的价值观念、审美趣味、生活方式等。对于艺术生活化、生活审美化，人们日益持一种开放、包容的态度，不加审度地肯定或否定，也许都不是恰当的态度，只有积极面对新的审美现象、新的美学问题，才是打开艺术与生活、审美与生活、艺术与审美等错综复杂的话题的正确方式。

在国内，陶东风应是较早谈及"日常生活审美化"这一话题的。据他自述，2000年扬州会议上他提出了"日常生活审美化"，后根据会议发言撰写论文《日常生活的审美化与文化研究的兴起——兼论文艺学的学科反思》(《浙江社会科学》社会科学版，2002)。2003年，《文艺争鸣》刊发系列文章，深入探讨"日常生活审美化"这一话题。陶东风认为，在日常生活文艺化与审美化的背景下，"新型文化媒介人"兴起，他们好像在追求"艺术化的生活方式"，既是日常生活审美化的身体力行者，同时也是大众在身体与日常生活的美化方面的引路人与设计师，是时尚话语的打造者。王德胜认为，日常生活审美化趋向与大众文化实践之间有某种关联，追求视像与快感已成为一种新的日常生活的伦理、新的美学现实。

鲁枢元对"审美的日常生活化"与"日常生活的审美化"进行了区分。他认为："'审美的日常生活化'，是技术对审美的操纵，功利对情欲的利用，是感官享乐对精神愉悦的替补。而'日常生活的审美化'，则是技术层面向艺术层面的过度，是精心操作向自由王国的迈进，是功利实用的劳作向本真澄明的生存之境的提升。二者的不同在于，一是精神生活对物质生活的依附；一是物质生活向精神生活的升华。这样说并不否定二者之间的有机联系，但其价值的指向毕竟还是不同的。"（鲁枢元：《生态批评的空间》）鲁枢元认为，在张扬"审美的日常生活化"的同时，也别遗弃了"日常生活的审美化"，要更为关注生命个体复杂、精微、玄妙的情感活动与精神活动，寻求一种内在自足、人性丰赡、天然本真的生存境界。鲁枢元高扬一种与人类精神、与自然生态保持和谐的审美原则，呼吁寻回失落已久的"诗性智慧"，真正使审美的原则在我们的日常生活乃至时代生活中发挥引领作用。

2010年应是中国"生活美学"之年。《文艺争鸣》开设了《新世纪中国文艺学美学范式的生活论转向》专栏，引发了学术界热烈讨论。两年之内，《文艺争鸣》共刊载近60篇专栏文章，理论版先后推出《新世纪中国文艺学美学范式的生活论转向·中国文艺学美学的生活论转向专辑》《新世纪中国文艺学美学范式的生活论转向·文化研究与生活论转向讨论专辑》《新世纪中国文艺学美学范式的生活论转向·生态理论视野与生活论转向讨论专辑》《生活美学》《艺术与日常生活审美论坛》等专栏。整体来说，国内学者主要从以下三个方面进行研究：一是对生活美学学理性展开探讨，尝试从本体论层面论证生活美学的合法性、合理性，并力求通过此来打通中西美学。二是深入挖掘中国古典形态的生活美学资源，尤其是魏晋、晚明时期的文人生活风格与审美趣味。三是关注当代日常生活审美化实践，如对公共空间艺术、城市建筑、城市园林等的研究。

在西方，现代意义上的美学范畴在18世纪逐渐形成。康德，作为德国古典哲学的代表人物，提出了"艺术自律""审美无利害"等重要观点，对现代西方美学产生深远影响。当艺术被设定为"美的艺术"，审美成为"无功利"

的存在时，一方面确立了艺术、审美的纯粹性与理想性，另一方面也导致了与日常生活的割裂与疏离。艺术与现实生活之间的联系日益松弛。从20世纪60年代开始，西方美学研究逐渐形成了回到"生活世界"的潮流，文化美学、环境美学、身体美学、生活美学等纷纷出现。

杜威在《艺术即经验》一书中，探讨了生活与艺术之间的关系，他试图用"一个经验"寻找艺术与非艺术、高雅艺术与通俗艺术、艺术与工艺之间的连续性。费瑟斯通在《消费文化与后现代主义》一书中提出了"日常生活审美化"。他认为，当今流行的亚文化，包括达达主义、超现实主义等力求消解艺术与日常生活之间的界限，人们也热衷于用艺术原则筹划日常生活，从而实现生活方式的风格化与审美化。理查德·舒斯特曼的"身体美学"则突破了传统分析美学的桎梏，积极为感性经验、通俗艺术辩护，强调学术研究与社会生活之间的连续性。韦尔施在《重构美学》一书中，将美学扩大至日常生活、科学、政治、伦理学等，使美学成为一种完整意义上的"泛美学""大美学"。伯梅试图通过"气氛""身体""空间"等来创立日常美学、商品美学、政治美学等。

在艺术日益生活化、生活日益艺术化的后现代语境下，20世纪西方美学重建艺术与生活、审美与生活、高雅与通俗、精英与大众之间的联系，从而形成当今美学研究主要潮流，即艺术哲学美学、环境美学、日常生活美学。这是对以康德为代表的古典美学的反驳，使美学研究逐渐走出"艺术自律""审美无利害"的藩篱，从而建构新的美学范式与美学精神。国内外生活美学研究为美学重新观照生活世界做出了贡献，但也存在一定的问题。在科技与资本的合谋下，"美"日益沦为取悦感官的外部形式，丧失了可贵的超越精神与理想精神。同时，在消费文化的加持下，以"审美"的名义无节制地进行生产、消费，造成自然资源浪费与生态环境破坏。

伴随着日益加剧的生态危机与愈演愈烈的消费文化，我们到底需要什么样的"美好生活"：是延续工业文明范式下的生活方式，还是践行"低物质消耗的高品位生活"？这值得深思。文艺大众化、文化产业化极大丰富了民众的日常生活，但同时也伴随着审美的虚浮化、物质化、庸俗化等弊端。

在建设"美丽中国""美好生活"的生态文明时代，我们应该走出"二元对立""人类中心""无限发展观"等工业文明范式的藩篱，将经济发展、人民福祉、生态良好融为有机统一的整体。也许，我们可以适时、适当地"往回看"，充分汲取先民积淀下来的生存智慧，将简朴、平淡，甚至单调、乏味的日常生活提升为生意盎然、诗情充沛的大美世界，使真正的艺术精神、审美理想扎根开花。

二、古代文人诗意盎然的日常生活

纵观人类文明发展史，无论是对"美""艺术"的理解，还是探讨哲学与美学、美学与艺术、艺术与生活之间的关系，都深受特定时代经济基础、社会理想、价值追求等方面的影响，因此，关于生活与艺术的话题是一个崭新的话题，也是一个古老的话题。当我们把目光投向遥远而清晰的古代文人的生活世界时，就会发现：日常生活审美化一直未曾缺席，反而璀璨辉煌、包罗万象、生机盎然。

林语堂曾说："当一个人检视中国的文学和哲学界时，他将得到一些什么东西呢？他会察觉那里边没有科学，没有极端的理论，没有假说，而且并没真正的性质十分不同的哲学。例如中国诗人王维，他不过藉儒道以正行为，藉佛教以净心胸，并藉历史、画、山、河、酒、音乐和歌曲以慰精神罢了。"（林语堂：《生活的艺术》）可以看出，在古代文人的日常生活中，茶酒、书画、山河、哲思是高度圆融统一的，其落脚点在于完整的生活世界。刘悦笛在《东方生活美学》一书中，从天、人、地、食、物、居、游、文、德、性等十个方面高度概括了中国人"忧乐圆融"的生活艺术。对于古代文人而言，创造与欣赏、艺术与生活是内在融通的，审美与生活构成了"不即不离"的亲密关系。中国古典美学不是只聚焦艺术的"小美学"，而是融入现实生活的"大美学"。

中华审美文化传统具有重感性、体悟、情感等鲜明特征，古人的日常生活从来不缺乏审美因子。正如鲁枢元所说，无论是苏州达官贵人的华美园林、北京平民百姓的四合院，还是宋代市井那些下里巴人的瓦子、勾栏，无不透递出审美的意趣，甚至可以说，他们在日常家居环境的营造中将唐诗宋词的审美意境发挥得淋漓尽致。中国古人，尤其是古代文人，始终扎根于日常生活，又能超越日常生活，最终抵达自由、自得、自适的审美境界，文震亨的《长物志》、李渔的《闲情偶寄》都详细记录了古代文人日常饮食、家居、营园等生活。

林语堂在《生活的艺术》一书中谈到，只要拥有诗意的眼光、有趣的灵魂，普通的日常生活也会情趣盎然，还可以尽享家庭之乐、交游之乐、自然之乐，过一种愉快的、智慧的生活。凌继尧认为，生命意蕴与人生艺术化具有紧密的关系，善于体味生命意蕴的人，必定保有丰富的情感世界，从而过一种更有情趣的生活，而生命意蕴就体现在平凡、普通、日常的生活中。只要充分打开与天地万物交流的通道，善于体味生命意蕴，就可以将平凡而日常的生活过得生意盎然、情趣横生。因为，每个人所欣赏的世界就是他所创造的世界。中华民族特别重视生机盎然的日常生活世界，从最底层的物质器皿、饮食养生，到琴棋书画、礼乐生活都构成了具体的生存场域，这些富有情趣的日常生活彰显着古人对生命、生活、人生的肯定与执着。中华民族充沛的艺术精神、审美精神，为我们建构了"应当如此"的生活世界，审美人生也就成了中国古人追求的理想人生境界，即在充满生命力的、活泼泼的日常生活中彰显"道在器中""道不远人"的哲思，在日常生活中提炼出质朴、清雅、自然的审美情趣，在现实与超越相反相成的巨大张力中走向和谐，最终抵达尽善尽美、自由闲适的天地境界。

古代文人的生活艺术，鲜明而集中地表达着中国文化精神。相较于其他阶层，文人更加注重精神自由与文化品味，对于他们而言，艺术就是生活，生活就是艺术，二者须臾不可分离。孙立群在《中国古代的士人生活》一书中提出，中国古代许多士人奉行"贵适意"的生活态度，追求一种任情适志的个性化的生活方式。"贵适意"的生活态度流行于魏晋时期，当时士人普遍向往精神层面的绝对自由，在日常生活中追求个性化、情趣化。"贵适意"的生活态度对后世影响极大。古代文人多以治国安邦为己任，同时又欢喜艺术，热衷园林，畅游山水，追求日常生活的细腻感受，注重生命存在的真实体验，崇尚情趣盎然的诗意生活。提起他们，人们很容易想到吟诗作画、抚琴下棋的诗意场景，还会想到结社雅集、游山玩水的生动画面。这是中国传统文化中最优越、最聪慧的一群人的生活，我们可以列举出孔子、庄子、陶渊明、白居易、苏东坡、李渔、袁枚、金圣叹等一长串闪光的名字。他们是珍贵而稀少的，甚至是不合潮流的，因为他们保有对生活深厚的情感，有着民胞物与的大慈悲，更胸蕴着太多的独特见解，他们代表着中国人理想的生活境界。

三、苏东坡：最独特的"那一个"

在人类文明发展史上，苏东坡是不可多得的文化全才。他是苏氏蜀学的领军人物，为后人留下了《苏氏易传》《论语传》《书传》；他一生政绩卓著，以民为本，具有可贵的淑世精神与责任意识；他共创作了2700多首诗、300多首词、4000多篇文章，在诗、词、文领域达到北宋文学的顶峰，诗与黄庭坚并称"苏黄"，开创的豪放词风极大拓展了词的表现领域与境界，为后人留下了丰富的文学艺术遗产；他还擅长书、画，其与黄庭坚、米芾、蔡襄并称书法"宋四家"，尤喜画墨竹，发展了影响深远的文人画，其《黄州寒食诗帖》《枯木怪石图》均为传世精品；他儒道佛兼修，热爱自然，博闻强识，在水利工程技术、动植物学、医药、烹饪、养生等领域都有独到见解。可以说，苏东坡最大限度拓展了人生的宽度与深度，成为中华优秀传统文化的集大成者，他大雅大俗，既是雅文化的宗师，又是俗文化的代表，不仅成为文人士大夫追慕的典范，更深受天下百姓的喜欢与爱戴。

在当代，苏东坡无疑是最出圈的"那一个"，甚至被网友称为"顶流男神""国民偶像"。他不仅是生活在11世纪的古代人物，其本身已成为一个文化现象，一个不断生长的文化符号。2010年，中央电视台科教频道《百家讲坛》栏目播放《唐宋八大家》，反响巨大。《百家讲坛》栏目一贯坚持"让专家、学者为百姓服务"的宗旨，在专家、学者和百姓之间架起"一座让专家通向老百姓的桥梁",从而达到普及中华优秀传统文化的目的。2017年,中央电视台纪录频道推出大型人文历史纪录片《苏东坡》,包括《雪泥鸿爪》《一蓑烟雨》《大江东去》《成竹在胸》《千古遗爱》《南渡北归》,国内外学者从政治、文学、艺术、美食、养生等角度进行深度解读,全面呈现了一个刚直、幽默、旷达的东坡形象,彰显其对中华文明乃至世界文明产生的深远影响。2023年,中央电视台综合频道播出文化综艺节目《宗师列传·唐宋八大家》,以沉浸式实景演绎加电影化拍摄加 XR(一种虚拟现实技术)创新呈现的方式再现八位文化宗师的人生故事。演绎"三苏"故事时,由主持人撒贝宁与康震、崔铭组成的"文脉探访团"不仅完成古装实景穿越,还邀请宗师"苏东坡"穿越千年重返故地,见证今时之盛景。正所谓:千年之前,他们"以如椽巨笔,阐理明道;以浩荡胸襟,济天下苍生";千年之后,"我们带着敬意与幽思,感受中华文脉绵延千载的力量"。

与苏东坡有关的影视剧、舞台剧更是成果丰富,代表作有电视剧《苏东坡》(2012,冷成金编剧),舞蹈诗剧《东坡》,舞台音乐剧《苏东坡》,舞剧《东坡海南》,话剧《苏东坡》,京剧《一蓑烟雨》,音舞诗画《不老的东坡》等。近年来,"东坡"频频出圈,越来越多的年轻人"追捧"东坡,大量与东坡有关的短视频成为爆款,而专门讲东坡的博主也成为网红。2022年还出现了首位3D(三维空间)超写实"数字人苏东坡"。2023年"数字人苏东坡"亮相央视《中国诗词大会》,并以历史情境再现的形式为选手出题,与观众互动。从古代到现代,从精英到大众,苏东坡逐渐成长为一个文化符号、文化 IP(IP,知识产权。此处指文化产品、现象或文化形象),很好地实现了传承与创新的有机融合。

苏东坡为什么备受世人喜欢?有人说,"他迈得开铁脚杆子,弯得下文人士大夫的腰杆子",其随缘放旷的人生智慧为当下提供了一剂精神良药;有人说,"他撑得开'朋友圈子'",东坡的朋友遍天下,不避贵贱,与帝王将相、僧侣道人、田夫野老相交并收获珍贵情谊;有人说,他"饱学千古,孩童心性",东坡深知人性复杂,但始终保有赤子之心,哪怕为之付出沉重代价,也不改初衷;有人说,他是"吃货",毫不掩饰对美食的热爱,对生活的热爱，让人觉得真实、亲切；有人说，他关心民生，心怀社稷；有人说，他敢立大节，穷达皆适；有人说，他是大悲悯，善待天地万物；有人说，他幽默风趣，多才多艺……关于东坡，无论如何言说，也难免挂一漏万。正如林语堂所说：

> 苏东坡是个秉性难改的乐天派，是悲天悯人的道德家，是黎民百姓的好朋友，是散文作家，是新派的画家，是伟大的书法家，是酿酒的实验者，是工程师，是假道学的反对派，是瑜伽术的修炼者，是佛教徒，是士大夫，是皇帝的秘书，是饮酒成癖者，是心肠慈悲的法官，是政治上的坚持己见者，是月下的漫步者，是诗人，是生性诙谐爱开玩笑的人。……苏东坡的人品，具有一个多才多艺的天才的深厚、广博、诙谐，有高度的智力，有天真烂漫的赤子之心——正如耶稣所说，具有蛇的智慧，兼有鸽子的温柔敦厚，在苏东坡这些方面，其他诗人是不能望其项背的。这些品质之荟萃于一身，是天地间的凤毛麟角，不可数见的。而苏东坡正是此等人！他保持天真淳朴，终身不渝。（林语堂：《苏东坡传》）

苏东坡能够大放异彩是因为其博大如海。从一定程度上说，苏东坡接受史始于北宋，绵延至今。曾枣庄曾把横跨千年的中国苏轼研究史分为六个时期：第一，"经纶不究于生前"时期，即苏轼一生贬谪奔波，受尽磨难，但其诗文在生前就得到广泛流传和刊刻，受欢迎程度难以想象。第二，南宋"风行"期，即研究、注释苏轼作品成风，尤其是南宋所编苏轼年谱至少十种，注释苏轼诗歌竟超过百家，代表性作品如郎晔《经进东坡文集事略》，傅干《注坡词》，王十朋《王状元集百家注分类东坡先生诗》等。第三，金、元"靡然"期，即与南宋相比，金、元文人并不注重研究苏轼生平、诗词文，而只学习与模仿苏轼的创作风格。第四，明代"中熄"期，这并不意味着明人不喜爱苏轼，而是成就无法与南宋、清代相比而已，不过明人对苏轼作品的辑佚和评点仍作出了努力，出版了不少选评本。第五，清代"复炽"期，即清代重新掀起了苏轼研究的热潮，尤其出现了苏诗研究的高峰。清代学者无论对于苏轼诗歌的注解、评点还是生平研究展示出了前所未有的成果。代表性作品如朱从延《增刊校正王状元集注分类东坡先生诗》，查慎行《补注东坡先生编年诗》，翁方纲《苏诗补注》，纪昀《评苏文忠公诗》，王文诰《苏诗编注集成总案》等。第六，现当代"熄"而"复炽"期。进入现当代，在历经战乱和政治运动的冲击后，尤其是20世纪后半叶起至今，中国的苏轼研究成果更如雨后春笋，成果卓著。

现当代苏轼研究大致分为以下四类：一、人物生平。孔凡礼的《苏轼年谱》（1998）是集大成之作，为研究苏轼生平提供了详尽的资料。据不完全统计，传记作品二百余种。其中，林语堂的《苏东坡传》（英文版）于1947年在海外发行，20世纪70年代，中文版《苏东坡传》（分别由宋碧云、张振玉翻译）出版发行。另，《苏轼评传》（曾枣庄，1981）、《苏东坡新传》（李一冰，1983）、《苏轼评传》（王水照、朱刚，2004）影响较大。二、文本整理。涌现出了关于全集、选集点校、笺注、赏析等上百种著作，其中代表性作品包括孔凡礼点校的《苏轼诗集》（1982）和《苏轼文集》（1986），王水照选注的《苏轼选集》（1984），曾枣庄、舒大刚主编的《三苏全书》（2001），黄任轲、朱怀春校点的《苏轼诗集合注》（2001），张志烈、马德富、周裕锴主编的《苏轼全集校注》（2010）等。三、具体内容研究。涉及苏轼哲学思想、美学思想、艺术特色、人生态度、人格境界等，形成了新时期苏轼研究的热潮，代表性成果有朱靖华的《苏轼新论》（1983）和《苏轼新评》（1993），王水照的《苏轼论稿》（1994）和《苏轼研究》（1999），曾枣庄的《三苏研究》（1999），杨胜宽的《苏轼人格研究》（1994），唐玲玲的《苏轼思想研究》（1996），冷成金的《苏轼的哲学观与文艺观》（2003），朱刚《苏轼十讲》（2019）等学术专著。最近几年涌现出有关东坡饮食、茶、酒、花、香等日常生活审美研究。四、关于苏轼研究成果的研究。出现了四川大学编写的《苏轼资料汇编》（1994）、《苏轼研究史》（曾枣庄等，2001）等。

《苏轼研究史》一书概述了韩国、日本、美国的苏轼研究现状，对苏学翻译史、接受史、传播史与影响史进行了深刻反思。同时还出现了对域外苏轼研究成果进行介绍的学术论文,如:《苏东坡在国外》(2005)对20世纪以前苏学在欧美及日本、韩国的流传作了述评;《弥纶群言,而研精一理——论艾朗诺的苏轼研究》(2013)对美国汉学家艾朗诺有关苏轼诗词文、书法及绘画方面的研究进行了分析;《英语世界苏轼研究综述》(2014)较系统地论述英语世界苏轼研究;《美国汉学界论苏轼诗歌中的"自我"向度》(2019)阐述了艾朗诺、唐凯琳、杨立宇和杨治宜对苏轼诗歌中"自我"问题的研究;《美国汉学家管佩达论苏诗与佛道关系》(2020)阐述了管佩达对苏诗中体现的佛道思想特色的研究。

苏轼研究也成为国际学术研究中的一个重要领域。在欧洲及美国、加拿大、日本、韩国、新加坡和中国的台湾、香港等地区纷纷出现了东坡文化研究的热潮,涌现出了一大批关注和研究苏轼的专家学者,研究成果卓著。其中,美国苏学研究代表了海外苏轼研究的最高水平,他们研究视角多元化,注重学科交叉研究,涉及文学、艺术、美学、哲学、政治、历史等领域,以唐凯琳、傅君劢、包弼德、艾朗诺为代表。唐凯琳《西方汉学界的苏轼研究》对苏轼在海外的译介、研究与传播等情况作了详细阐释。傅君劢侧重对苏轼诗歌进行研究,包弼德重在把握苏轼思想的整体贡献,艾朗诺从社会、历史、文化等宽广视域中去建构东坡形象。总体来看,海外苏轼研究者具有广阔的研究视野,既力图接近中国文学与文化本身,又自觉或不自觉以"他者"眼光来审视苏轼与中国文化,从而书写出他们心目中的苏轼形象、中国形象,使苏轼日益成为全球性人物。

整体来说,苏东坡研究成果丰富,尤其是关于其生平、文艺作品、政治品格、人生境界等,这为深入研究提供了坚实基础与借鉴价值。但仍存在一定的拓展空间,尤其是在建设中国式现代化强国的今天,亟须深入挖掘东坡文化的当代价值,正如当代学者郦波所说:"我日益感觉到三苏身上有很多具有当代价值、永恒价值的东西,是可以作为人生范本来加以研究和学习的,值得持续深挖。"作为一个保有有趣灵魂的人,苏东坡总是在不同时代受到持续关注,引起不同的焦点问题,从而新的论题、新的观念总会不断涌现。当代学者应立足社会现实,深入挖掘东坡文化的精神内核与当代价值,更好地传承中华优秀传统文化，坚定文化自信，逐步建立中国自主的学科体系、学术体系、话语体系，为构建人类文明新样态贡献中国智慧。

在建设"美丽中国"与"美好生活"的生态文明时代，苏东坡的价值和意义又是什么？最起码，东坡与日常饮食、东坡与家居生活、东坡与人文地理等仍存在巨大的研究空间。陈望衡在《中国古典美学史》一书中指出，苏东坡是封建士大夫美学思想的集大成者。所谓封建士大夫的美学思想，它基本上以儒家美学为主干，情况不同地吸取道家、禅宗等其他各家的美学思想，儒道互补、道神合一体现得特别明显。这种封建士大夫美学大体上是虽有所失意但仍混迹于官场的知识分子的美学，与基本上归属于隐逸的在野派知识分子的美学有所不同。封建士大夫美学，在唐代开始形成，韩愈堪称代表，到宋代则有欧阳修、范仲淹、王安石、苏轼等为代表，思想发展脉络很清楚。士大夫美学是中国美学精神的真正代表，它上可以影响统治者的审美趣味，下可以影响普通百姓的审美风尚。

苏东坡不仅创作出大量优秀的文学艺术作品，而且具有较强的哲学、美学素养，两者相结合所创造的美学思想，体现着中华美学的最高成就。作为中国古典美学发展的巅峰，苏东坡的美学思想内容丰富，涉及诗、词、书法、绘画、建筑、茶酒、饮食、园林等，但以往侧重研究苏东坡的文艺美学，相对忽略其日常生活审美研究。其实，在中国传统文化中，"艺术家靠知识融合获得了对人生和世界的整体性经验，他在哲学、美学和艺术之间游移，在艺术理论、艺术批评、艺术体验、艺术实践之间穿行。这是一种网状分布、四散无际的知识，但要旨归于人生"（刘成纪：《先秦两汉艺术观念史》）。苏东坡的生活世界是一个完整的审美世界，他极好地融通了儒道佛三家思想，既有着经世济国的家国情怀，又有着随缘放旷的超越精神，以及乐享日常生活的人生情趣。对于东坡而言，衣食住行、诗词文赋、琴棋书画、雅集闲游都是丰富多彩、情趣盎然的，他极好地协调了感性与理性、物质与精神、情感与意志之间的关系，在平和雅致的日常生活中寄寓着超脱高蹈的理性精神，形成了别具一格的审美情趣与人生境界。

"中国文化的最高理想人物，是一个对人生有一种建于明慧悟性上的达观者。这种达观产生宽宏的怀抱，能使人带着温和的讥评心理度过一生，丢开功名利禄，乐天知命地过生活。这种达观也产生了自由意识，放荡不羁的爱好，傲骨和漠然的态度。一个人有了这种自由的意识及淡漠的态度，才能深切热烈地享受快乐的人生。"（林语堂：《生活的艺术》）热爱生活应是苏东坡的生命本能，由一个健全的接近大自然的灵魂产生出来，不需要任何理由。这是一种"生命的精神"。苏东坡一生仕宦沉浮，却始终以民为本，敢立天下大节，保有精神的自由；醉心于自然山水，参禅问道，却始终心系百姓，"奋厉有当世志"；悠游于艺术世界，反对强力、人为，主张"行于所当行"；喜欢美食、茶酒、竹石、金石等，却反对"留意于物"……这些矛盾奇妙地统一于他身上，成为中国文化中独特的"一个"。刘小川认为，在中国古代，像苏东坡这样的个体生命，可能绝无仅有。他似乎穷尽了生命的可能性，穷尽了中国文化的可能性。可以说，苏东坡抵达了个体生存的极限。

对于苏东坡，人们总是欲说还休，最终只能报以"会心的微笑"。正如林语堂所说，他身上有一种"魔力"，无论人生呈现怎样的状态，他总能在有限的世界里穿过荒诞与真实、存在与虚无的重重迷障，在天人之际洞悉存在的本真，抵达鸢飞鱼跃、生机盎然的自由境界，完成个体诗意生存的勘探与理想人格的建构。也许，从苏东坡的日常生活入手，通过还原一个读书人的日常饮食、行走坐卧、交游行旅、参禅打坐、焚香挂画、酿酒种茶、抚琴下棋、挥毫泼墨，走进东坡阔大、深邃、细腻的精神世界，看其如何委运化迁，随缘自适，触目皆春，不失为一条可爱、可信、可亲的路径。

何为"日常"？大略指在一般情况下、常规状态下会发生的一切。何为"生活"？按照《现代汉语词典》的解释，作为名词，生活指人或生物为了生存和发展而进行的各项活动，如日常生活、政治生活、经济生活等；作为动词，生活即生存。由此可知，生活是一个鲜活的生命体在天地之间展开的所有活动，它是个体生命的具体呈现。在甲骨文中，"生"模拟了草木破土而出的生命迹象，它是自然而然的生命过程。《说文》曰："生，进也，象草木生出土上。凡生之属皆从生。"徐中舒在《甲骨文字典》中将"生"释为"活也""鲜也"。可见，"生"与"活"是密切相关的，它既指向生命，也指生动的、活泼的。关键在于，人的存在是一种复杂性存在，一方面作为自然生命而存在，另一方面又在不断创造生活，这使得对于生活的探讨颇为吃力而又不讨好。

为了避免无谓的争论，本书在展开探讨之前，需要做出两点说明：一是聚焦古代文人的日常生活；二是呈现苏东坡鲜活而有机的整体生活图景。赵汀阳曾说："生活本身向多种'可能生活'敞开着，就像思想向多种'可能世界'敞开一样。生活的意义就在它的各种可能生活中展开和呈现，生活的意义就在于生活自身，而不可能在别处，人没有必要生活在别处。"（赵汀阳：《论可能生活》）生活的目的就是生活本身的质量与意义。对苏东坡日常生活的探讨，也着力于发掘日常生活本身蕴含的审美理想，从而提升日常生活的质量与意义。赵冬梅在《人间烟火：掩埋在历史里的日常与人生》中把日常生活分为两种：一是生活的日常，即衣、食、住、行等寻常日用；二是生命的日常，即人的生命轨迹。"美好生活"应是多元的、丰富的、立体的，它以"存在"为基点，以"关系"为核心，不仅仅体现为日常生活的表面"美化"，更深蕴着向真、向善的精神诉求，彰显着生命个体的生态情怀与生存智慧。

第一章 北宋独特的时代风貌

扫码查看
· AI东坡先生
· 品大宋风雅
· 享东坡食谱
· 观风流人生

北宋是一个令无数读书人着迷的时代。华夏民族文化历数千年之演进，达到了鼎盛阶段，哲学、文学、艺术、科技等都取得了前所未有的巨大成就。陈寅恪说："华夏民族之文化，历数千载之演进，造极于赵宋之世。"[1]邓广铭也说："宋代的文化，在中国封建社会历史时期之内，截至明清之际的西学东渐的时期为止，可以说，已经达到了登峰造极的高度。"[2]日本学者宫崎市定认为，宋代文化不仅是"中国第一"，而且是"世界第一"。学界一般认为，相较于外向、开拓的唐型文化，宋代文化更为内敛、深邃，如果进行内部对比，两宋文化也呈现为不一样的特点。美国汉学家刘子健指出，北宋的特征是外向的，而南宋却在本质上趋向于内敛。他具体阐述了北宋的"外向"型特征：城市人口众多，商业、手工业和娱乐业欣欣向荣；农业发达，制造业也取得长足进步；纸币流通，逐渐形成了地区性的贸易市场；印刷术发达，刊印书籍相对容易，社会文化程度提高；儒释道三教并存，文化氛围宽松；士大夫与劳动者比邻而居；官员、商人、香客和流浪艺人扮演着传播文化的角色，从城市到乡村；等等。[3]刘子健认为，11世纪即北宋中期是多姿多彩的，是发展进步的。从中华文明发展历程来看，宋代确实是一个分水岭。"在自给自足的自然经济占统治地位的前提下，商品经济空前发展。大城市的增

---

[1] 陈寅恪：《金明馆丛稿二编》，上海古籍出版社，1980，第245页。

[2] 邓广铭：《邓广铭学术论著自选集》，首都师范大学出版社，1994，第162页。

[3] 刘子健：《中国转向内在：两宋之际的文化转向》，赵冬梅译，江苏人民出版社，2023，第6-7页。

加、城市坊市制度的破坏、草市的兴起、区域性市场的形成、农产品商品化的增强、商品货币关系的发展等一系列新变化，在一定地区（主要是东南六路）和一定的程度上冲破了自然经济的统治。社会面貌和社会生活与南北朝时期乃至唐前期相较，大为改观，展现出新的画面。"[1]宋之后，中国的文化面貌发生了明显变化，这与宋代城市经济的繁荣、新型士人阶层的形成、雅俗一体的市井文化不无关系。

第一节　近世社会的开端

宋代是中国历史发展的重要转折期。学界普遍认为，宋代是从中古走向近世的过渡，已具有近世文化特征。关于中古与近世的分期，国内学界观点不一，目前较流行的看法是，中古为"汉到唐宋时期"。20世纪初，日本学者内藤湖南提出了宋代为近世开始的观点。他在《概括的唐宋时代观》一文中总结了宋代鲜明的时代特征：在政治制度上，贵族势力趋于没落，代之以君主集权下庶民实力的上升；在经济活动上，货币经济取代了实物交换；在学术思想上，从汉唐的注疏训诂之学进入了自由思考的时代；在日常生活上，逐渐摆脱了中世旧习的生活样式，形成了独创的、平民化的新风气，广为人们所认同。作为近世社会的开端，宋代在经济、政治、文化、生活等领域呈现出不一样的面貌。

一、商品经济发达，城市经济繁荣

北宋时期的政治、经济、文化等各个领域都对后世产生了深远影响。姚瀛艇主编的《宋代文化史》对此进行了详细阐述。从经济方面来看，在自然经济仍然占据统治地位的前提之下，商品经济空前繁荣。北宋时期，土地所有制发生变化。均田制进一步遭到破坏，土地私有制进一步发展，土地买卖

---

[1] 姚瀛艇主编《宋代文化史》，河南大学出版社，1999，第8页。

频繁，土地商品化程度增加，南北朝以来的士族门阀最终退出历史舞台，代之而起的是"官户"与"乡户"地主。他们具有两个显著特点：一是不能直接控制劳动者；二是不能牢固地保有经济、政治地位。与门阀士族相比，他们关心国事，关心生产，具有一定的历史进步性。与之相应的是，南北朝以来的部曲、佃客最终退出历史舞台，代之而起的是"客户"，他们具有较大的人身自由。同时，均田制下的均田户转化为自耕农或佃农。整体来说，农民对地主的人身依附关系相对减弱了。自耕农自不待言，即使是"客户"，也拥有独立的户籍，他们与地主之间主要是租佃关系，并且还有一定程度的退佃"自由"，这种"自由"还受到宋廷的保护。

地主阶级内部也发生变化。一方面，士庶之间的界限被日益打破。南北朝时期，士庶地位悬殊，界线森严，到了宋代，这种界限逐渐被打破。随之而来的是，科举制度中荐举制的消失以及学校科举向地主阶级下层乃至工商杂类的转移。另一方面，地主阶级内部变迁也比较频繁。宋代由于官位不能世袭，导致"官户"常常下降为"乡户"；由于科举制的推行，"乡户"地主乃至上层自耕农民和工商业者可以上升为"官户"地主。同时，"乡户"，乃至"官户"也有可能沦为农民或者其他无产者。总而言之，在宋代，社会阶层流动性增强，相互转化的可能性较大。

伴随着土地经济形式的变化，以及社会各阶层人身自由性的增强，宋代商品经济空前发展，商业税在国家财政收入中的比重第一次超过了农业税。正如冯天瑜等在《中华文化史》一书中所说，北宋商业发达，城市经济繁荣，每年铸钱300多万贯，还出现了世界上最早的纸币"交子"。孟元老在《东京梦华录》中以诗一般的语言深情地写出了开封城的富庶繁华，"罗绮飘香。新声巧笑于柳陌花衢，按管调弦于茶坊酒肆。八荒争凑，万国咸通。集四海之珍奇，皆归市易；会寰区之异味，悉在庖厨。花光满路，何限春游；箫鼓喧空，几家夜宴。"东京城规模宏大，坊市杂处，河流遍布，号称"四水贯都"，城市街道宽阔，尤以龙亭前御路最为华丽。御路宽约200步，两边置御廊，允许商人在此交易。主要街道也在20米左右，足够4部马车并行。横跨汴河的州桥桥面宽度达30米，当时汴河两岸是最繁华的街市所在。城内景色秀美，街边遍植各种花木，"杂花相间，春夏之间，望之如绣"，还有琼林苑、宜春苑、玉津园、金明池等皇家园林，私人花园更是不计其数，欧阳修云："京师花木类多奇，常恨春归人不归。车马喧喧走尘土，园林处处锁芳菲。"

东京城商品经济空前繁荣，工商业分工更趋于细密化、专业化。当时城内商业区建筑鳞次栉比，主要包括两类：一是各类商业门面，多为正店、脚店、酒坊、茶肆、肉铺及各种珍奇异宝专营店；二是医药门诊、看相算命、修面整容等市井服务业。仁宗朝景祐年间，又取消了坊市区隔和宵禁，允许居民沿街开设邸店，住宅、店铺、作坊等都可以临街建造。这与唐代长安城有明显区别。长安居民住宅区基本上是坊式结构，共108坊，每一坊犹如一座独立的小城，不允许居民自由出入，坊内设有官署、衙门、寺庙，没有店铺。商业区集中在东市和西市，东西二市设有宽约18米的街道，街道两边设有店铺，面积不大，四周皆有围墙，且开市闭市均有严格的时间限制。长安城"坊"与"市"是隔离的，而北宋开封是一种长巷式、街区式的布局，坊市一体，临街店铺林立，继而这些街道成为实际的商业与日常生活交往中心。从李合群《北宋东京城营造与布局研究》一书中可以看出，东京城内建制八厢一百二十坊，改变了原来居民不得临街开门、不得在指定的市坊以外从事买卖活动的规矩，遍布商铺的街道实际上成了真正的商业与生活中心。

当时开封城大小店铺临街而立，错落相间，热闹非凡。宋人孟元老在《东京梦华录》中充满深情地回忆繁华的东京街市：沿着御街一直向南，过了州桥，街道两边都是住家、店铺，交错林立。东边有张家酒店、李家香铺、王楼山洞梅花包子、曹婆婆肉饼、李四分茶。过了州桥，有一条著名的街道——曲院街。街南有遇仙正店，豪华排场，前有楼子后有台，店里的酒美且贵，银瓶酒七十二文一角，羊羔酒八十一文一角。街北有薛家分茶、熟羊肉铺。潘楼街一带更是繁华异常，"屋宇雄壮，门面广阔，望之森然。每一交易，动即千万，骇人闻见"，"八荒争凑，万国咸通。集四海之珍奇，皆归市易；会寰区之异味，悉在庖厨"。孟元老笔下的开封城是繁华的、热闹的，更是日常的、凡俗的，一如《清明上河图》中的烟火人生，那真是一个令人神往的时代。

城市经济繁荣，饮食业发达。赵冬梅认为，宋朝是华夏饮食文化的初步成熟期，东京城餐饮业繁荣，酒楼茶肆鳞次栉比；食材丰富，除了辣椒基本齐备；烹饪方法多样，开始出现"炒菜"；风味各异，南食店、北食店、川饭店一应俱全。开封城饮食业大致包括酒楼、食店、饼店和茶肆，其中，饭店大致分为两种，一种是普通的"脚店"，另一种是有酿酒执照的"正店"。正店是北宋级别较高的餐饮场所，有宋廷的配额，以卖酒为主，兼卖下酒菜，餐具极为讲究，据《东京梦华录》载，"凡酒店中，不问何人，止两人对坐饮酒，亦须用注碗一副，盘盏两副，果菜碟各五片，水菜碗三五只"。当时东京城大酒楼的餐具是银盘银碗，无怪乎刚到京都的苏轼认为京都人生活太奢靡。下酒饭菜更是丰富多样，羊、鸡、鸭、鹅、鱼、虾、鹌鹑、兔子等，炙、烤、煎、炒、烧、签、羹等烹饪方法，一应俱全，还能"即时供应"。大酒楼还允许小商贩进店卖各种食品，"又有小儿子，着白虎布衫、青花手巾，挟白磁缸子，卖辣菜"，"又有托小盘卖干果子"，还可以"使人外买"下酒菜。

同时，随着商品经济日益发达，唐朝的宵禁制度日益受到挑战，北宋朝廷宣布商业活动不受时间限制，也不禁夜市，当时开封城内州桥夜市、马行街夜市等一般营业至三更，而五更又复开张。至于勾栏、瓦子等"耍闹去处"，则"通晓不绝"。即使相对偏远僻静的地方，夜市也会有胡饼、和菜饼、灌肠、果木翘羹、香糖果子之类。"冬月虽大风雪阴雨，亦有夜市。……至三更，方有提瓶卖茶者，盖都人公私荣干，夜深方归也。"有了夜生活，自然就得灯火辉煌。灯光已经成为酒楼正店吸引顾客的重要因素之一，当时白矾楼"三层相高，五楼相向，各有飞桥栏槛，明暗相通，珠帘绣额，灯烛晃耀"，店内也是"灯烛荧煌，上下相照"，宛若仙境。从勺子到筷子，从两餐到三餐，从早市到夜市，都是北宋开封城经济发达、文化繁荣的真实写照。

二、新兴市民阶层出现，社会文化程度高

从《宋代文化史》一书中可以看出，在宋代，伴随着城市人口增多、坊市制度被破坏、商品货币关系的发展等，社会面貌与社会生活发生一系列变

化，尤其是社会人口、社会阶层的变化，"无论地主阶级、自耕农民、佃农以及独立工商业者，都以新面貌出现在历史舞台上；各种形式的劳役制和人身控制相对削弱；社会生活的许多方面出现了一定的松动"[1]。北宋开封城是继东晋建康、唐代长安之后，中国古代又一个人口逾百万的大都市。当时开封城人口逾130万，东部人口密度最高，西部次之，南部、北部跟之。

从事工商业活动的人口不仅急剧增加，而且地位更是明显提高了。秦汉时期，统治者视工商业者为"浮木"，通过各种政策逼迫他们回到乡野；北魏统治者甚至用死刑来阻挠工商业的发展；到了唐代，独立工商业者的地位有所提高，但他们仍承担各种劳役。到了宋代，由于商品经济的急速发展，他们的社会地位日益隆升，主要表现在以下三个方面：一是宋代的户籍制度中出现了全新的"坊郭户"，其中大部分是中小工商业者，他们被正式列入封建国家的户籍；二是宋代工商业者有了独立的组织——行会；三是允许工商业者的子弟参加科举考试。独立工商业者地位得到提高，户籍松动，新兴市民阶层逐渐形成。

市民群体日益扩大的同时，全社会文化品味也得到极大提升，这与宋廷重视文化教育有密切关系。以文化成天下，是宋廷的基本国策。为了长治久安，宋代君主借鉴前代治国经验，十分重视文化事业，大力发展学校教育，切实提高社会的文明程度。初宋的君主都喜好读书，宋太祖享有"性好艺文"的称誉，他还设法令武臣读书，使他们了解"为治之道"。宋太宗以"锐意文史"而见著史册，他每天都有固定的读书时间："辰巳间视事，既罢，即看书，深夜乃寝，五鼓而起，盛暑永昼未尝卧。"[2]宋真宗"道遵先志，肇振斯文"，据《玉海》记载，他在两年半的时间内读完了北宋以前所有的经史。他曾言："朕听政之暇，唯文史是乐。讲论经艺，以日系时，宁有倦耶？"[3]听政之余，他最快乐的事情就是读书，每天讲经论艺，从不感到倦怠。堪成

---

[1] 姚瀛艇主编《宋代文化史》，河南大学出版社，1999，第8页。
[2] 姚瀛艇主编《宋代文化史》，河南大学出版社，1999，第23页。
[3] 姚瀛艇主编《宋代文化史》，河南大学出版社，1999，第25页。

典范。不仅如此，宋太宗、宋真宗还十分关心皇子皇孙诸王的读书问题。

君主身体力行、率先垂范，大力提倡读书，极大影响着各个阶层的宋人心态，形成了崇尚文史、重视教育的良好社会风气。宋代是典型的学习型社会，"昨日邻家乞新火，晓窗分与读书灯"（王禹偁《清明》），"孤村到晓犹灯火，知有人家夜读书"（晁冲之《夜行》），求学读书之风兴盛。同时，由于科举考试向庶族地主乃至自耕农民、工商杂类开放，门第血统关系在社会政治生活中的支配力量得到削弱，知识与才能在社会政治生活中的作用就大大增强，读书日益受到全社会的追捧，"释耒耜而执笔砚者，十室而九"（苏轼《谢范舍人书》）。到北宋中期，即使僻远的乡村，也有人挑灯夜读。"万般皆下品，惟有读书高"的社会心态逐渐形成。北宋良好的读书氛围，造就了博学多识、多才多艺的文化人，据《宋史·丁谓传》载，当时的读书人"喜为诗，至于图画、博弈、音律，无不洞晓"。这不仅极大改善了为政者的文化知识结构，也大力推动了社会文化的繁荣，为文化辉煌提供了坚实基础。

在北宋朝廷"右文"国策影响下，宋代学校教育日益发达，书院也得到极大发展。宋代学校分为官学与私学两大类。官学又分为中央学校与地方学校。宋初中央官学主要有国子学、太学、四门学、律学、武学、医学六所，宋徽宗时，曾设立算学、书学、画学。其中，以国子学、太学最为重要。宋初八十年间，国子学为唯一的中央官办学校，太学仅仅属于国子学下设置的广文、太学、律学三馆中的一馆。"广文教进士，太学教九经、五经、三礼、三传学究，律学馆教明律。"（《宋史》）庆历四年（1044年），太学独立出来，其入学资格是"以八品以下子弟若庶人之俊异者为之"（《宋史》）。后来，太学发展势头超过了国子学，到了南宋，太学与国子学合而为一。"国子学彻底合于太学，太学招生资格又大大下降，这是宋代最高学府所发生的引人瞩目的变化。这个变化，是士族地主覆灭，门阀政治崩溃，品官地主兴起和官僚政治发展在学校制度中的反映。这一变化，促使宋代的最高学府向地主阶级的下层乃至工商业者和自耕农的上层开门，对宋代文化的发展，是一个极为重要的因素。"[1] 据《宋史》记载，当时"学校之设遍天下，而海内文治彬彬"，宋代文化发达，社会各阶层文化程度较高。

日益发达的造纸术、印刷术也极大推动了文化传播。沈括在《梦溪笔谈》中说，庆历年间，布衣毕昇发明了活字印刷术，其方法是：先用胶泥刻字，每字为一印，然后用火烧，使其干燥、坚硬，备用。再设一铁板，铁板上面覆盖松脂蜡和纸灰。印刷时，则以一铁范放置铁板上面，密布字印，然后以火炀之，药稍熔，迅速以一平板按其面，则字平如砥。活字印刷术极大提升了书籍印刷速度，尤其印张达数百上千时，极为神速。常常准备两个铁板，一板印刷完毕，另一板已布满字印，交替使用，瞬间可成。日益精良的印刷术极大促进了文化传播与发展。各种官私刻书机构遍布全国，这些机构不仅刊印儒、道、佛等经典典籍，还刊印天文、地理、农工、医学等各类书籍，使得文化书籍的出版、传阅、保存变为可能，专属于上层社会的精英文化迅速在民间得以传播。可以说，北宋市民阶层的形成得益于繁荣的城市经济和高度发展的社会文化。

三、雅俗一体，近世文化形成

雅俗之辨一直是中国古典美学的核心话题，"在漫长的中古封建社会，'雅'一直是被用来指代庙堂—贵族—'劳心者'的审美追求，'俗'则一直被用来指代市井—平民—'劳力者'的审美追求。'雅'与'俗'的分野从审美趣味的角度表现了社会上层与社会底层文化生态的歧异"[2]。宋代之前，社会主流文化基本上属于精英文化，即由宫廷、贵族、士大夫创造并主导的文化，发展至北宋，这一状况发生了变化。随着货币关系、商品经济、城市形态的发展，以及市民阶层的出现、形成，整个社会的生活方式、社会心态、文学艺术、思想学术等领域发生重大变化，宫廷文化、士人文化、市民文化相互作用，彼此影响，最终形成了雅俗一体、亮丽绚烂的近世文化。

---

[1] 姚瀛艇主编《宋代文化史》，河南大学出版社，1999，第86页。
[2] 赵士林：《心学与美学》，中国社会科学出版社，1999，第65页。

北宋时期，随着城市经济的繁荣与市人群体的扩大，贴近市民生活的新的文化形态日渐形成。张法认为，北宋时期，伴随着经济发达、人口增多、都市繁华，新的生活方式、生活趣味、娱乐方式产生了，尤其是都市景观本身就足以让人"烂赏叠游"。城市生活日益丰富多彩，以休闲游乐为特征的生活方式开始流行，茶坊、酒肆、瓦舍、勾栏等成为市民活动的重要场所；《东京梦华录》记载了开封城数十个瓦子，甚至市井街道都开始成为一种公共的娱乐活动空间。同时，更加世俗化的歌舞、说唱、曲艺、杂技等成为主要艺术形态。就市民文化而言，最重要的是说唱艺术，出现了诸如鼓子词、诸宫调、杂剧、话本，这些艺术形式通过生动形象的人物故事表现了一种不同于以往的生活经验与审美趣味。张法就认为，说话与杂剧从百戏中分离出来变得日常化了，民间文学艺术得到极大发展。同时，坊市一体的街道布局，以及遍布街巷的勾栏瓦肆，还极大促进了茶文化、酒文化、饮食文化的发展，而市民也会主动迎合文人雅士的审美情趣，他们把酒楼、茶坊装点成田园风格，将文人雅趣融入日常生活中，以俗为雅、大俗大雅。

随着城市经济的发达、市民文化的繁荣，北宋士人心态也发生较大变化。一方面，他们充分享受世俗的繁华生活，追求闲适、清雅的日常生活，向往白居易的"池园"生活，正所谓"不作太白梦日边，还同乐天赋池上"。晚年闲居香山的白居易追求平和、闲适的日常生活，这颇符合北宋文人的精神追求。宋人较好地协调了长期困扰文人士大夫的出处、仕隐问题，正如苏东坡所说："筑室艺园于汴、泗之间……开门而出仕，则跬步市朝之上；闭门而归隐，则俯仰山林之下，于以养生治性，行义求志，无适而不可。"罗大经在《鹤林玉露》中也说："合则留，不合则拂袖便去，更无拘绊。"这是一种悠游自在、随缘自适的审美态度。另一方面，他们又极力彰显不同于市人的士人趣味，在日常品茶、饮酒、赏花、种竹等凡俗世务中发展出清远、淡雅、闲适的情趣，正如王水照所说："晋人有高风绝尘，脱略世务，远追老庄之姿；宋人则不离世务，而要求在日常生活中，在俗事俗物中体验和发展雅趣。"[1] 吴自牧在《梦粱录》中说，宋人醉心于"烧香点茶，挂画插花"，赋予日常生活以平淡、悠远、高逸的艺术气息，将"四般闲事"提升为日常生活四艺，充分表现了宋人的盎然雅趣和丰富情韵。

宫廷文化也呈现出新的特点。北宋君主多擅音律，好风雅。王易在《词曲史·衍流第四》中说道，宋太宗为词曲第一作家，《宋史·乐志》亦载："太宗洞晓音律，前后亲制大小曲及因旧曲创新声者，总三百九十，凡制大曲十八。"后来的真宗、仁宗、神宗都通晓声律，他们极大推动了宋词的发展和流行。同时，将赋诗填词与赏花钓鱼融为一体，发展出富有雅趣的宴饮活动。据《续资治通鉴长编》记载，雍熙元年，宋太宗"召宰相近臣赏花于后苑。上曰：'春风暄和，万物畅茂，四方无事，朕以天下之乐为乐，宣令侍从词臣各赋诗。'赏花赋诗自此始"。又据《诗话总龟》记载，宋太宗淳化年间，"春日苑中有赏花钓鱼小宴。宰相至三馆毕预坐，咸使赋诗"。宋真宗亦好风雅，游宴唱和活动频繁，据《宋史·礼志》记载："二月晦，赏花，宴于后苑，帝作中春赏花钓鱼诗，儒臣皆赋，遂射于水殿，尽欢而罢，自是遂为定制。"

频繁的游宴活动极大推动了城市园林的发展，从而带来了都城的世俗性繁华。据《东京梦华录》记载，繁华的开封城园林遍布，其中万岁山艮岳是最负盛名的皇家园林，园林内大量使用太湖石，内置琴、棋、书、画、茶、丹、经、香。除了艮岳，还有琼林苑、玉津园、宜春苑等皇家园林。据《东京考》记载："琼林苑在新郑门外，俗呼为西青城，乾德中建，为宴进士之所。与金明池之南北相对，其中松柏森列，百花芬郁。"琼林苑是太宗朝以后君臣赏花、赛射的主要御园，也是新科进士及第后举行庆贺宴的地方。玉津园位于开封城南熏门外，乃后周之旧苑，宋时加以改建，此园的特点是兼备园林与耕稼。苏东坡在诗文中写道："承平苑囿杂耕桑，六圣勤民计虑长。碧水东流还旧派，紫坛南峙表连冈。不逢迟日莺花乱，空想疏林雪月光。千亩何时躬帝藉，斜阳寂历锁空庄。"（《玉津园》）这说明该园较为空旷，植以桑麦。《东京梦华录》言此地"半以种麦，岁时节物，进供入内"。伴随着城市

---

[1] 王水照、朱刚：《苏轼评传》，南京大学出版社，2004，第540页。

园林的兴盛，出现了全民性的游园活动，以艮岳为代表的皇家园林，以相国寺、灵隐寺为代表的寺观园林，以洛阳、杭州为代表的私家园林，以西湖为代表的公众园林，共同构成了宋代园林文化的基本特质与美学精神，鲜明体现了园林从乡野到城市、从贵族到平民的整体性重大变化。

北宋宫廷文化、士人文化、市民文化交汇融合，共同缔造了北宋社会文化繁荣的局面，出现了迥异于前代的文化范式，可以视作近世文化的开端，正如葛兆光所说："唐文化是古典文化的巅峰，而宋文化则是近代文化的滥觞。"[1] 如果说，唐之前的文化属于宫廷贵族文化，到了北宋，则逐渐发展出理想与现实并重、雅与俗兼备的大众文化。这种变化的形成有着错综复杂的原因，与当时的经济形态、城市发展、生活方式有关，也与宋廷重视教育、雅好文艺有关，更与集官僚、学者、文人于一体的北宋士人有关。他们是学者、文人，感情沉潜而细腻，具有独特的审美趣味，乐于在日常生活中发掘生活的诗意，善于把单调、琐碎、乏味的日常生活艺术化。他们同时又是官僚士大夫，保有浓厚的家国情怀，积极的淑世精神，对国家制度文化建设、整个社会生活风气的养成起着积极的引领和规范作用。

第二节　新型士人阶层的形成

士人，作为中国传统文化的核心力量，对社会发展与文化进步做出了重要贡献。"士人指的是中国古代社会的读书人。他们以研习儒学经典为手段，以参与政治为最佳生活选择，以道德修习和实现'内圣外王'理想为最佳人生设计，作为传统政治文化的载体，他们以学习和传播儒学知识作为自己的生存方式。"[2] 孙立群认为，士人"有一定的文化素养，他们在社会上扮演着

---

[1]　葛兆光：《道教与中国文化》，上海人民出版社，1987，第216页。
[2]　葛荃：《权力宰制理性：士人、传统政治文化与中国社会》，南开大学出版社，2003，第15页。

双重角色。一方面,他们是国家官员的一部分;另一方面,他们又是社会文化的继承者。他们既能研读经史,又能参与国家管理,还能有出色的诗赋文章传世。一般认为,儒者、文官、诗人三位一体,构成了中国古代士人的典型品格"[1]。中国古代士人大体上可以理解为"读书人""知识分子",他们一般拥有广博的知识,家国天下的赤子情怀,安贫乐道的君子风格,积极投身广阔的社会事务中,实现济国安邦的政治抱负。实际上,在不同历史时期,士人阶层的群体构成、社会地位、精神风度、人生追求并不完全一样,但基本上都属于传统意义上的"读书人",在政治、思想、文化等领域扮演着重要的角色,日益形成相对稳定的、区别于其他阶层的士林风貌:具有强烈的社会责任感,胸怀天下,以民为本;保有独立的人格精神,重气节,尚风骨;拥有广博的知识,追求日常生活的雅趣。古代士人精神深刻影响着中华民族的精神气质,至今仍散发着令人着迷的绚烂光芒。

一、北宋之前的士人阶层

在实行分封制的西周时期,"士"处于宗法贵族等级系列的最末等。贾谊在《新书·阶级》中指出:"古者圣王制为列等,内有公、卿、大夫、士,外有公、侯、伯、子、男……等级分明而天子加焉。"作为贵族集团的最低阶层,"士"大多为卿大夫的家臣,他们拥有思想、知识,担任各种官职。《礼记·王制》记载:"诸侯之上大夫卿、下大夫、上士、中士、下士,凡五等。"[2]由此可知,"士"是直接管理社会,对社会产生巨大影响的政治群体。其后"士人""士夫""士大夫"的定义也是以居于官职的社会政治属性为首。据《周礼》记载,直接服务于王室的"士"多达几十种,还有许多担任采邑内的各种官职。顾炎武在《日知录》卷七"士何事"条目中总结道:春秋之前的士,"大抵皆有职之人"。士人是要做事的。《说文》上说:"'士,事也。'一个士

---

[1] 孙立群:《中国古代的士人生活》,商务印书馆,2003,第4页。
[2] 杨天宇:《礼记译注》,上海古籍出版社,2004,第141页。

就有一份事。"[1]说明"士"是要有一份事的。"士"既通"仕",又通"事",即既有做官之义,又要执掌具体事务,进行社会治理实务。《周礼·考工记》所言之"坐而论道,谓之王公;作而行之,谓之士大夫"[2]。"士"以齐家、治国、平天下为人生追求,他们总是要从事具体的社会工作,在现实社会中实现自我价值,从而体现出强烈而鲜明的淑世品格。

春秋战国时期,士阶层处于发展的黄金时期,基本奠定了中国士人文化的核心精神。葛兆光在《中国思想史》一书中指出,春秋时期,"士"出现了两种变化:一是本来属于王宫的"知识人"流入各诸侯采邑之内;二是以孔子、墨子为代表的私学及官办"乡校"的兴起,涌现出大量接受教育、拥有知识的平民"士"。如果说,春秋时期的"士"仍依附于卿大夫,战国时期的"士"则拥有极大的自由性,他们逐步摆脱等级制度的束缚,开始形成相对独立的知识群体,拥有广泛的社会基础与社会影响。春秋战国时期,涌现出老子、孔子、墨子、孟子、庄子、韩非等名士,他们知识丰富、思想深刻,纷纷为时代把脉,提出治世安民之方,形成了思想多元、百家争鸣的文化盛况。作为思想文化的传播者、继承者、创新者,士人努力凭借拥有的思想与知识引领时代精神,他们敢于臧否时政、质疑权威,坚守自己的政治主张与人格理想,形成了独特的士人精神,对后世读书人影响极大。

秦"以吏为师",汉"罢黜百家,独尊儒术",这在一定程度上消解了思想的纯粹性、自由性,实现了政治权力与思想权力的高度统一。这一时期的士阶层从战国无根"游士"转变为具有深厚社会基础的"士大夫",他们有意或无意放弃了纯粹的理想主义和道德主义,从"王者师"转变为服务于大一统国家的官僚。在古代中国思想世界中,"文士尤其是儒者教育学子要立太学,习五经,重选拔,崇道德,官吏治理国家要任贤才,重考绩,精律令,明功过"[3],这是两套完全不同的价值体系和人生准则。秦汉时期,进入统治

---

[1] 钱穆:《中国文化精神》,九州出版社,2012,第90页。
[2] 阮元校刻《十三经注疏》,中华书局,1980,第905页。
[3] 葛兆光:《中国思想史》(中),复旦大学出版社,2009,第265页。

阶层的文士既有着道德教育与人格养成的先天诉求，又必须适应官僚体系的选拔、任用、奖惩制度，权力与知识之间的紧张关系得以缓解，同时也极大消解了士阶层思想、精神层面的自由与独立。

发展至魏晋时期，士人的知识结构、价值理念、人生态度、生活方式发生重大转变。"这个时期士人在体味着最大的精神痛苦之时，又体味着最大的精神快乐。这实在是世界文化史上的一种奇观。"[1]魏晋南北朝时期，社会再次面临"礼崩乐坏"的局面，士人被迫摒弃社会的认同与肯定而走向个体的独立与自由，上层文士流行一种追求精神解放与心灵超越的人生态度，他们崇尚清谈，重视人物品藻，追求日常生活的雅趣。如果说，魏晋之前的士人更为凸显生命个体的社会价值，魏晋士人则将生命的触角伸入更为幽微玄妙的自家情怀。相较于两汉时期的"好古""博学"，魏晋士人更乐于"玄思""清谈"，他们走入山水，回归自我，追求自得、自适的人生境界，正如宗白华所说，"晋人向外发现了自然，向内发现了自己的深情"。整体来说，魏晋士人的生活方式、精神风貌对后世产生了深远影响，士人的价值取向开始多元化，其日常生活日益审美化，为唐宋高度圆熟的士人文化涂抹了厚重的生命底色。

隋唐时期，士人阶层又面临巨大变化。在两汉，官僚队伍主要由文吏和儒生两部分组成，文吏主要负责政务活动，儒生主要研究经书，负责教化，并不直接处理政务。在传统知识系统中，文吏是不受重视的。隋唐时期科举取士制度确立，唐代科举主要分进士、明经两科。明经科重在考察对经典经文的记忆，中举者称为"经生"，与汉代"诸生"差不多。进士科主要考论诗赋，高中者称为"进士"。在唐代，进士地位远在经生之上，朝廷显要大多出自进士科。这一变化导致了官僚群体知识结构的变化，又直接带来了文化的时代变迁，由汉代经学之盛转向唐代辞章之盛。同时，魏晋以来的门阀制度进一步被打破，士人群体较前代有了重大发展，"中小地主及自耕农阶层出身的知识分子"开始成为官僚阶层的重要组成部分，士人阶层和官僚阶

---

[1] 陈望衡：《中国美学史》，人民出版社，2005，第173页。

层开始出现部分同化,成为中国社会的"士大夫"。"士大夫或士人在魏晋南北朝时期,只是指门阀士族,并不指官员",唐以后,"士大夫概念的内涵就在逐渐演变,到宋代就是泛指士人做官者,其独特的门阀内涵已经完全消失了"[1]。所谓"士人做官者",体现出文人有着"士人"与"做官者"的双重身份。

二、"三位一体"的新型士人群体

士人,作为深刻影响中国传统文化发展的核心力量,在北宋实现了新的转变。隋唐开创的科举制为天下读书人敞开了跻身仕途的大门。北宋时期,科举制日益成熟,并发展出新的特质,"取士不问家世,限制势家与孤寒竞进,严防考官营私、考生作弊,全凭经义、诗赋、策论取士,个人的知识才能,取代了门第血统,在科举考试中占了主导地位。这是唐宋之际阶级、阶层关系的变化在取士制度中的反映,因而能更广泛地选拔人才,对宋代文化的发展,整个社会文化素质的提高都起了巨大的推动作用"[2]。整个社会逐渐形成了"以文为贵"的价值观念和"万般皆下品,唯有读书高"的社会心态。

"取士不问家世"是北宋选拔人才的一个重要原则,是从其建国之初就开始实行的。开宝八年(975),宋太祖主持礼部贡士殿试之后对大臣们说,原来及第者多为"势家",致使"孤寒"进仕之路断绝,他要革除这个弊端,不论出身,不讲门第,选拔真正有才干的官员。所谓势家,即权要(高级官僚)之家;孤寒,即下级品官与庶人子孙。雍熙二年(985),宋太宗实行别试制度,为孤寒之家参加科举应试开路。宋廷的"这些改革,促使宋代科举考试向整个地主阶级、自耕农乃至工商杂类开放,打破了势家豪门对仕途的垄断,削弱了血统门第关系在社会政治领域中的作用,显示了知识的价值,读书受到人们的尊重,也就吸引了更多的人去读书应举。"[3]大量地主阶级的下层乃

---

[1] 张国刚:《论"唐宋变革"的时代特征》,《江汉论坛》2006第3期。
[2] 姚瀛艇主编《宋代文化史》,河南大学出版社,1999,第104页。
[3] 姚瀛艇主编《宋代文化史》,河南大学出版社,1992,第112页。

至自耕农民、工商杂类等富有才华的贫寒之士通过科举进入仕途。有学者根据《宋史》有传的近2000人进行统计，发现两宋布衣入仕者占55.12%。

在"不问家世"的同时，扩大录取名额，网罗天下英才。太宗朝仅进士科就录取了1300多人。一旦考中，待遇优厚。据宋人王栐的《燕翼诒谋录》记载："国朝待遇士大夫甚厚，皆前代所无。"尤其是考中制科。宋代制举也称制科，或称贤良科、大科等，因要求严格，难度较大，录取名额较少等因素，其地位高于进士科，且晋升迅速。宋代共有40人中制科，其中，富弼官至宰相，位居高官者还有夏竦、张方平、吴奎、苏轼、苏辙、范百禄等人。

宋廷还积极改革科考内容，注重考察士人的治世才能。"庆历新政"时期，范仲淹提出，进士科先考策论而后诗赋，主张将考试依次分为三场——试策、试论、试诗赋，以策论高而诗赋次者为优等，诗赋高而策论平者为次等。庆历四年（1044），宋廷颁布贡举新法，但实际并未真正施行，庆历五年被废止。熙宁二年（1069），王安石实行变法。熙宁四年（1071），重定贡举新政，只保留进士一科，同时罢诗赋、帖经、墨义。元祐元年（1086），侍御史刘挚谏言，恢复诗赋与经义并行。同年11月，设立经义、诗赋两科。绍圣元年（1094），又罢诗赋，专习经义。从考试内容来看，北宋科考注重士人的政事才能。

宋廷大力推行文治，改革科举内容，广泛选拔人才，使得大量庶族地主进入国家政权，甚至成为国家政治管理层面的核心力量，如范仲淹、欧阳修、王安石等，他们均出身贫寒或品阶较低。自中唐以来，门阀士族就遭到严重打击，贵族庄园经济逐渐退出历史舞台，代之而起的是被中小地主和自耕农为主导的经济；又兼北宋科考制度日益成熟，大量选拔庶族地主出身的知识分子，这使得士大夫官僚与知识分子的"二重角色"于这一时期表现得尤为突出，士大夫官僚政治最终确立下来。"公元8至13世纪，亦即我国历史上的中晚唐、五代至两宋时期，中国社会经历着政治、经济、文化诸方面的历史性深刻变动。在这一阶段中，士大夫官僚政治最终确立下来。"[1]相较于前朝，宋代官僚队伍发生了巨大变化。

相较于汉唐，北宋士大夫拥有广博的知识结构，很好地贯通了经术与文章。其实，"儒学"本就包含经术和文章，只不过，两汉重经术，唐代重文章，到了宋代，二者并重以选拔人才，逐渐形成了一支综合型官僚队伍，"北宋时期，……新儒学思潮的振兴，在当时形成为一场强劲的思想解放运动，知识分子'治学'与'从政'的沟通蔚为风气。随之成长起来范仲淹、欧阳修、王安石、苏轼等一批兼擅文章、经术与吏干的综合型官僚"[2]。士人与职官的叠合、融合，乃至等同，在北宋才真正实现。北宋士人致力于沟通"治学"与"从政"，大多"集官僚、文人、学者三位于一体"，形成了独特的士人群体。邓广铭也指出，北宋士大夫具有两个共同的特点："都力求突破前代儒家们寻章摘句的学风，向义理的纵深处进行探索；都怀有经世致用的要求。"[3]陈植锷也指出："明经术而又尚文辞，并能施之吏事，正是北宋知识分子群体的价值取向和鲜明的时代特点。"[4]北宋士人普遍保有强烈的政治热情与社会责任感，又拥有渊博的学识修养与高雅的审美情趣，其鲜明的文化全能气质成为后世文人争相效仿的理想范式。

三、北宋士人的精神风貌

宋廷面对的重大社会问题之一是如何应对佛道盛行带来的挑战。冯天瑜等在《中华文化史》中写道："唐太宗奉行三教并行政策。虽然有唐一代，不同君主由于不同的原因而在三教之中各有所偏重，武宗甚至一度灭佛，但就总情势而言，三教基本并行不悖，形成如下景观：道教风行……佛教兴

---

[1] 邓小南：《宋代文官选任制度诸层面》，河北教育出版社，1993，第1页。
[2] 吴宗国主编《中国古代官僚政治制度研究》，北京大学出版社，2004，第230页。
[3] 邓广铭：《宋史十讲》，中华书局，2011，第190页。
[4] 陈植锷：《北宋文化史述论》，中华书局，2019，第16页。

旺。"[1] 道教创立于东汉末，经过魏晋南北朝的发展，到唐代已足以与儒佛鼎足而立，甚至隆升至国教的至高地位。唐高祖曾下诏以"老先、次孔、末后释宗"为三教之序，太宗下诏"道士通《道德经》者给地三十亩"，唐玄宗给《老子》作注进一步推动了道教与国家政治的结合。唐高宗令王公以下皆习《老子》，玄宗令士庶习《老》《庄》《列》《文》，此四书被尊为"真经"。唐朝时期，道观遍布，信徒众多，与之相关的理论、养生术、艺术等均得到全面发展，道教进入发展全盛期。

佛教更是迎来了发展鼎盛期。佛学东渐以来，逐步与中国本土文化相结合而得以生根发芽，真正开枝散叶则在唐代。这得益于开放包容的文化政策。唐统治者推行"三教"并用的国策，武周时期明令"释教在道法之上，僧尼处道士女冠之前"，大力扶植佛教。唐朝时期，佛学典籍翻译取得了空前成就，佛教与中国本土文化的结合日益紧密，其中许多宗派会通儒、道而建构起具有中国特色的佛学理论体系，如天台宗、法相宗、华严宗、净土宗、律宗、密宗等，而凸显心性修养的禅宗更是把佛教的中国化推向巅峰。总体来说，唐朝奉行三教并立的政策，三教既相互斗争，又相互融合。

为应对佛道兴盛带来的挑战，宋廷注重恢复儒家礼制，宋儒亦自觉复兴儒学，"北宋一代，是儒家学者们的觉醒时期，当时绝大部分的儒学家，都在努力于振兴儒学，要使儒家学派的地位重新居于佛道两家之上，改变长期以来佛道两家的声势都凌驾于儒家之上的那种状态"[2]。其实，儒学复兴的开端要追溯至中唐时期。韩愈、柳宗元发起的"古文运动"就是要复兴儒学，韩愈旗帜鲜明地表示，他提倡古文就是因为"本志乎古道者也"。这说明，古文运动并不仅仅是一场文学革命，更是一场思想、文化运动，"文"为"道"服务，"道"引领"文"，无怪乎，周敦颐把韩愈以来的古文运动的思想概括为"文以载道"。

韩愈主张"道统"说，认为"尧以是传之舜，舜以是传之禹，禹以是传

---

[1] 冯天瑜、何晓明、周积明：《中华文化史》，上海人民出版社，2021，第447页。
[2] 邓广铭：《邓广铭学术论著自选集》，首都师范大学出版社，1994，第270页。

之汤，汤以是传之文、武、周公，文、武、周公传之孔子，孔子传之孟轲。轲之死，不得其传焉。"（《原道》）韩愈认为，儒学讲究道统，这个道统就是：尧→舜→禹→商汤→文王→武王→周公→孔子→孟子。孟子之后，儒学之"道"就断绝了。韩愈以复兴儒学为己任。陈来在《宋明理学》一书中谈道：

> 韩愈所理解的"道"不仅是一种精神价值，它包含着一整套原则。其中包括仁义代表的道德原则，《诗》《书》《易》《春秋》代表的经典体系，礼乐刑政代表的政治制度，以及儒家所确认的分工结构（士农工贾）、伦理秩序（君臣父子夫妇）、社会仪俗（服、居、食）乃至宗教性礼仪（郊庙）。[1]

韩愈所确认的实际上是儒家一整套文化——社会秩序，主要用来区分佛学，以及应对佛学带来的各种挑战。儒学在传统中国的发展，大致经历先秦原始儒学、两汉经学、宋明理学三个阶段。作为儒家学说的源头，以孔孟为代表的原始儒家基本奠定了儒学的人文精神。孔孟以"仁义"为思想内核，在家庭、社会、自然等各个层面建构一个和谐共生的生态系统。先秦儒家思想是民间的，充满生命力的。发展至秦汉，解经、注经成为继承儒学的主要方式。到了宋代，出身贫寒的平民知识分子在政治主张、道德追求、文化态度、思想倾向等方面都呈现出新的面貌，他们普遍保有修身、齐家、治国、平天下的崇高理想，自觉践行先秦儒家淑世精神，心怀社稷，安邦济民。

学界普遍认为，宋代是继三代以后风俗最为淳厚的时代。"古者圣王制礼法，修教化，三纲正，九畴叙，百姓大和，万物咸若。"（《通书·乐上》）周敦颐展现了一种理想的社会状态。宋儒致力于建构文质彬彬的伦理秩序与社会规范，他们普遍怀有"以天下为己任"的责任感与使命感，敢于身为天下先，积极砥砺气节，心系黎民，努力在救民济世中实现自我的人生价值。

---

[1] 陈来：《宋明理学》，北京大学出版社，2020，25页。

"士不可以不弘毅，任重而道远。仁以为己任，不亦重乎？死而后已，不亦远乎？"（《论语·泰伯》）事有大小，事关荣辱。"士"不仅要做事，更需要有道义、有风骨，在建功立业、服务家国的社会事务中坚守独立、自由的人格精神。

宋代"不杀士大夫及上书言事者"的祖宗家法在一定程度上也砥砺了士大夫"以道事君"的风骨，他们高扬人格力量，追求"立朝大节""宠辱皆适""性命自得"的道德境界。"学而优则仕"历来被文人士大夫视为毕生追求，尤其躬逢盛世时，文化振兴的理想会迅速转化为积极参政的行为，无论是身居庙堂，还是被贬谪流放，北宋士人对君权的认同与对自身的自信交织在一起，成为北宋士人精神的基本格调。在君臣共治的北宋，士人有着自觉的精英意识与历史使命，他们对自身有着极高的期许，自觉继承孟子"人人皆可以为尧舜"的道德诉求，以范仲淹的"先天之忧而忧，后天下之乐而乐"为人生追求，保有阔大、深广、开放的气度，"效法三代"或"欲复二帝三代"，从而超越汉、唐，从广阔的宇宙空间与深远的历史时间中来确认人的价值，其气度与眼界，实属罕见。石介曾说："达也，以孔子之道也；穷也，以孔子之道。"他们追求"为己之学"，不满于唐人的患得患失，面对贬谪，不作"戚戚语"。如果说，范仲淹"乐以天下，忧以天下"的精神开启了北宋士大夫自信、自主的篇章，到了欧阳修那里，宋代"士气"达到极其旺盛的状态。苏轼曾这样评价欧阳修：

> 公之生于世，六十有六年。民有父母，国有蓍龟，斯文有传，学者有师。[1]
>
> 其学推韩愈、孟子以达于孔氏，著礼乐仁义之实，以合于大道。……故天下翕然师尊之。[2]

---

[1] 苏轼：《苏轼文集》，孔凡礼点校，中华书局，1986，第1937页。
[2] 苏轼：《苏轼文集》，孔凡礼点校，中华书局，1986，第316页。

欧阳修晚年自号"六一居士",学界用"六一风神"来高度概括欧阳修道德文章的品格。欧阳修较好地协调了社会责任与个体自由之间的关系,进退自如、穷达皆适,这种人生态度与生存境界颇符合文人士大夫的人生理想。"六一风神"集中体现了北宋士林整体精神风貌。宋儒普遍怀有"以天下为己任"的责任感与使命感,不唯经、不唯圣、不唯上,砥砺气节,心系黎民,造福社会,努力在救民济世中实现自我的生命价值。这种自主、自断、自信、自豪的文化性格,为宋代文化奠定了厚重的稳健底色,营造出一种良好的社会生态,对北宋社会进步、文化昌明做出了巨大贡献。"宋人重气节,多以道的精神支撑主体,多有精神自持性,遂能直面世事、直对逆境,高扬精神品格力量,不断提升自身意志"[1]。苏东坡自觉承继先贤圣哲,效仿范仲淹、欧阳修,担负着提振士气、复兴文化的历史使命,一生为民积极奔走,即使在贬谪期间仍设法造福一方百姓,彰显出强烈的淑世精神与文人风骨。

第三节　北宋士人独特的审美情趣

中国古代文人生活是一个充满魅力的话题。他们以治国安邦为己任,又欢喜艺术,热衷园林,畅游山水,追求日常生活的细腻感受,注重生命存在的真实体验,崇尚情趣盎然的诗意生活。对于古代文人而言,日常即本色,本色即本真。他们特别喜欢在日常而普通的生活中生成美的世界,想方设法营造日常生活的多样化、个性化、情趣化,诸如抚琴、饮酒、品茗、赏花、焚香等。同时我们也应看到,古代文人的"适意"并不只是单纯的声色之乐,而是有着济国安邦、精神自由、人格独立的内在支撑,因此,他们更为推崇质朴、至简、自然,追求"清"与"雅",拒绝"奢"与"俗"。整体来说,古代文人的日常生活既轻巧又厚重,既平淡又绚烂,既清雅又凡俗,成为中华优秀传统文化中一抹温暖而亮丽的色彩。

---

[1] 吴功正:《宋代美学史》,江苏教育出版社,2007,第14页。

第一章　北宋独特的时代风貌

琴棋书画本是古代文人日常生活中的四大雅事，发展至北宋，琴、棋、书、画、诗、酒、茶更成为文人热衷的日常生活情趣。相较于前代，宋人的审美领域得到极大拓展，他们更为关注普通而日常的物，发展出更具生活化、平民化的生活方式和审美心态，形成了独特的审美情趣。整体来说，"诗、词、歌、赋、书、画、琴、棋、茶、文玩构合为宋人的生活内容；吟诗、填词、绘画、戏墨、弹琴、弈棋、斗茶、置园、赏玩构合为宋人的生活方式；诗情、词心、书韵、琴趣、禅意便构合为宋人的心态——在本体意义上是情调型、情韵型的宋人心态。他们对于这些文化艺术对象所怀抱的是玩味性、欣赏性（又更多的是清赏性）、体验性的态度，这便进入审美层面。"[1]宋代文人既陶醉于都市生活的繁华，又极力彰显清雅的生活品位，在衣食住行、茶酒花香中生成一个兴致盎然、生机灵动的诗意境界，成为后世文人，乃至中国人理想的人生范式。

宋代文人发展出更具平民化、生活化的审美趣味，与其独特的社会身份有关。隋唐科举制度的实行使得门阀贵族日益衰落，乃至彻底消失。同时，由于造纸术、印刷术的发展，文化传播日益广泛、深入，文化得到普及，社会各阶层的身份标识也日益模糊，许多文人学士出自农家、商人，形成了新的文人士大夫阶层。平民化的视角深刻影响着宋人的审美心态。他们善于化俗为雅，以独特的文人雅趣赋予日常生活以诗意，或者说，宋人善于在日常生活中提炼人生的价值与存在的真意，正如钱穆所说："中国在宋以后，一般人都走上了生活享受和生活体味的路子，在日常生活上寻求一种富于人生哲理的幸福与安慰。"[2]宋代士人乐于从日常生活中发现情趣，在品茶、饮酒、赏花、种竹等俗事中彰显清远、淡雅、闲适的情趣。

北宋文人还将家园隐于都市中，通过巧思匠心，将"家园"与"山林"融为一体，在"壶中天地"中抵达"天人合一"的人生境界。张法将这种隐于都市中的园林称为"庭院"，他认为宋代文人极大发展了日常家居的审美

---

[1] 吴功正：《宋代美学史》，江苏教育出版社，2007，第3页。
[2] 钱穆：《国史新论》，生活·读书·新知三联书店，2001，第321页。

意蕴,将"绘画、书法、诗词、音乐中的雅之一类,加上文玩、品茗、赏香、棋局、雅器等内含很高文化修养的人的因素,成为园林不可分割的一部分。这些种类里面,品茗、赏香、文玩是宋代园林的新境"[1]。其中,品茗、赏香本为凡俗日常小事,经由文人诗意化的观照,成为富有艺术气息的存在。"宋代美学在广阔文化背景和深厚文化土壤中孕生,氤氲着浓郁的文化气书卷味,成为中国美学的标准范式,更能体现学问型美学的特征,更能符合生活化和情调型的审美需求。"[2]宋人可以在一方砚台、一拳灵石、一座凉亭、一花一草中观照宏阔、浩渺、深邃的宇宙天地。

宋人极大拓展了对生活世界的观察与体验。南宋赵希鹄在《洞天清录集》中对宋人的日常生活进行了细致的描写,他说:"吾辈自有乐地,悦目初不在色,盈耳初不在声,尝见前辈诸老先生多蓄法书、名画、古琴、旧砚,良以是也。明窗净几,罗列布置,篆香居中,佳客玉立相映,时取古文妙迹,以观鸟篆蜗书、奇峰远水,摩挲钟鼎,亲见商、周……是境也,阆苑瑶池未必是过。"这是一种知识型、赏玩型的审美境界。吴功正在《宋代美学史》一书中指出:

> 宋人十分重视对形而上的探究,促进了抽象思辨型思维的发展。而穷道究理,抽象概括,议理论道,当然也就促进了议论风格的发展。宋人好思、多思。由于以形上道者为先导,就不会满足于对形下器者的描述。往往从形下器者出发,进而加以提升,达于形上之道。因此,器乃所借对象,道才真正是所论目标。器乃缘由、工具,道乃归宿、本体。或引发人生哲理,或申述宇宙精义。不满足于浅表之象,而是不断探寻意,形成了宋人的思维线路和模式。这样,宋代就开辟了一个崭新的审视和思辨的时代。[3]

---

[1] 张法:《中国美学史》,四川人民出版社,2020,第349页。
[2] 吴功正:《宋代美学史》,江苏教育出版社,2007,第1页。
[3] 吴功正:《宋代美学史》,陕西师范大学出版总社,2020,第37页。

宋人的思维是思辨型的，他们的日常审美具有浓郁的形而上色彩。这与道禅思想有一定的关系。《楞严经》曰："一为无量，无量为一，小中现大，大中现小。""一"为世界的真如，万物皆为"一"的显现，这就是万物之"理"；"一"为"大全"，它化生出形态各异的天地万物，这就是万物之"殊"。一与万、理与殊乃一体，无分别，无差等，是"月落万川，处处皆圆"的天地境界。苏轼曾说："但怪云山不改色，岂知江月解分身。"（《次韵赠清凉长老》）此诗蕴含着"一月普现一切水，一切水月一月摄"的禅理。苏辙亦说："大而天地山河，细而秋毫微尘，此心无所不在，无所不见。是以小中见大，大中见小，一为千万，千万为一，皆心法尔，然而非有所造也。"[1]因此，他们注重心性修养，强调内心的虚空与宁静。苏轼曰"欲令诗语妙，无厌空且静。静故了群动，空故纳万境"；程颢亦曰"万物静观皆自得"。苏辙曰："贵真空，不贵顽空。盖顽空则顽然无知之空，木石是也。若真空，则犹之天焉！湛然寂然，元无一物。然四时自尔行，百物自尔生，粲为日星，渝为云雾，沛为雨露，轰为雷霆，皆自虚空生，而所谓湛然寂然者，自若也。"[2]发展至宋代，中国人的心态发生了重大转折，即由对于外在事物的追求转向内在心灵的体悟。

北宋士人多集官僚、学者、文人于一身，无论是在社会管理层面，还是在文化创造方面，都处于最佳状态，上可以影响宫廷阶层的审美理想，下可以引领普通民众的审美风尚，有力推动了士人文化与宫廷文化、市民文化的高度融合，逐渐形成了融艺术与生活、道德与礼乐、审美与伦理于一体的新型文化。北宋之后，文人士大夫日益走向了自我赏玩的内心，其日常生活虽然有着极强的诗意色彩，但缺失了与宇宙同流的胸怀与抱负。因此，北宋士人家国一体、意趣为上、亦雅亦俗的生活美学更具有代表性、理想性。正如刘成纪曾指出的，近年来生活美学研究关注的重心往往是宋元以降的文人生

---

[1] 苏辙：《栾城集》卷二十五，陈宏天、高秀芳点校，中华书局，1990，第429页。
[2] 罗大经：《鹤林玉露》，孙雪霄校点，上海古籍出版社，2021，第138页。

活与文人艺术,而忽略了前半段具有的崇高感与神圣性,如此便割裂了中国美学的浑整统一性。对于中国美学的整体进程而言,单纯关注个体趣味和家国情怀,都存在重大缺失;根据其中的某一侧面提炼出所谓的中华美学精神,更是对这一精神的片面理解和误读。两宋时期恰恰成为中国美学史前后两段的转折点,有着独特的价值和意义。

第二章　日常之雅

扫码查看
- AI东坡先生
- 品大宋风雅
- 享东坡食谱
- 观风流人生

当我们谈论"生活"时，似乎总是与"艺术"相对。"生活"是琐屑的、单调的、晦暗的，"艺术"是纯粹的、诗意的、明朗的，"生活"如"一地鸡毛"，"艺术"如"琉璃宝瓶"，"诗和远方"成了对日常生活的逃避与放弃。"美好生活"或"理想生活"到底是怎样的，恐怕因人而异，正如太阳的温度，晚霞的色彩，落在每个人的心头，呈现为不一样的光晕与斑斓。这很大程度上与每个人的心灵有关。如果拥有诗意的眼光与有趣的灵魂，总会将凡俗的日常生活过得有滋有味，也许会在小小庭院中看朝阳初升，听风起花落；又或者在繁忙的午后闲吟诗词，任由阳光透过斑驳的岁月，唤醒那些深情、浪漫而伟大的灵魂。最起码，这应该成为一种可供选择的生活方式。真正富有诗意的生活也许不需要花费太多的钱财，更不需要煞费苦心、人为营造各种"审美事实"，在蓝天白云、明月清风、书香茶韵中就可以获得独特的、充分的审美愉悦。这应该是更有品质的生活。因为，审美是物我相遇相成、瞬间圆满的生命活动，只要保有生命的热情与活力、感觉的敏锐与细腻，就能够在单调、乏味的日常里发现诗意与浪漫，将凡俗的日常生活过得生机盎然、丰富多彩。

在传统思想文化史中，苏东坡无疑是最独特的那一个。林语堂在《苏东坡传》中用诗人、月下漫步者、政治家、书法家、酿酒师、美食家等二十多个称谓来言说东坡，似乎仍然无法穷尽其丰富性、复杂性，尤其是他"不仅有着优秀的文学艺术实践，而且有着精湛的哲学、美学的素养，两者相结合所创造的美学思想，体现出中华美学最高成就，无疑苏轼美学是中国古典美学的顶峰"[1]。作为中国古典美学发展的顶峰，苏东坡的美学思想内容丰富，涉及诗词文赋、琴棋书画、建筑园林等诸多领域，特别值得一提的是东坡的日常生活美学。无论怎样的日常存在，东坡总是以欣赏的眼光去对待，即使遭遇巨大的生存困境，面对一盏午茶，一盘春蔬，依然保有"人间有味是清欢"的满足感与幸福感。这是一种丰富多彩、情趣盎然的诗意人生。苏东坡善于体悟凡俗日常生活的真意，并对日常生活审美实践进行自觉反思，他的娱情方式与审美理想极具代表性，颇值得玩味。也许，从日常生活出发来探究苏东坡的艺术化人生，不失为一条可供选择的路径。

第一节　吾安往而不乐

20世纪90年代以来，日常生活审美化成为国内学人探讨的热点话题之一，学者围绕生活与艺术、静观与功利、日常经验与审美经验等问题展开了热烈讨论。在中国传统文化中，"艺"的本义为"技"。徐中舒在《甲骨文字典》中将"艺"释为："象以双手持草木，会树艺之意。"[2] 这说明，"艺"与日常生活层面的各种技艺有关，具有天然的包容性、开放性，茶、花、香、棋等皆可成为"艺"。如此，艺术与生活就具有天然的同源性，或者说艺术就是审美化的存在。彭锋认为，"中国古典艺术在根本上所要求的是一种自然的技艺（广而言之是一种自然的生活），其次才是这种由自然技艺所创造出的产品"；对于中国古典美学而言，关注的核心问题是"怎样才是艺术地生存"，而不是"什么是艺术品"，因此中国艺术最终要保证的是"人生的艺术化"。（彭锋：《什么是中国美学》）于是，人的生存本身成了美学关怀的终极目标，而"自然"就成为最高的审美理想。"自然"就是人存在的一种自然而然的本然状态。在日常生活世界中，"物"呈现为真实的生命样态，向"我"敞开、

---

[1] 陈望衡：《中国古典美学史》，江苏人民出版社，2019，第717页。
[2] 徐中舒主编《甲骨文字典》，四川辞书出版社，2014，第269页。

澄明；"我"则以全部生命去融入、体验"物"。"物""我"之间形成相遇相成的审美存在。这是一种生命自我呈现、自我完成的圆满状态。

苏东坡一生宦海沉浮，历尽磨难。对他来说，生活何止是不完美，更多的是悲苦与绝望！无论处境如何，东坡都努力保有诗意的心灵与审美的态度，在日常凡俗事物中尽享生命的丰美与富足。这是东坡独特的人生情趣。朱光潜认为，所谓人生的艺术化就是人生的情趣化。日复一日的物（事）很容易将生活深处的意义和真实包裹起来，为了突破存在的局限和生命的逼仄，需要使自己拥有更开放的视野、更旷远的心灵，对天地万物保有浓厚的兴趣和非同一般的专注力，发掘日常凡俗事物的真意，努力在有限的世界里做一个真实的、自由的人。苏东坡拥有平易自然的性情，又有着极强的思辨能力与审美感知能力，能够很好地平衡天与人、情与理之间的关系，追求"胸次""气象"，充分高扬主体的审美品格和人生境界；又讲究"性情""涵泳"，追求平淡清雅、意趣盎然的审美人生。这是一种独特而新奇的生活观。苏东坡愿意做日常生活的探索者和受惠者，对于遭逢之物，无论大小、贵贱、美丑，总能怀抱着好奇欢喜之心去对待，既沉醉其中，又超然物外。对于东坡而言，艺术就是生活，生活就是艺术，二者须臾不可分离。他一生委运化迁，随缘自适，触目皆春，始终保有对世俗生活的深切关怀，注重日常生活的真实感受，同时又有着超迈旷达的理想精神，追求一种自足圆满的生存价值，努力在不完美但鲜活的日常生活中寻求幸福与安宁。

从常规意义上来说，日常生活世界多是普通而琐碎的，具有高度同质化的特性，日常经验也常常是零乱的、模糊的、不完善的。如何提升日常生活的质感，以及如何抵达审美体验的高峰状态，这是探讨苏东坡人生艺术化必须面对的问题。东坡在《超然台记》中曾说：

> 凡物皆有可观。苟有可观，皆有可乐，非必怪奇伟丽者也。𫗦糟啜醨，皆可以醉；果蔬草木，皆可以饱。推此类也，吾安往而不乐？[1]

---

[1] 苏轼：《苏轼文集》，孔凡礼点校，中华书局，1986，第351页。

第二章 日常之雅

餔糟啜醨、果蔬草木都是日常之物，不具备令人称奇的特质，但这恰恰是日常生活世界的真实，也为人生艺术化提供了无限可能。日常才普遍，日常才长久。但日常并不会自动散发诗意，它需要媒介，或催化剂，即足以提升我们的生活感知力和日常经验。苏东坡在同质化的日常生活中实现异质的审美效果，首先得益于他独特的审美态度和阔大的审美心胸。东坡认为，当"胸中廓然无一物"时，"天壤之内"皆是"乐事"。他曾在《与子明兄》书简中写道：

> 吾兄弟俱老矣，当以时自娱。世事万端，皆不足介意。所谓自娱者，亦非世俗之乐，但胸中廓然无一物，即天壤之内，山川草木虫鱼之类，皆是供吾家乐事也。[1]

苏东坡有着清虚、寥落的审美心境，能够剥落人与物之间的功利纠缠，以一颗本然之心体味生命之真，乐享山川、草木、虫鱼的生机与情趣。这是一种审美的人生态度。保有审美态度的人，才善于体味"生命意蕴"，从而拥有艺术化的人生，而"生命意蕴就体现在平凡的、普通的、日常的生活中"[2]。苏东坡是真正的"山林之人"，具有"草木之心"，始终以自然、天然、超然的心境与凡俗事物相遇相成，从而抵达"无往而不乐"的审美人生境界。这与他的自然哲学思想有密切关系。苏东坡在《大还丹诀》中说道：

> 凡物皆有英华，轶于形器之外。为人所喜者，皆其华也，形自若也。而不见可喜，其华亡也。故凡作而为声，发而为光，流而为味，蓄而为力，浮而为膏者，皆其华也。吾有了然常知者存乎其内，而不物于物，

---

[1] 苏轼：《苏轼文集》，孔凡礼点校，中华书局，1986，第1832页。
[2] 凌继尧：《中国美学十五讲》，北京大学出版社，2014，第252页。

则此六华者,苟与吾接,必为吾所取。[1]

虽然这段文字讲述的是炼丹问题,却颇具哲理性。苏东坡认为,世间万物皆有英华,统称为"六华"。瓜果蔬菜、茶酒花香皆有"华",其"华"都来自天地之"道"。宋人具有高度的理性思辨能力,他们讲究从"道"出发看待世间万物。苏东坡一生最引以为傲的就是撰写"三传"(《苏氏易传》《论语传》《书传》),其中,《苏氏易传》集中呈现了他的自然哲学观。东坡以"水"论"道",积极探求真善美之间的关系,建构了融会贯通、影响深远的苏氏蜀学。苏氏蜀学长于文史,注重感性,擅长以具象来言说哲理。东坡认为,形而上的"道"流溢为大化流行的"气","气"的充盈形成自然万物(包括人类)。万事万物都是"道"的显现,"道"就指向了自然全体,即"大全"。如此,自然万物皆充盈着天地精神,显现为蓬勃旺盛的生命力,此即"英华"。"英华"流溢为各种样态,其"华"如何得以审美存在,关键在于如何"接"与"取"。如果以审美的态度融入世界,则万事万物的"荣华"自会生长、繁茂,于人而言的"美"也会显现、澄明,人可尽享万物之"荣华",但又不会占有万物。这就是东坡追求的"与造物者游"的天地境界。这既是一种探究万事万物之理的"真"境,也是消弭物我、与天合一的"美"境,同时也是尽人性、尽物性的"善"境。苏东坡从"道"出发,看到了万事万物的"可观""可乐"之处,赋予日常存在以诗意和浪漫,抵达融真善美于一体的审美人生境界。

苏东坡懂得"物皆有可观",所以才"安往而不乐"。"道"既然是世间万物的依据与根源,无论是世所罕见的"怪奇伟丽",还是最为日常的"果蔬草木",都有着旺盛的生命力与盎然情趣,关键在于我们是否可以超越贵贱、美丑、大小、高低、雅俗的人为区别,具有对凡俗日常生活独特发现与体验的能力。朱光潜曾说:"人生乐趣一半得之于活动,也还有一半得之于

---

[1] 苏轼:《苏轼文集》,孔凡礼点校,中华书局,1986,第2328页。

感受。"[1]此说极为精妙。所谓"感受"，就是以清静自然、内心安适为指归，学会在日常生活中品出生活的趣味，充分体验感性生命的丰富和饱满。这也许才是人的本色生活，正如朱光潜所说，艺术的生活就是本色的生活。对于东坡而言，天地万物都是自然造化的产物，其本身并无上下、贵贱、美丑之别，因此，面对天地万物时，东坡始终以本然之心与物相接，保有异常敏锐的审美感知与阔大的审美心胸，于凡俗日常生活中感悟、提炼出新奇独特、情趣盎然的审美意蕴，从衣食住行中体验生命的本真与存在的意义，从而抵达性命自得、与天同一的人生境界。

宋代被视为近代文化平民化、世俗化的开端。两宋时期城市经济繁荣，坊市一体，瓦子林立，宫廷文化、士人文化、市民文化逐渐融合，形成了雅俗一体的新型文化。这是日常生活审美化的社会基础。实际上，在常人心中，衣食住行等日常生活很难成为审美的对象。一方面，与生活过于紧密的"物"不容易呈现为"美"，很难让人产生非功利的审美体验；另一方面，日常生活具有极强的形色性，容易使人流连于感官享乐中，沉溺于物欲。相较于日常饮食，琴棋书画天然地具有审美质素，它们代表着文人的盎然情趣与人生理想。如何实现日常生活的清雅，就构成了日常生活审美化的核心命题，雅俗之辨也就成了宋代文人最为关切的问题之一。苏东坡曾说："可使食无肉，不可使居无竹。无肉令人瘦，无竹令人俗。人瘦尚可肥，俗士不可医。"（《於潜僧绿筠轩》）宋代文人最忌讳"俗"，他们一方面乐享都市生活的繁华，同时又极力彰显独特的文人情趣，将琴、棋、书、画等富有文人气息的元素融入日常生活中，努力在日常饮食、品茶、饮酒、家居等凡俗生活中提炼出雅趣。

保有日常生活的清雅，一直是古代文人努力实现的人生境界。事实上，人的日常生活具有极强的世俗性，追求清雅又不可能在日常生活世界之外再造一个"美丽世界"，这就要求文人一方面始终扎根于日常生活，另一方面又要在凡俗的生活世界中提炼出雅趣，也就是说，要以"雅"化"俗"。梅尧臣提出"以俗为雅"的美学原则，苏东坡也提倡"以故为新，以俗为雅"，

---

[1] 朱光潜：《人生感悟》，中国青年出版社，2013，第171页。

这种看似矛盾的说法恰恰反映出宋人独特的审美情趣，他们要用文人的风雅来点化凡俗的日常生活。这是古代文人审美情趣发生的深刻变化。在两宋时期，文人既充分享受感性生命的丰富与饱满，同时又保有理想的向度，着意提升日常生活的诗意与清欢，这使得文人情趣与日常生活构成了富有张力的存在，从而形成了生活即艺术，艺术即生活的新型日常生活美学。对于东坡而言，日常饮食就不仅是满足口体之福的生活常事，更寄寓着他尚清欢、贵适意的人生追求。他相信清雅之物、清雅之境，不仅可以延年益寿，更有利于获得对人生和世界的整体性经验，从而生发出"人间有味是清欢"的审美情趣与生命情调。

宗白华曾说，在中国传统文化里，从最底层的物质器皿，穿过礼乐生活，直达天地境界，是一片混然无间的大和谐。中国古人理想的生存境界就是审美境界，即在生机盎然的日常生活中与宇宙同流，与天地同在。苏东坡一生历尽磨难，却始终以一颗开悟的心认真而淡然地对待生活，在衣食住行等有形的"生活"中体验"生命"的丰富与深刻，融生活与艺术、审美与道德、自然与人生为一体，将平凡而日常的生活谱写成生意盎然的华彩乐章。这是一门"大写的艺术"，充盈着"天地同流"的美学精神，为我们建构了"应当如此"的诗意人生。苏东坡诗文中有大量关于日常生活情趣的描写，普通而凡俗的菜羹、豆粥、茶点、酒食等，在东坡的笔下，生意盎然，情趣十足。与东坡同时代的欧阳修、梅尧臣、黄庭坚、苏辙等文人也欢喜书写日常烟火的浪漫。苏东坡以后，陆游、范成大、杨万里、徐渭、袁宏道、张岱等都善于书写日常生活，表达自己独特的审美情趣。宋元话本、明代小品文、清代笔记中也不乏对于日常生活情趣的记述。

第二节　东坡与美食

在中国传统文化中，美与味关系密切。许慎《说文解字》云："美，甘也。从羊，从大。羊在六畜主给膳也。"中国古典美学推崇"味"，如"美味"（扬雄)、"滋味"(钟嵘)、"余味"(刘勰)、"韵味"(司空图)、"风味"(皎然)、"真味"(欧阳修)、"至味"(苏轼)等。以"味"为核心,逐渐形成了崇情感、重体验的古典美学精神。中国古人相信,大自然是生意充盈的有机生命体,人和天地万物都是气之聚合、离散的产物,形神密不可分。生命个体深层的审美体验是以视、听、嗅、味、触等具体感觉为前提的,如果说,眼睛、耳朵与自然万物尚存在一定的距离,唇齿、舌头、味蕾则与"物"包裹在一起,人深深地嵌入存在本身。因此,"味"必然是物我相遇时而生出的感觉,也许它不太全面,但应该更细腻,更微妙。

陈望衡在《中国美学史》一书中指出,"味",作为审美感受,最突出的特点就是理性直觉,体现为体验性、直觉性、理解性、非概念性。[1] 陈望衡通过"味"揭示了审美意蕴、生存体验的微妙性、模糊性、空灵性、无限性。真正的审美体验不仅带来身心的愉悦与快适,更有着强烈的超越精神与理想精神。在中华古典美学思想中,"味"被赋予极强的超拔精神,但其与具体可感的日常饮食密切相关,应是不争的事实。苏东坡的诗文"好是一杯深,午窗春睡足""食罢茶瓯未要深,清风一榻抵千金""雪沫乳花浮午盏,蓼茸蒿笋试春盘。人间有味是清欢"都形象展现了简单而幸福的日常生活。面对一盏午茶,一盘春蔬,东坡不由得发出"人间有味是清欢"的感慨。这就是中国古人日常而诗意的存在。

提起苏东坡,人们常常会亲切地称呼他"老饕""美食家""食客""吃货"。东坡诗文不仅记录了各种美食,诸如东坡肘子、东坡肉、东坡鱼、东坡羹等,还不吝笔墨,详细记载了各种美食做法,可以说它们是诗意盎然的传世菜谱。这样的诗文有百余首,东坡都写得诗意盎然。饶有趣味的是,被后人广为传颂的美食,基本上都是东坡遭遇极大生存困境时发明出来的。其中的奥秘又在哪里呢?让我们慢慢走进苏东坡的日常饮食,探寻一个更加丰富、清晰的东坡形象。

---

[1] 陈望衡:《中国美学史》,人民出版社,2005,第69页。

一、美食与苦难

　　日常饮食在东坡生命中扮演着怎样的角色？在困窘的谪居生活中，"美食"是否可以成为其稀释生活苦难的一剂良药？答案也许是肯定的。王水照在《苏东坡和他的世界》一书中就指出，苏东坡研究美食主要是为了生存，他作为美食家是带有非常强烈的自救信息的。王水照精准把握了美食对于苏东坡的意义。对于东坡而言，日常饮食与生存状态有着微妙而复杂的联系。这是一个值得深入探究的话题。苏东坡曾自称"老饕"，他在《老饕赋》中热情洋溢地写道：

　　庖丁鼓刀，易牙烹熬。水欲新而釜欲洁，火恶陈而薪恶劳。九蒸暴而日燥，百上下而汤鏖。尝项上之一脔，嚼霜前之两螯。烂樱珠之煎蜜，滃杏酪之蒸羔。蛤半熟而含酒，蟹微生而带糟。盖聚物之夭美，以养吾之老饕。(《老饕赋》)

　　从文中可以看出，苏东坡应是不折不扣的吃货、食客、美食家，日常饮食讲究食材、做法、火候等，尽享"物之大美"。但东坡饮食又是"简率"的，据宋人记载：

　　东坡性简率，平生衣服饮食皆草草。……筑新堤时，坡日往视之。一日饥，令具食，食未至，遂于堤上取筑堤人饭器，满贮其陈仓米一器尽之。大抵平生简率，类如此。[1]

　　时人评价其"性简率"，故"衣服饮食皆草草"。陆游在《老学庵笔记》中也记载了有关东坡饮食的一则故事：

---

[1] 施德操：《北窗炙輠录》卷上，载《宋元笔记小说大观》，上海古籍出版社，2007，第3307页。

第二章　日常之雅

> 吕周辅言：东坡先生与黄门公南迁，相遇于梧、藤间。道旁有鬻汤饼者，共买食之。粗恶不可食。黄门置箸而叹，东坡已尽之矣。徐谓黄门曰："九三郎，尔尚欲咀嚼耶？"大笑而起。秦少游闻之，曰："此先生'饮酒但饮湿'而已。"

苏东坡既追求日常饮食的色、香、味，又能乐享简单而粗陋的餐食，看似矛盾，又高度统一。这也许就是东坡的伟大之处。无论是美味，还是粗食，对于生活质量与人生境界本身而言，无所增益，亦无所亏损。苏东坡性情简朴、率真，他热爱生活，尽享天地万物之美，但又不过分追求物质生活的富足与精致，故"平生衣服饮食皆草草"。在遭遇生存困境时，性简率的东坡又具有化苦难为甘醇的能力，他尽可能赋予困窘的日常生活以诗意的色彩，以温暖而绵长的滋味来冲淡、化解人生的苦难。当我们以"美食家"咏赞东坡时，可能在某种程度上消解了他应对人生困厄的生存智慧。

苏东坡一生仕宦沉浮，屡遭贬谪，先后谪居黄州、惠州、儋州，遭遇极大的生存困境与精神危机，晚年在遇赦北归途经金山寺时，曾作诗云："心似已灰之木，身如不系之舟。问汝平生功业，黄州、惠州、儋州。"（《自题金山画像》）这是非常耐人寻味的。在黄州、惠州、儋州时期，苏东坡遭遇巨大的人生困境，一次又一次努力实现精神突围。他"奋厉有当世志"，始终践行"修身、齐家、治国、平天下"的人生信念，坚守"以民为本"的仁政主张，为官一方，造福人民，因"乌台诗案"而陷入人生困境，其饱满、坚实的精神世界遭到极大冲击。在从湖州被押解至京都的路途中，苏东坡"过扬子江，便欲自投江中，而吏卒监守不果。到狱，即欲不食求死"（《杭州召还乞郡状》）。今天应该感谢对东坡严加看管的吏卒，不然我们的思想文化会缺失一道绚烂而温暖的色彩，我们中国人的心灵世界也会少了很多浪漫与诗意。

谪居黄州期间，苏东坡过着"深自闭塞"的生活，亲朋好友亦书信断绝。正如他在诗文中所写："深自闭塞，扁舟草履，放浪山水间，与樵渔杂处，往往为醉人所推骂。辄自喜渐不为人识，平生亲友无一字见及，有书与之亦不答。"(《答李端叔书》)对于爱热闹、喜交往的东坡来讲，这确实是一种极大的挑战。对于这一时期的东坡心态，王水照曾这样说道：

> 他面对的最大、最紧逼的人生问题是对逐客生涯如何自处。他的主要生活内容是东坡躬耕的"垦辟之劳"和"玉粒照筐筥"(《东坡八首》)的收获之喜，是"初被酒以行歌兮，忽放杖而醉偃"(《黄泥坂词》)的出游，是访友，是养生以及坚持五年每一二日一往的安国寺参禅活动。他虽然对政事并未忘情，毕竟已远离论政于朝堂、理事于衙门簿籍之间的官场生涯，没有也不可能去施展他的政治抱负。[1]

作为流落他乡的"逐客"，苏东坡主要面临两大难题：日常生计、精神突围。如何摆脱精神困境？苏东坡尝试从道禅思想中寻找解脱与慰藉。在黄州，读经参禅成为东坡日常生活的重要内容，他在诗文中写道：

> 得城南精舍曰安国寺，有茂林修竹，陂池亭榭。间一二日辄往，焚香默坐，深自省察，则物我相忘，身心皆空，求罪垢所从生而不可得。一念清净，染污自落，表里倏然，无所附丽。私窃乐之。旦往而暮还者，五年于此矣。(《黄州安国寺记》)

苏东坡对佛禅有着清醒的认知，他深切地热爱着这个并不完美的尘世，并不相信，也不寄希望于来世与彼岸，而是通过"焚香默坐"去深入思考人生的价值、存在的意义，一旦彻悟生命的真意，就会超越盛衰、沉浮、荣辱等世俗功利的羁绊，抵达清静自然、随缘放旷的自由境界。他说："学佛老者，本期于静而达，静似懒，达似放。"(《答毕仲举书》)"静"指向虚空寥落的心境，"达"体现为放旷超然的人生态度。"静"为"达"提供了内在的心理

---

[1] 王水照：《苏东坡和他的世界》，中华书局，2023。

基础，正是"静"使"达"得以实现。对于东坡而言，"静"构成了他最深层的精神底色，正因为内心虚空、自然适意，才能"无往而不自得"，在看透人生的真相之后依然热爱着、坚持着，虽然也会有挣扎与苦痛，但终究会收拾精神，坦然应对人生的各种磨难，保持内心世界的平衡，真正做到"任性逍遥，随缘放旷"。苏东坡深谙佛教真义，他相信"一念清净，染污自落"，从生命的根处着力，高扬主体的主动性与创造力，从盛衰沉浮、得失忧乐的纠缠中慢慢解脱出来，在困苦而真实的生活中回归本源。苏东坡确实有着惊人的生命力，无论处于怎样的困境、经受怎样的苦痛，他最终总会化解矛盾、冲出突围，给世人留下一个永远豁达乐观的东坡形象。

相较于精神突围，"吃"则构成了最现实、最迫切的人生大问题。苏东坡曾详细描述了初到黄州时的困窘生活：

> 初到黄，廪入既绝，人口不少，私甚忧之。但痛自节俭，日用不得过百五十，每月朔便取四千五百钱，断为三十块，挂屋梁上，平旦用画叉挑取一块，即藏去叉，仍以大竹筒别贮。用不尽者，以待宾客，此贾耘老法也。（《答秦太虚书》）

苏东坡性豪放，少有积蓄，又兼官俸减少，一家人的"吃食"成为最大的难题。为了节省开支，天才苏东坡竟以孩童般的方式安排日常开支：每月取四千五百钱，分为三十份，挂在屋梁上，每日仅取一份，若有剩余，可待宾客。今日读来，仍不免心酸。除了"节流"，东坡还积极"开源"。在黄州，吃住都成为急需解决的现实问题。东坡刚到黄州时，寓居定惠院，后迁居临皋亭。苏东坡一家人生活窘迫，在故人马正卿的帮助下，获得城东一片撂荒的旧营地。这片空地位于黄州城东，东坡又慕白居易，故从此自称"东坡居士"。苏东坡带领家人垦荒于东坡，并写下了《东坡八首》，详细记述了与家人一起躬耕于东坡的劳作场景：

> 废垒无人顾，颓垣满蓬蒿。谁能捐筋力，岁晚不偿劳？独有孤旅人，

天穷无所逃。端来拾瓦砾，岁旱土不膏。
　　　分秧及初夏，渐喜风叶举。月明看露上，一一珠垂缕。
　　　农夫告我言，勿使苗叶昌。君欲富饼饵，要须纵牛羊。

　　在黄州，苏东坡俨然成了一位农夫，虽有劳作的辛苦，但综观《东坡八首》，更多洋溢着农家生活的淳朴与清新。从位高权重的政府官员到无人相识的一介农夫，从都市到荒野，从中心到边缘，苏东坡似乎没有太多的抱怨与不甘，他从繁忙的政务中解脱出来，投身于辛勤的劳作耕种中，忙着向老农请教稼穑的事情，慢慢习惯春种、夏耘、秋收、冬藏的农家生活。这应该是更为贴近大地、自然自由的生活。与之相应的是精神世界的变化，旦夕、晨暮，日日、年年，在与泥土、禾苗的"耳鬓厮磨"中，东坡渐渐走出了最初的慌乱、迷惘，在逼仄的生存空间中开掘出更为广阔的心灵境界。

　　黄州时期的东坡为世人留下了"东坡肉""二红饭""东坡羹"等传诵千古的"美食"，其实，这些"美食"都是普通的吃食，甚至是不受时人欢迎的。在宋代，猪肉被认为是低贱的，因为它"味苦""虚肥人，不可久食"；宋朝御厨原则上"不登彘肉"，即使在黄州这样偏远的地方，百姓都不愿意食用猪肉，正所谓"贵者不肯吃，贫者不解煮"。谪居黄州的苏东坡日常生活是拮据的，常为一家老小吃食发愁，吃肉更是奢侈，他欢喜地发现"黄州好猪肉，价贱如泥土"，将其买回，精熬慢煮，制作出了今日所谓的美味佳肴"东坡肉"，还写下了情趣盎然的《猪肉颂》：

　　　净洗铛，少著水，柴头罨烟焰不起。待他自熟莫催他，火候足时他自美。

　　熬煮好的猪肉味极佳，"早晨起来打两碗，饱得自家君莫管"，隔着文字都能感受到东坡的满足与惬意。在黄州，苏东坡还发明了"二红饭"。由于经济条件所限，家人不得不经常吃大麦仁或赤豆，为改善饮食，苏东坡将大麦仁与赤豆同煮，戏称为"二红饭"。大麦仁是粗粝的，口感不佳。唐宋之

第二章　日常之雅

前北方人的主食是粟，随着小麦种植面积的推广，以及面粉制作技术的进步，北人食面的习俗已逐渐形成。宋人黄朝英曾说："余谓凡以面为食具者，皆谓之饼，故火烧而食者，呼为烧饼；水瀹而食者，呼为汤饼；笼蒸而食者，呼为蒸饼，而馒头谓之笼饼，宜矣。"开封城的张家、郑家饼店规模巨大，共"五十余炉"，每天清早伙计们就"擀剂卓花入炉，自五更卓案之声，远近相闻"。这说明，由面粉加工而成的各种"饼"已成为京都寻常人家的主要吃食，而谪居黄州的东坡和家人则常常以"二红饭"充饥，不由得让人唏嘘。

谪居期间，生活困窘，田间地头的野菜都成了美味佳肴。谪居惠州时，苏东坡同样面临着巨大的生存困境，他却说："吾借王参军地种菜，不及半亩，而吾与过子终年饱饫，夜半饮醉，无以解酒，辄撷菜煮之。味含土膏，气饱风露，虽粱肉不能及也。"（《撷菜》并引）我们可以感受到东坡乐观、豁达的精神，亦能感受到坡翁对天然菜蔬的喜爱之情。世人广为传诵的美食"东坡羹"其实就是野菜粥，"东坡羹，盖东坡居士所煮菜羹也。不用鱼肉五味，有自然之甘"。谪居儋州期间，东坡更是遭遇"食无肉，病无药，居无室"的生存困境，积极乐观的东坡作《菜羹赋》，他在文中写道："东坡先生卜居南山之下，服食器用，称家之有无，水陆之味，贫不能致，煮蔓菁、芦菔、苦荠而食之。其法不用醯酱，而有自然之味。"有着君子风度与仙人风骨的苏东坡是喜欢自然之物的，在他的诗文中，经常出现诸如茯苓、胡麻、天门冬、松脂、黄精、黄芪等植物，不仅可食，亦可入药，并不比"粱肉"差。并且，简单、素朴的饮食还可以养心养德。东坡在《菜羹赋》结尾处写道："忘口腹之为累，以不杀而成仁。窃比予于谁欤？葛天氏之遗民。"向来幽默、智慧的东坡总能于贫瘠处开出绚烂之花。

在惠州，苏东坡还自创烤羊脊骨的吃法。由于无法购买肉食，东坡就将富贵人家弃之不取的羊骨头带回家，文火慢烤，烤熟之后用极细的竹签剔除肉丝，叹其美味无穷，还戏称为"烤羊脊"。东坡在《与子由》的信札中写道：

惠州市井寥落，然犹日杀一羊，不敢与仕者争买，时嘱屠者买其脊骨耳。骨间亦有微肉，熟煮热漉出，渍酒中，点薄盐，炙微焦，食之。终日抉剔，得铢于肯綮之间，意甚喜之。如食蟹螯，率数日辄一食，甚觉有补。

面对如此美味，东坡竟担心"众狗不悦矣"。或戏谑调侃，或苦中作乐，"美食"确实以它独特的烟火气带给东坡以温暖和希望，在慢煮、细烤中打发绵长的时光，也稀释、过滤掉太多的苦涩与腥膻之味。但肉食大抵是不常有的，东坡与幼子苏过所食更多是菜蔬。有一次，二人煮菜羹充饥，还不忘苦中作乐，作诗讥笑晋代那个"食日万钱，犹曰无下箸处"的何曾说："我与何曾同一饱，不知何苦食鸡豚。"东坡父子常以山芋来充饥。山芋是岭南当地常见的作物，但宋人多不食，认为食后容易腹胀。东坡却赞美道："香似龙涎仍酽白，味如牛乳更全清。"他还详细介绍了食芋的方法：先去皮，再以湿纸包裹，然后慢慢煨烤，其味甚佳。被苏轼赞为"色香味皆奇绝"的玉糁羹就是苏过以山芋为原料制作的美食。今天来看，所谓"美味"更多是东坡直面困境、超越现实的生命体验，日常饮食的酸甜苦辣，不仅仅与食材、调料、烹饪方法有关，更与饮食者的心境密切相关，正所谓"饥者易为食，渴者易为饮"。生命的真味也需要特别的调料和方法，尤其需要蓬勃的生命能量和超然的人生态度。

谪居儋州，东坡不仅常以山芋充饥，还曾和苏过学"龟息法"。元符二年，儋州米贵，他和苏过常有绝粮之忧，就共行"龟息法"，以排解饥饿之忧，保持生命能量。所谓"龟息法"就是效仿龟蛇之类，每天早上引颈东望，吸食日出之光，然后咽之。每当想起这个场景，内心就五味杂陈，不知如何言说。东坡给予人世间太多的温情与良善，为何世界要报之以冰冷与无情？这是一个人、一群人的过错，还是帝制时代的悲哀？但上天还是垂怜东坡的，大海从不缺生蚝。他在诗文中热情洋溢地写道："冬至前二日，海蛮献蚝，剖之，得数升，肉与浆入水，与酒并煮，食之甚美，未始有也。"生蚝应是儋州献给东坡最丰盛的食物了。"与酒并煮"的生蚝味道极美。东坡还发明了烤生蚝，他说："取其大者，炙熟。正尔啖嚼，又益口煮者。""炙"

第二章 日常之雅

就是今日俗称的"烧烤"。在炒法未发明推广之前,古人吃肉主要是煮与炙。《齐民要术》卷九记载了22种炙法。无论是煮,还是烤,生蚝的主要作用都是为了解决饥饿问题,所谓"美味"顶多是附加价值,但也正是它为困窘的日常生活增添了生色之美。又或者说,生活的苦涩经过煮、烤之后,反而生发出醇香与绵甜,引得东坡常常教导幼子苏过,不要告诉他人生蚝的吃法,"恐北方君子闻之,争欲为东坡所为,求谪海南,分我此美也"。东坡竟然担心"北方君子"为了享受生蚝的美味,而"求谪海南"。对于东坡的戏谑之语,我们只能报以苦笑。当时贬谪海南应是最重的惩罚,几乎没有北归的可能性,又怎会有人主动要求来这莽荒之地呢?

在艰难困苦中依然保持着生命的热情与活力,将逼仄的苦日子过成了令人艳羡的好日子,也许只有坡翁才能做到。无论怎样,"活"是个体生命的本能,"好好活着"则会折射出人性的光芒。面对苦难,东坡豁达、通透,他在《在儋耳书》中写道:"覆盆水于地,芥浮于水,蚁附于芥,茫然不知所济。少焉水涸,蚁即径去;见其类,出涕曰:'几不复与子相见。'岂知俯仰之间,有方轨八达之路乎?念此可以一笑。"骆玉明认为,东坡热爱生活,接地气,是一个具有生活感性的人。"生活感性"就是不用抽象的道理、抽象的原则去看待人生,而是在现实生活中体验生命的快乐,寻找点点滴滴的生活乐趣。苏东坡赤诚地爱着这个尘世,哪怕这个世界给予他太多的苦难,他依然扎根于坚实、深厚的土壤中,开出绚烂无比的生命之花。常人往往把贬谪视为人生中的大不幸,而苏东坡却将其视为一生中最大的成就,正是在贬谪生涯中,他一步步完成了内在精神世界的超越,抵达了自得、自适、自由的人生至境。这是苏东坡一生最为看重的。正如王水照所说:

> 苏轼三贬,贬地越来越远,生活越来越苦,年龄越来越老。然而这"喜—悲—旷"的三部曲过程却越来越短,导向"旷"的心境越来越快;同时,第一步"喜"中,"旷"的成分越来越浓,第二步的"悲",其程度越来越轻,因而第三步"旷"的内涵越来越深刻。苏轼初到贬地的"喜",实际上是故意降低对贬谪生活的期望值,借以挣脱苦闷情绪

的包围，颇有佯作旷达的意味；只有经过实在的贬谪之悲的浸泡和过滤，也就是历经人生大喜大悲的反复交替的体验，才领悟到人生的底蕴和真相，他的旷达性格才日趋稳定和深刻，才经得住外力的任何打击。[1]

无论遭遇怎样的困境，东坡始终保有乐观的精神与诗意的态度，总会主动寻找希望和温暖，保持旷达乐观的情怀。在黄州，他云"长江绕郭知鱼美，好竹连山觉笋香"，在惠州则云"日啖荔枝三百颗，不辞长作岭南人"，到了儋州更云"九死南荒吾不恨，兹游奇绝冠平生"，展现了其触目皆春的天地境界。东坡谪居儋州时，他和苏过常常食薯芋充饥，有点"嘴馋"，他就在诗文中写道："北船不到米如珠，醉饱萧条半月无。明日东家当祭灶，只鸡斗酒定膰吾。"（《纵笔三首·其三》）可爱的东坡幻想着，明日东家将要杀鸡设酒祭灶，一定会分一些祭品给我吧。天纵奇才的旷世伟人竟然有着如此热切而天真的期望，不觉为之恻然。作为文学艺术家的苏东坡，浪漫、诗意、温情也许就是他的生命质地与色彩，无论遭遇怎样的困境，他总能轻易地化解，好像全然感受不到生命的苍凉与悲苦。他如此全心全意地热爱着这个并不完美的世界，尤其是在看透了人间的荒诞与存在的虚无之后，依然更加深沉地拥抱生活。这是苏东坡的伟大！

凭着一颗热爱生活的赤诚之心，苏东坡以热情与诗意应对生命中出现的风霜雨雪，善于寻找应对困厄、苦难的生命能量，将个人之悲喜、人生之沉浮放置于大化流行的自然中，不再执着于一时一物之得失，而是以阔大的心胸坦然接受生命中所有的遭遇。因为，苦痛、欣喜，经过岁月的打磨和心灵的过滤后，最终都会化为生命中最为醇厚的那抹静美。后来苏东坡身居要职，生活富足，却常常怀念黄州时期的生活，"屡梦东坡笑语，觉后惘然也"，"安土忘怀，一如本是黄州人，元不出仕而已"。他再三叮嘱好友潘彦明照料好东坡："仆暂出苟禄耳，终不久客尘间，东坡不可令荒茀，终当作主，与诸君游，如昔日也。"京都的亭台楼阁，比不上黄州的小桥流水。

---

[1] 王水照：《苏东坡和他的世界》，中华书局，2023，第71页。

经过贬谪之苦的锤炼之后,苏东坡对人生的体悟更为通透、深邃。他认为,黄州、惠州、儋州,只是生命存在的自然境域;外在事功、山林之乐,也都只是生命存在的一种样态,当超越了穷达、荣辱的分别和对待,就完成了对存在的超越、对价值的超越,全然回到与自然精神合一的自我,真正抵达"也无风雨也无晴"的人生极境。

莫听穿林打叶声,何妨吟啸且徐行。竹杖芒鞋轻胜马,谁怕。一蓑烟雨任平生。

料峭春风吹酒醒,微冷,山头斜照却相迎。回首向来萧瑟处,归去。也无风雨也无晴。(《定风波·莫听穿林打叶声》)

这是东坡谪居黄州期间的一首词。词中流露出东坡不计祸福、宠辱不惊的思想。在变动不居的尘世中,苏东坡始终以一颗鲜活的心,超越种种困境,既不厌弃现实生活,又不为物所累,进行着艰苦卓绝的精神跋涉,日益明了自然万象的本源、个体存在的价值,最终抵达"也无风雨也无晴"的绝对自由。如果单从生命个体的日常情感来看,顺境则欣喜,逆境则困苦,这是人类最自然的情感,也是人类生活之现实。但自然流转不息,世事沉浮盛衰,此乃天道、人道也。荣与辱、穷与达、出与入,以"道"视之,全然没有本质的不同。因为,人生如寄,如泡如影,风雨也好,晴天也罢,都是生存的外显形式,属于生命中应有的不同状态,且瞬息万变,相互转化,又何必执着。苏东坡曾在诗文中记载了他的一次游历:

余尝寓居惠州嘉祐寺,纵步松风亭下,足力疲乏,思欲就床止息。仰望亭宇,尚在木末。意谓如何得到。良久忽曰:"此间有甚么歇不得处?"(《记游松风亭》)

由是心若挂钩之鱼,忽得解脱。只一句"此间有什么歇不得处"抛却了思虑妄念的执着,摆脱了自我形体的限制,获得内心的空灵与宁静,实现了精神的自由与生命的自足。苏东坡深知，生命本就是大化流行的历程，穷达、荣辱皆为生命的色彩，如若抛却"我执"，委运任化，随缘自适，则自会解脱；但这绝不是被动地听天由命，而是在顺应自然的前提下尽人事。苏东坡总是奉行"游于自然""忘情物我"的生活态度与处世方式，始终以一颗虚静之心接纳自然万物的存在，既不执着生活，又不厌弃现实生活，更不会为具体事务琐事所困，在虚纳万物、静显生机的状态中随缘自适，在自我生命能量的吞吐转换中保持精神的平衡，在艰难而卓绝的精神历练中直达生命的绚烂，最终形成了与天地同流的人生至境，实现了在一个有限的世界里做一个自由的人的最高理想。此时，本色、诗意的东坡才真正完成。

苏东坡在凡俗的日常生活中不断扩展自我、深化自我，困苦的处境恰恰成为其涵养心性、磨砺自我的绝佳场域。这是一种"生命的精神"，即对生命有着强烈兴趣的人，感觉万事万物都有趣味，善于在日常生活中品出生命的真意和存在的玄奥。在苏东坡的世界里，精神的快乐来自真实的现实生活。苏东坡始终认为，生活本身就是生命个体存在的终极价值和意义，个体存在的最高境界就是顺着自然赋予的本性生活着，生活之外别无目的。正如冯友兰所说："以无心做事，就是自然地做事，自然地生活。只应当于日常生活中无心而为，毫无滞着。"[1]在凡俗日常生活中，充分体验感性生命的丰富与饱满，以清静自然、内心安适为指归。这也许才是人的本色生活。

二、简朴为美

叶朗说："从古代开始，饮食就不仅是适应人为了活命的生物性的需要，而且也是适应人的精神生活的需要。饮食是一种文化，它和社会生活的各个方面（从政治、经济到生活方式，从社会风气到社会心态）紧密联系，包含有历史的、审美的意蕴。"[2]饮食不仅仅是人们的基本生活需要，还折射出不同时代、不同阶层、不同地域、不同民族的精神风貌。作为一种文化象征，

---

[1] 冯友兰：《中国哲学简史》，北京大学出版社，1996，第222页。
[2] 叶朗：《美学原理》，北京大学出版社，2009，第214页。

第二章 日常之雅

西周时期，上自周天子，下至普通士人，饮食的种类、数量，以及烹饪方法与食具等，都有着极为严格的规定，因为日常饮食彰显着当时的礼乐制度。周公"制礼作乐"是礼乐史上一个划时代的大变革。从《仪礼》来看，周礼有成年礼、婚礼、士人相见礼、乡饮之礼等，几乎囊括了社会生活的各个方面，周人将"礼"融入服装、饮食、建筑、器具等日常生活中，衣食住行都体现为一定的"礼"，承载着特定的道德诉求与社会秩序。

日常饮食，作为一种象征，常常伴随着统治阶层的骄奢淫逸。先秦、两汉时期，以饮食为题材的文学作品并不多，对食物进行具体、生动描写的诗文多与贵族有关，如"朋酒斯飨，曰杀羔羊"（《豳风·七月》）、"陈馈八簋，既有肥牡"（《小雅·伐木》）、"鱼丽于罶，鲿鲨。君子有酒，多且旨"（《小雅·鱼丽》）、"彼有旨酒，又有嘉肴"（《小雅·正月》）、"有兔斯首，炮之燔之。君子有酒，酌言献之"（《小雅·瓠叶》）等。《楚辞·招魂》篇亦有体现，文中写道："室家遂宗，食多方些。稻粢穱麦，挐黄粱些。大苦咸酸，辛甘行些。肥牛之腱，臑若芳些。和酸若苦，陈吴羹些。胹鳖炮羔，有柘浆些。鹄酸臇凫，煎鸿鸧些。露鸡臛蠵，厉而不爽些。"（《楚辞·招魂》）辞章极尽铺陈夸张之能事，详细描写了楚国王室的宴饮盛况。

发展至汉赋，比较细致的食物描写也多与当时权贵生活有关，如枚乘《七发》："犓牛之腴，菜以笋蒲。肥狗之和，冒以山肤。楚苗之食，安胡之饭。抟之不解，一啜而散。于是使伊尹煎熬，易牙调和。熊蹯之臑，勺药之酱。薄耆之炙，鲜鲤之鱠。秋黄之苏，白露之茹。兰英之酒，酌以涤口。山梁之餐，豢豹之胎。小饭大歠，如汤沃雪。此亦天下之至美也。"枚乘细致展现了汉代贵族的日常饮食。在汉代，已出现"不时之物"，即冬天温室里种植的菜蔬，供皇上和极为富贵之家享用，不过也只有"太官园"和其他少数园圃才能供奉。当时召信臣就极力反对这种"不时之物"，认为它不仅"有伤于人"，还浪费国家钱财。尚简朴、倡节约一直是中华民族的优良传统。古代士人普遍反对铺张浪费，日常饮食讲究简单、简朴，过于奢侈的饮食是很难成为他们咏赞的对象，在陶渊明之前，饮食题材的文学作品长期缺席。

北宋时期，无论是饮食品种、饮食方式，还是饮食环境、饮食审美都达到了新的高度。从《东京梦华录》可以看出，当时开封城饮食品种繁多，主要有鹅鸡鸭兔、肚肺鳝鱼、包子鸡皮、腰肾鸡碎、肉脯干果等。在众多美食中，宋人最爱吃羊肉、烧饼、包子、馄饨。据记载：神宗朝御厨一年的肉食消耗量为"羊肉四十三万四千四百六十三斤四两，常支羊羔儿一十九口，猪肉四千一百三十一斤"。可见宫廷贵族日常饮食以羊肉为主，更夸张的是，朝中的一次宴请竟然消耗了全京都的羊肉。宋廷提倡节俭，"不尚玩好，不用玉器，饮食不贵异味，御厨止用羊肉，此皆祖宗家法所以致太平者"[1]。但随着城市经济的繁荣，京城及富庶城市的物质生活仍是奢侈的。

苏东坡一生大富大贵过，也曾穷困潦倒过，但在物质生活方面，始终抱持素朴勤俭的生活态度，过一种简单、朴素的日子。苏东坡出生在一个并不富裕的家庭，从苏洵在《族谱后录下篇》中的描述可以看出，苏东坡的祖父"善治生，有余财"，但乐善好施，"终其身，田不满二顷，屋弊陋不葺也"。苏东坡经历过"少年辛苦事犁锄"的生活，从小养成了简朴的生活习惯。成年后在京都习制科时，寄宿在怀远驿，条件简陋，日常吃食多为"一撮盐一碟生萝卜一碗饭"，被苏轼戏称为"三白"。踏入仕途后，仍然没有太大改善，"余仕宦十有九年，家日益贫，衣食之奉，殆不如昔者"（《后杞菊赋》）。这是东坡知密州时的自述。他说，做官十九年了，越来越贫困，到密州后，心想总可饱食终日了，谁知厨房空空如也，他和通守刘廷式就沿着城墙，在荒废的园子里挖杞菊来吃，饱腹后摸着肚子相对大笑，还不忘宽慰自己："人生一世，如屈伸肘。何者为贫，何者为富？何者为美，何者为陋？或糠籺而瓠肥，或粱肉而墨瘦。"东坡性豪放，幽默风趣，他的诗文总是流淌着拨云见日般的通透感。

苏东坡对待生命是深情而淡泊的，他曾说："吾无求于世矣，所须二顷田以足馆粥耳。"对物质生活要求不高，就容易满足于一粥一食，厌弃过于奢侈的生活方式。苏东坡喜欢美食，善于品鉴，但从不刻意强求，更痛恨铺张浪费。他任杭州通判时，对当时迫于应酬而狂饮无度、铺张浪费的饮食习

---

[1] 孟元老：《东京梦华录》，中华书局，2007，第76页。

惯颇为不满，称之为"酒食地狱"，"不胜杯酌，诸公钦其才望，朝夕聚首，疲于应接，乃号杭倅为'酒食地狱'"[1]。元祐年间，苏东坡再次以龙图阁学士的身份出任杭州知州时，对当时过于奢侈的生活依然极为反感。苏东坡有着简单而美好的生活态度，善于在普通的日常饮食中提炼雅致，发现真味，故对奢侈的饮食习惯颇为不满。

苏东坡饮食讲究简朴、节制，很大程度上也出于养生的考虑。元丰六年，苏东坡在雪堂"书四戒"，将枚乘《七发》戒欲之语作为自己养生的座右铭。

> 出舆入辇，命曰"蹶痿之机"；洞房清宫，命曰"寒热之媒"；皓齿蛾眉，命曰"伐性之斧"；甘脆肥浓，命曰"腐肠之药"。此三十二字，吾当书之门窗、几席、缙绅、盘盂，使坐起见之，寝食念之。（《书四戒》）

苏东坡将"甘脆肥浓"之物视为养生大忌，提倡亲近自然、素朴简淡的饮食方式。东坡诗文记载了许多有益身心康健的新鲜时蔬和果花，如枸杞、菊花、蔓菁、荠菜、桃花等，这些日常食物均为东坡所喜爱。东坡提倡节食减欲的生活方式：

> 东坡居士自今以往，早晚饮食，不过一爵一肉。有尊客盛馔，则三之，可损不可增。

> 有召我者，预以此告之，主人不从而过是，乃止。一曰安分以养福。二曰宽胃以养气。三曰省费以养财。（《养生》）

东坡对自己的日常饮食作了安排：早晚饮食，一爵一肉。这样的饮食习惯有很多好处，可以"养福""养气""养财"。东坡不仅自己节食减欲，还

---

[1] 朱彧《萍洲可谈》卷三，载《宋元笔记小说大观》，上海古籍出版社，2007，第2342页。

规劝他人。东坡的前辈韩维退休后声称要以酒色享受来自娱晚年，东坡听说后就托韩维的女婿转达规劝之意。东坡认为，"口体之欲，何穷之有，每加节俭，亦是惜福延寿之道"。口体之欲，不仅对身体无益，还会刺激人的贪欲，使人不易安贫乐道。众生以眼、耳、鼻、舌、身等感官与物相接，生出色、声、香、味、触等幻境，进而产生欲望，生贪婪之心，但"爽口之味，皆烂肠腐骨之药，五分便无殃"[1]。佛学中常讲福报、福德、福慧。福从何处来？从惜福中来。惜福，就是要节约衣、食、住、行等一切生活资源，建立节俭、素朴的生活方式。

在简单、素朴的生活中，苏东坡反而获得身体的康健与精神的富足。熙宁七年（1074年），苏东坡知密州。相比较繁华的杭州城，密州有点落后，人们担心东坡不快乐。事实证明，亲朋好友的担忧是多余的。东坡在文章中详细记述了自杭州到密州的生活变化：

> 余自钱塘移守胶西，释舟楫之安，而服车马之劳，去雕墙之美，而庇采椽之居，背湖山之观，而行桑麻之野。始至之日，岁比不登，盗贼满野，狱讼充斥，而斋厨索然，日食杞菊。人固疑余之不乐也。处之期年，而貌加丰，发之白者，日以反黑。（《超然台记》）

"日食杞菊"反而"貌加丰，发之白者，日以反黑"，苏东坡在简单、素朴的生活中反而获得"幸福"与"安适"。亲近自然、素朴简淡的生活也许更易寻到生命的真谛，抵达与天合一的自由境界。因此，简单、素朴的生活方式就成为古代士人自觉的人生追求。

崇尚节俭，饮食有度一直是中华民族的传统美德。孔子倡导简朴的生活方式，认为"奢则不逊，俭则固。与其不逊也，宁固"（《论语》）。他高度赞扬颜回，"一箪食，一瓢饮，在陋巷，人不堪其忧，回也不改其乐"（《论语》）。对于君子而言，有比物质、富贵更宝贵、更可爱的东西。老子说："我有三

---

[1] 洪应明：《菜根谭》，吴言生译注，陕西旅游出版社，1998，第40页。

宝，持而保之。一曰慈，二曰俭，三曰不敢为天下先。"(《道德经》)老子认为慈是对待天地万物的基本态度，尚俭、尚朴、尚无、忌奢、忌盈、忌得成为老子哲学的基本精神。古人饮食养德的价值取向代代相传，熔铸成了中华民族崇尚节俭、反对浪费的可贵精神。宋人黄庭坚在《士大夫食时五观》中对饮食作了说明：一是计功多少，量彼来处；二是忖己德行，全缺应供；三是防心离过，贪等为宗；四是正事良药，为疗形苦；五是为成道业，故受此食。明人龙遵叙在《饮食绅言》中也说道："俭则不贪不淫，是可以养德也。人之受用自有剂量，省啬淡泊，有久长之理，是可以养寿也。醉浓饱鲜，昏人神志，若疏食菜羹，则肠胃清虚，无滓无秽，是可以养神也。奢则妄取苟求，志气卑辱；一从俭约，则于人无求，于己无愧，是可以养气也。"[1]生活节俭益处颇多：减轻脏器负担，有利身体健康；多食清淡素食，可以清虚精神；不妄取苟求，可以养浩然之气。素朴简约的日常饮食不仅有利于身体健康，还可以长精神、养德行。日常饮食无小事，生命力、精气神都藏在一蔬一食、一羹一饭中。

素朴的生活方式有助于身心康健。"素者，不染之丝也；朴者，不雕之木也：皆为'自然而然'者。道法自然，因此'见素抱朴'即得'道'。不染不雕即物之本色与初心，素朴于是又具备了原初、本真之义。"[2]素朴的生活态度乃生命个体真淳本性的流露。苏东坡始终抱持素朴的生活理念，实际上也是对自然、本真人性的坚守。真正惜生、乐生的人，更乐于"山林之乐"，而非"富贵之乐"，追求一种简朴的生活方式，对财富、物质需求甚少，极力追求精神的富足与满足，以终生感悟自然精神为乐趣，为人生价值、意义而进行内修。古人素朴的生活理念与当今提倡的绿色生活、低碳生活相契合。在日常饮食中，努力做到适度、节约、健康，不仅可以节约自然资源，保护地球生态环境，同时还有利于引导世人养成以俭为德的美好品德，过一种物

---

[1] 龙遵叙：《食色绅言·饮食绅言》，载愚谷老人编《延寿第一绅言（及其他二种）》，中华书局，1985，第2页。

[2] 鲁枢元：《陶渊明的幽灵》，上海文艺出版社，2012，第257页。

质简单、精神富足的美好生活。

三、化俗为雅

苏东坡性简率，追求日常饮食的简朴，从不刻意追求珍馐美味，而是乐享日常而普通的饮食。对此，莫砺锋曾说："苏轼的这种饮食观，一方面为他广泛地吟咏饮食主题提供了可能性，因为只有普通的饮食才是随时随地可遇的，而那种玉液琼浆的贵族饮食是世间少有的珍奇之物，普通人的生活中很少有机会与它们相遇。另一方面，这也为苏轼的此类作品深受读者喜爱提供了可能性，因为只有吟咏普通饮食的作品才能贴近广大读者的审美趣味。"[1] 莫砺锋认为，东坡饮食观有两大好处：一是为吟咏饮食主题提供可能性，因为普通食材随时随地可见；二是为走进读者提供了可能性，因为普通饮食才更贴近大众的审美趣味。但在常人心中，最为日常的食物很难入诗，因为，过于普通、满足日常生活之需的"物"很难让人产生丰富的联想，从而呈现为"美"，但用于怡情养性的茶与酒就较易入诗。在苏东坡之前，诗人多描写茶、酒之趣，很少涉及日常食物，这也从侧面反映了日常饮食提升为审美存在的困难。

魏晋之前，文人远未形成以诗意盎然的态度对待日常生活的自觉意识，他们对日常饮食的描写缺乏生动性、形象性，还无法真正实现日常饮食的审美化、情趣化。发展至魏晋时期，文人精神获得大解放、大自由，表现之一就是日常生活的多样化、个性化、趣味化。特别值得一提的是陶渊明，他的生存方式、人生境界对后世文人影响很大。陶渊明一生只留下了一百多首诗歌，却对中国文学的发展影响深远，其中，饮食类题材大放异彩。陶渊明一生远离富贵，日常饮食简单而朴素，这与文人一直追求的俭朴生活相契合。更重要的是，陶渊明以一颗赤诚之心拥抱最平凡的日常生活，具有善于发现日常凡俗事物真意的生命能量，在他的笔下，普通的草木、果蔬都笼上一层

---

[1] 莫砺锋：《饮食题材的诗意提升：从陶渊明到苏轼》，《文学遗产》2010年第2期。

浪漫而温情的面纱，摇曳多姿，生机盎然。其诗文"菽麦实所羡，孰敢慕甘肥"（《有会而作》）、"岂期过满腹，但愿饱粳粮"（《杂诗十二首》之八）、"好味止园葵"（《止酒》）、"藜羹常乏斟"（《咏贫士七首》之三）描写了日常而普通的菽麦、园葵、藜羹，展现了自然、质朴的乡野生活，却流淌着盎然生机，别有一番情趣。陶渊明在诗文中写道：

> 孟夏草木长，绕屋树扶疏。众鸟欣有托，吾亦爱吾庐。既耕亦已种，时还读我书。穷巷隔深辙，颇回故人车。欢然酌春酒，摘我园中蔬。微雨从东来，好风与之俱。泛览周王传，流观山海图。俯仰终宇宙，不乐复何如！（《读山海经》其一）

"欢然酌春酒，摘我园中蔬"一句诗意盎然。"春酒""园中蔬"都是日常而普通的饮食，但诗人用一个"欢"字温暖了整个画面。透过文字，我们不仅可以看见满园青翠、清新的花草树木，感受大自然的一派生机，更可以感受到诗人热爱生活的赤诚之心。陶渊明的这首诗荡涤了过于奢侈的物质享受而带来的不适感，流淌着温馨、温暖、温情的日常生活气息。

到了唐代，随着诗歌进入全盛时期，诗歌表现的领域也日益广泛，诗人将生命的触角深入生活世界的各个方面，涌现出众多描写日常饮食的诗词文赋。王维、孟浩然等人较多继承了陶渊明田园诗的传统，但半官半隐的生活情趣使得他们更为关注专属文人雅士的情趣，对日常饮食的描写带着极为鲜明的虚化痕迹，如"香饭青菰米，嘉蔬绿笋茎"（《游化感寺》）、"松下清斋折露葵"（《积雨辋川庄作》）、"厨人具鸡黍，稚子摘杨梅"（《裴司士员司户见寻》）、"故人具鸡黍，邀我至田家"（《过故人庄》）等，尚虚灵，轻质实，少了些许人间烟火。杜甫一生穷困，以饮食为主的诗歌多讥讽上层社会的穷奢极欲，如"紫驼之峰出翠釜，水精之盘行素鳞"（《丽人行》）、"劝客驼蹄羹，霜橙压香橘"（《自京赴奉先县咏怀五百字》）等，或者展现饥寒交迫的生存困境，如"痴儿未知父子礼，叫怒索饭啼门东"（《百忧集行》）、"盘飧市远无兼味，樽酒家贫只旧醅"（《客至》）等，但杜甫也可以写出如"夜雨剪春韭，新炊间黄粱"这般清新、自然的饮食之作,流溢着诗人应对困厄的诗意情怀。

中晚唐以后,虽然白居易等多写日常生活,但关于饮食方面的成就并不高。发展至北宋,在"白体"的基础上,欧阳修、梅尧臣等有意在诗中表现鲜活的日常生活情趣。梅尧臣提出"以俗为雅"的诗歌理念,将大量日常生活题材及日常生活情趣写入诗歌作品中,其中,以饮食为题的诗歌多达一百余首,有意识展现衣食住行的新鲜活泼,但过于注重日常生活题材的拓展,而未能真正化俗为雅。直至苏东坡,以饮食为描写对象的文学作品才大放异彩。

以孔凡礼《苏轼诗集》《苏轼文集》为底本,可以看出,苏东坡书写的食物非常广泛,不择类别,不分精粗,多达上百种,主要有:樱桃、黄柑、朱橘、乌菱、白茨、木瓜、荔枝、龙眼、槟榔、杨梅、橄榄、笋、芹芽、韭芽、姜芽、芦笋、棕笋、藤菜、莼菜、蒌蒿、鲤鱼……如何将凡俗之物呈现为诗意盎然的存在,需要文人敏感细腻的诗意之心以及娴熟的写作技巧。苏东坡善于化俗为雅,使豆粥、菜羹、猪肉等凡俗之物呈现出情趣盎然的生机,生动表现了鲜活的日常生活情趣,如《豆粥》:

> 君不见滹沱流澌车折轴,公孙仓皇奉豆粥。湿薪破灶自燎衣,饥寒顿解刘文叔。又不见金谷敲冰草木春,帐下烹煎皆美人。萍齑豆粥不传法,咄嗟而办石季伦。干戈未解身如寄,声色相缠心已醉。身心颠倒不自知,更识人间有真味。岂如江头千顷雪色芦,茅檐出没晨烟孤。地碓舂粳光似玉,沙瓶煮豆软如酥。我老此身无著处,卖书来问东家住。卧听鸡鸣粥熟时,蓬头曳履君家去。

"豆粥"本是普通人家极其常见的食材,苏东坡却写得情趣盎然,充满浓郁的生活气息。他巧妙地将豆粥置于不同的时空背景中,赋予普通豆粥或温暖、或华丽的色彩与质地,此时,豆粥与人建立了亲密的关系,形成了物我交融、主客不分的浑整的生命整体。在困苦而逼仄的贬谪生涯中,苏东坡有意凸显豆粥的绵长、细腻、温暖,以时空延展的方式实现内心的安宁与平和。此时,"江头千顷雪色芦,茅檐出没晨烟孤",人间的真味大抵如此吧!苏东坡的"豆粥"被南宋林洪写进《山家清供》一书中,他在《豆粥》一文中写道:

> 用沙瓶烂煮赤豆,候粥少沸,投之同煮,既熟而食。东坡诗曰:"岂如江头千顷雪,茅檐出没晨烟孤。地碓春粳光似玉,沙瓶煮豆软如酥。我老此身无著处,卖书来问东家住。卧听鸡鸣粥熟时,蓬头曳履君家去。"此豆粥之法也。

苏东坡化用了"豆粥"的典故。汉光武帝在芜蒌亭时,饥寒交迫,冯异献豆粥以解困。光武帝很久之后都不忘报答。西晋石崇乃洛阳首富,修建了极尽奢侈之能事的金谷园,常与当时贵族王恺争富,还曾以在宴会上可以迅速端上豆粥来炫耀。《晋书·石崇传》记载:崇为客作豆粥,咄嗟便办。在光武帝眼中,豆粥是解"饥寒"的良药;在石崇眼中,豆粥只是炫富的手段;在苏东坡与林洪心中,豆粥流溢着人间"真味"。东坡以巧妙的文笔、诗意的心灵"化俗为雅"。

类似这样的诗文不胜枚举,如:"陋巷关门负朝日,小园除雪得春蔬。病妻起斫银丝鲙,稚子欢寻尺素书。"本是日常的生活场景,苏东坡却写得情趣盎然:病妻要操刀,稚子要寻"书",庭园里一时欢快、生动、明亮起来。在黄州,低贱至无人食的猪肉,在东坡的笔下,也是"火候足时他自美";挖来的野菜"不用醯酱,而有自然之味";家乡的"元修菜"更是"烝之复湘之,香气蔚其馦。点酒下盐豉,缕橙芼姜葱"。只要有一颗热爱生活的赤诚之心,就会善于体察日常生活的乐趣与浪漫,所谓的"诗与远方",其实就在眼前的草木果蔬、粗茶淡饭、儿女欢笑中。苏东坡以一颗诗意之心赋予饮食、起居等日常生活以情趣,使普通的瓜果食蔬具有别样的温情与浪漫,极大提升了饮食题材在诗词文赋中的表现力。

在东坡诗文中,随处可见许多有关各地天然时令蔬菜养生的内容,"煮蔓菁、芦菔、苦荠而食之""以杞为粮,以菊为糗。春食苗,夏食叶,秋食花实而冬食根。庶几乎西河、南阳之寿""以山芋作玉糁羹,色香味皆奇绝"。注重精神富有的人,总是较少地依赖外部物质生活。陶渊明一生困顿,但"既耕亦已种,时还读我书",何其快乐与满足!宋神宗元丰七年(1084年)十二月,苏东坡离开黄州,赴汝州就任,途经泗州时,与刘倩叔同游南山,写下了《浣溪沙·细雨斜风作晓寒》:

> 细雨斜风作晓寒,淡烟疏柳媚晴滩。入淮清洛渐漫漫。雪沫乳花浮午盏,蓼茸蒿笋试春盘。人间有味是清欢。

"清欢"流露出苏东坡对于简单、素朴生活的向往。对于饮食而言,"清"的确常与新鲜的果蔬有关。南宋林洪也讲究饮食的"清""雅"。他撰写的《山家清供》记录的多为家常饭菜,却以隽永的笔触赋予了日常饮食浓郁的审美意蕴,更写出了宋人的生活态度与人生艺术。全书旨在以"山林之味"贬抑"庸庖俗丁",以"被褐怀玉"之士的"山舍清谈"贬抑"贵公子"的"金谷之会"。在《山家清供》中,林洪记载了苏东坡食"玉糁羹""碧筒酒"、文同煨"傍林鲜"、杨万里餐"蜜渍梅花"的诗意生活场景,旨在展现他们清雅的审美情趣。关于苏东坡的"玉糁羹",《山家清供》这样写道:

> 东坡一夕与子由饮,酣甚,槌芦菔烂煮,不用他料,只研白米为糁。食之,忽放箸抚几曰:"若非天竺酥酏,人间决无此味。"

苏东坡所说的"芦菔"就是萝卜。东坡发明的菜肴中,不少都与萝卜有关,其诗云:"谁知南岳老,解作东坡羹。中有芦菔根,尚含晓露清。勿语贵公子,从渠嗜膻腥。"何为"东坡羹"?《东坡羹颂·并引》记载:

> 东坡羹,盖东坡居士所煮菜羹也。不用鱼肉五味,有自然之甘。其法:以菘若蔓菁、若芦菔、若荠,皆揉洗数过,去辛苦汁,先以生油少许涂釜,缘及一瓷碗,下菜沸汤中。入生米为糁……

美味无比的"东坡羹"实际上就是以蔓菁、芦菔、荠菜、生米为食材而制作的羹汤。东坡认为,此羹汤虽"不用鱼肉五味",却"有自然之甘"。若没有芦菔,也可以用其他食材替代,比如山芋。谪居儋州时,其子苏过就用山芋熬制了"玉糁羹",味道极佳,为此东坡写诗赞道:"香似龙涎仍酽白,味如牛乳更全清。莫将北海金齑鲙,轻比东坡玉糁羹。"(《过子忽出新意,以山芋作玉糁羹,色香味皆奇绝。天上酥陀则不可知,人间决无此味也》)在东坡看来,最自然的就是最美味的,他欢喜各种菜羹,追求食物本真之味、自然之旨。《山家清供》一书中还有关于东坡"碧筒酒"的记载:

> 暑月,命客泛舟莲荡中,先以酒入荷叶束之,又包鱼鲊它叶内。俟舟回,风薰日炽,酒香鱼熟,各取酒及鲊。真佳适也。坡云:"碧筒时作象鼻弯,白酒微带荷心苦。"坡守杭时,想屡作此供用。

苏东坡有诗心妙意,取荷叶之清香,等时光之氤氲。此非坡公独创,应始于魏晋。唐代段成式在《酉阳杂俎·酒食》中记载:魏正始中,郑公悫三伏之际,每率宾僚避暑于此。取大莲叶置砚格上,盛酒三升,以簪刺叶,令与柄通,屈茎上轮菌如象鼻,传吸之,名为碧筒杯。据《浙江志·杭州府》所记,在宋代,杭州人常于农历七月在西湖边乘凉,此时荷花盛开,人们一边赏玩,一边饮"碧筒酒",兴尽方归。

以花为食,在我国至少有两千多年的历史。屈原《离骚》中亦有"朝饮木兰之坠露兮,夕餐秋菊之落英"的文句。宋人酷爱梅花,林洪《山家清供》中的"蜜渍梅花"就是一道用梅花做的蜜饯。以雪水浸泡,再以蜜浸渍,用来下酒,风味绝佳。"剥白梅肉少许,浸雪水,以梅花酿酝之。露一宿,取出,蜜渍之。可荐酒。较之扫雪烹茶,风味不殊也。"梅与雪本就是一对清友,"梅须逊雪三分白,雪却输梅一段香"。食用梅花与菊花,也是宋代文人的雅好。林洪《山家清供》中记载:

十月后，用竹刀取欲开梅蕊，上下蘸以蜡，投蜜缶中。夏月，以热汤就盏泡之，花即绽香，可爱也。

从十月到来年的夏月，经过岁月的沉淀与积蓄，梅花愈益清香扑鼻。这不仅仅是食物的味道，更是岁月的香醇。古人雅称"汤绽梅"。高濂在《遵生八笺》中记载一种"暗香汤"，实际上也是梅花茶：梅花将开时，清晨摘取半开花头并蒂，置磁瓶内，每一两重，用炒盐一两洒之，再用厚纸数重，密封置阴凉处。次年春夏打开，先置蜜少许于盏内，然后用花二三朵，滚汤冲泡，花头自开，茶香四溢。古人还制作"梅粥"，即"扫落梅英，捡净洗之，用雪水同上白米煮粥。候熟，入英同煮"。明代高濂《遵生八笺》中亦记载："收落梅花瓣，净用雪冰水，煮粥，候粥熟，将梅瓣下锅，一滚即起食。"梅与雪象征着清雅、高洁，文人士大夫将其融于日常饮食中，以雅化俗，赋予普通菜蔬以浪漫和诗意。

在宋人眼中，日常饮食不仅仅是一盘果蔬、一碗羹汤，更是一种情趣、一种品味，流溢着美好与浪漫。在《东京梦华录》里，孟元老频繁提到"插食""插盘"。"插食"就是在食物上插花、插旗；"插盘"就是把点心挂在用铁丝编成的假山上、艾草扎成的老虎上、菖蒲扎成的盘龙上，与晶莹澄澈的小灯笼相映成辉。这是节庆期间对于饮食的装扮。宋人饮食讲究风雅，无论食物如何普通，都要装饰一番。假如你走在开封城的繁华街道上，遇见一个卖馄饨的儿郎，大致情形应该是这样的：他的扁担上插着梅花，炉灶上罩着荷叶，碗上兴许还刻着王摩诘的山水画。如若拉着小车，车四壁镶嵌黄铜，外面缠绕着丝绸与彩线，还有各种精美花纹。如此"盛装打扮"的小车被称为"镂装花盘架车儿"。这应该是专属于宋朝的诗意与浪漫吧。

在中国传统文化中，蔬食常常意味着简朴、洁净、恬淡。古代神话中长生不老的仙人居住在满布奇花异草、珍禽异兽的仙境中，服食花果、蔬菜，冥想沉思、清心寡欲，使人的生命法则同于自然法则，让生命在大自然中流转、展开，实现生命在现世的安顿和超越。同时，道家思想中有着素朴的养生观念，饮食讲究简单、洁净，主食以五谷杂粮制品为主，副食以时令蔬菜为主，偏向于瓜果蔬菜类食物，尤其看重被露水供养的清洁之物，因为它们清心养性，还可以延年益寿。如果我们乐于将食物的领域放大些，也许，一切供养我们身体的物品都可以称为食物。尤其对于中国人来说，只要是有益于身体康健的都是可食之物，其中包括食药同源的很多植物。古人饮食讲究与自然合一，虽然不能抵达神仙般吸风饮露的至高境界，更不可能通过食用某种植物实现长生，但最起码，尽可能保有清洁、简朴的饮食习惯，多食自然、新鲜、可口的蔬菜，有利于保养身心，也为日常饮食蒙上了一层浪漫的面纱。厌粱肉，尚清雅，就成了文人士大夫共同的道德修养与价值追求。在古代文人的笔下，食物得以成为审美对象，似乎总与田间、幽林、乡野、清风、明月等意象相互交织，构成一幅恬淡、宁静、澄澈、和谐的生活画面。这应该是中国传统文化的特色。因此，他们面对食物时，会有着超出食物本身的浪漫与诗意。

第三节 东坡与茶

中国古代文人饮茶之风应该源自魏晋时期。到了元代，"早起开门七件事，柴米油盐酱醋茶"就成了普通百姓的日常生活。唐代元稹作茶诗《一字至七字诗·茶》，其诗如下：

> 茶，
> 香叶，嫩芽。
> 慕诗客，爱僧家。
> 碾雕白玉，罗织红纱。
> 铫煎黄蕊色，碗转曲尘花。
> 夜后邀陪明月，晨前命对朝霞。
> 洗尽古今人不倦，将知醉后岂堪夸。

茶寄寓着人生况味。提起苏东坡，中国人似乎有着永远说不完的话题，他诗词文赋俱佳，琴棋书画皆通，还喜酿酒，善养生，爱自然，结佛缘，济苍生……林语堂在《苏东坡传》一书中热情洋溢地称赞苏东坡是道德家、散文作家、诗人、画家、书法家、工程师、酿酒实验者等，以诗一般的语言向我们展现了独特而丰富的东坡，却未提及其与茶之间的关系，无论有意或无心，都不失为一种遗憾。因为，苏东坡本就是一名茶人雅客。他一生"性好山水""独专山水乐"，自言"身行万里半天下"，对各地茶品、茶俗都极为熟悉，日常生活更是终日茶不离手："春浓睡足午窗明，想见新茶如泼乳。""簿书鞭扑昼填委，煮茗烧栗宜宵征。""沐罢巾冠快晚凉，睡余齿颊带茶香。"他不仅喜爱喝茶，更善于品茶、煎茶、斗茶、种茶，为后世留下了近百篇与茶有关的诗文。茶，在苏东坡的生活中，不单单是满足口体之福的饮料，也是其日常生活的重要组成部分。他热衷于品饮，精研于茶艺，以茶会友，赋诗作画，浓郁的文人情趣使"琴棋书画诗酒花茶"成为北宋文人士大夫理想的生活范式。

一、东坡笔下的宋茶

茶，从草从木，天地精气之幻化。"茶者，南方之嘉木也。"陆羽在其《茶经》中指出了茶树乃南方草木之圣灵也。神农尝百草的神话只能看作关于茶文化的浪漫演绎，据《华阳国志·巴志》记载：自西汉至晋，二百年间，涪陵、什邡、南安、武阳，皆出名茶。由此可知，巴蜀应是最早的茶叶种植地，种植历史也许可以追溯至战国。到了唐朝，据陆羽《茶经》所述，茶树种植主要集中于长江流域、淮河流域，其中，顾渚为贡茶基地，以盛产贡品——紫笋茶、金沙泉水而闻名于世，被誉为"中国茶文化的发源地"。唐人裴汶在《茶述》中也谈到，唐代茶品众多，"而顾渚、蕲阳、蒙山为上"，可见，建州茶还未凸显。

到了北宋，茶树种植重心南移至闽南、岭南一带，贡茶基地也从顾渚转移到了建州，北苑成为新的贡茶基地。"北苑，里名。官焙曰龙焙，盖造御茶也。""惟北苑凤凰山连属诸焙所产者味佳,故四方以建茶为目,皆曰北苑。"北宋宋子安《东溪试茶录》是现存关于北苑茶的最早茶书,其在书中详述了北苑独特的地理环境:"建首七闽,山川特异,峻极回环,势绝如瓯。其阳多银铜,其阴孕铅铁。厥土赤坟,厥植惟茶。会建而上,群峰益秀,迎抱相向,草木丛条,水多黄金,茶生其间,气味殊美。"此处钟灵毓秀,实乃气之秀粹之地。并明确提到"北苑西距建安之洄溪,二十里而近,东至东宫,百里而遥。……独北苑连属诸山者最胜。"建溪茶得天地之气,山川之灵,终成草木之仙骨,人间之极品。

建溪茶,又称建茶、建茗,就是北宋时期产于建溪流域的茶的统称。"建溪",发源于福建武夷山,流经今崇安、建阳、建瓯等地,此流域是北宋著名产茶区,而又以东溪两岸的凤凰山为最,即北苑。"建安茶品,甲于天下。""天下之茶建为最,建之北苑又为最。""北苑之地,以溪东叶布为首称。"由此可见,在苏东坡生活的北宋,建茶最为有名,但"昔陆羽《茶经》不第建安之品",这说明建茶乃北宋茶界新宠。

在东坡诗文中,大量出现"远致紫玉玦""赐茗出龙团""小龙得屡试""团凤与葵花"等词句,其中"龙团""小龙""团凤"即北苑贡茶——龙凤团茶。龙凤团茶,即印有龙、凤花纹的饼茶。蔡襄在《茶录》中说道:"所进上品龙茶,最为精好。"欧阳修在《归田录》中叹曰"茶之品莫贵于龙凤"。宋徽宗在《大观茶论》中也说:"本朝之兴,岁修建溪之贡,龙团凤饼,名冠天下。"由此可见,北宋时期以龙凤团茶为贵。"太平兴国初,特置龙凤模,遣使即北苑造团茶,以别庶饮,龙凤茶盖始于此。"[1]由此可见,龙凤团茶起于北宋,乃为贡茶。庆历中,蔡襄造"小龙团"以进,较"大龙团"更胜一筹。欧阳修曾云"因南郊致斋,中书、枢密院各赐一饼,四人分之",以至当时的王公贵族都有"黄金易得,龙团难求"之感叹。

苏东坡在茶诗中对龙凤团茶多有叹赏之语,"上人问我迟留意,待赐头纲八饼茶"。东坡何等幸运,竟得赐"头纲八饼茶"。据《建安志》记载:头

---

[1] 方健汇编校证《中国茶书全集校证》,中州古籍出版社,2014,第354页。

纲用社前三日进发，或稍迟，亦不过社后三日。头纲茶甚为贵重，"福建贡茶，每若干计纲以进。国朝故事，第一纲团茶至，即分赐近臣"。寻常人家是无福品尝的。除了"从来佳茗似佳人"的"建溪茶"，苏东坡的诗文中常提及的茶品有"白云茶""焦坑茶""日注茶""双井茶""月兔茶""桃花茶""径山茶"等。"我官于南今几时，尝尽溪茶与山茗。""浮石已干霜后水，焦坑闲试雨前茶。""未数日注卑，定知双井辱。"宋代名茶众多，顾渚紫笋、阳羡雪茶、龙芽、径山茶等皆为茶之精品。

北苑贡茶代表着北宋制茶最高水平，从茶叶的采摘、拣取、淘洗，到蒸青、压榨、研磨等工序，要求都极为严格。这在《东溪试茶录》《品茶要录》《北苑拾遗》《建安茶记》等茶书中都有详细记载，充分说明龙凤团茶代表着当时茶品的最高成就。苏东坡则用形象的语言予以呈现，其长达120句的茶诗《寄周安孺茶》详细描述了宋人采茶、制茶、煮茶、品茶的真实场景：

闻道早春时，携籯赴初旭。惊雷未破蕾，采采不盈掬。旋洗玉泉蒸，芳馨岂停宿。须臾布轻缕，火候谨盈缩。不惮顷间劳，经时废藏蓄。髹筒净无染，箬笼匀且复。……晴天敞虚府，石碾破轻绿。永日遇闲宾，乳泉发新馥。香浓夺兰露，色嫩欺秋菊。闽俗竞传夸，丰腴面如粥。(《寄周安孺茶》)

诗中写道："惊雷未破蕾，采采不盈掬。"表明北苑贡茶常于惊蛰前后采摘，要早于顾渚、蒙顶茶。"茶工作于惊蛰，尤以得天时为急。""茶事起于惊蛰前。""建溪茶比他郡最先，北苑凿源者尤早。岁多暖，则先惊蛰十日即芽；岁多寒，则后惊蛰五日始发。先芽者，气味俱不佳，惟过惊蛰者，最为第一。民间常以惊蛰为候。"[1]这充分说明宋茶采摘时间较早，据《学林新编》记载：茶之佳品，造在社前；其次则火前，谓寒食前也；其下则雨前，谓谷雨前也。《建安志》亦云：闽中地暖，谷雨前茶已老而味重。由此可见，北

---

[1] 方健汇编校证《中国茶书全集校证》，中州古籍出版社，2014，第305页。

宋贡茶为春茶。"闻道早春时，携籝赴初旭"又表明采茶的时间宜选在日出之前，"撷茶以黎明，见日则止""凡采茶必以晨兴，不以日出。日出露晞，为阳所薄，则使芽之膏腴立耗于内，茶及受水而不鲜明，故常以早为最"[1]。且采摘时，"用爪断芽，不以指揉"，恐怕茶叶沾染汗渍，须"以新汲水自随，得芽则投诸水"，充分保证茶叶的新鲜洁净，采摘完成的茶叶即要做成茶。

如果非要按照今天茶之分类标准来看宋茶，则主流茶应为蒸青研膏绿茶，其多为春茶，以芽为上，以片为贵。据《宋史·食货志》记载：宋茶有两类，曰片茶，曰散茶。片茶蒸造，实棬模中串之。由此可见，北宋茶既有片茶，也有散茶。散茶，在北宋又叫"草茶"，一般只有蒸青、烘焙两道工序。片茶，制茶程序则较为繁杂，一般要经过蒸青、研膏、烘焙等程序，尤以研膏最为精细，也最为独特，是宋茶区别于其他茶的关键所在。

首先来看蒸青。从苏东坡诗句"旋洗玉泉蒸，芳馨岂停宿"中可以看出，采摘的茶叶要迅速淘洗干净，进行蒸青，当天完成。宋茶属蒸青茶，应是确定无疑的。《品茶要录》曰："既采而蒸，既蒸而研。"《大观茶论》亦云："蒸而未及压，压而未及研，研而未及制，茶黄留渍，其色味所失已半。"这充分说明，北宋茶虽为绿茶，但为蒸青，绝非晒青、炒青。在蒸青之前，须反复淘洗，"再四洗涤，取令洁净，然后入甑"。此"甑"即蒸茶使用的工具，形似盆，多为陶制品。将淘洗干净的茶叶放入"甑"中，铺平摊匀，再盖上由竹子和苇叶编织的茶笼，用火蒸熟。此即为蒸青。蒸青过程中，火候至关重要，不能过熟，也不能不熟。《北苑别录》曰："蒸有过熟之患，有不熟之患，过熟则色黄而味淡，不熟则色青易沉而有草木之气，唯在得中之为当也。"

蒸青完成，即进入研膏程序。研膏就是充分压榨、研磨茶叶的过程。首先将蒸好的茶叶用竹片和细布包起来，压榨茶叶中多余的水分和苦涩的茶汁，俗称"压黄"。压榨后的茶叶放入陶钵里，用一根木杵反复舂捣，不停研磨，直至彻底去除茶叶中的苦涩成分。据《北苑别录》记载，制作顶级贡茶"龙团胜雪"和"白茶"时，竟然需要反复研磨十六遍。最后将研磨好的

---

[1] 方健汇编校证《中国茶书全集校证》，中州古籍出版社，2014，第405页。

茶泥拍打结实，热水冲洗，揉捏均匀，放入模具，压成茶砖即可。此时，整个研膏过程结束。唐茶蒸青，但不研膏，据陆羽《茶经》记载：散所蒸芽笋并叶，畏流其膏。宋茶研膏，不仅使宋茶区别于其他茶，也使得斗茶、分茶成为可能，使茶饮提升为茶艺。

研膏结束，就要"过黄"，即烘焙。烘焙是宋人制茶的最后一道工序，在唐代烘焙的基础上，更为繁杂、精细。据黄儒《品茶要录》记载："夫茶，本以芽叶之物就之卷模，既出卷，上笪焙之。用火务令通彻，即以灰覆之，虚其中，以热火气。""卷模"即为宋人制作茶砖时使用的模具，卷为容器，模为器盖。宋人制茶时，将研膏后的茶黄放入卷中，再用模去压，就制作出各种各样的茶砖。"笪"为宋人用竹子编织而成的烤箱。由于宋茶茶砖较小，密度较大，烘焙时间较长，易带有焦炭味，为此，北苑贡茶采用了一种异常繁复的烘焙工艺。据《北苑别录》记载："茶之过黄，初入烈火焙之，次过沸汤爁之，凡如是者三，而后宿一火，至翌日遂过烟焙焉。然烟焙之火不欲烈，烈则面炮而色黑；又不欲烟，烟则香尽而味焦，但取其温温而已。"烘焙次数依茶砖厚度而定，多则十余次，少则七八次。面对如此繁杂的宫廷烘焙工艺，不难理解北苑茶厂为何被尊称为"御焙""龙焙"，它确实区别于民间的"外焙""私焙"。

在诗文中，苏东坡提及了北宋时期采茶、制茶、点茶等使用的各种茶器，如"筥笼匀且复""石碾破轻绿""大瓢贮月归春瓮，小杓分江入夜瓶""忽惊午盏兔毛斑"等诗文中的"筥笼""石碾""瓢""杓""兔毫斑"皆为茶器。陆羽在《茶经》中提到的茶器共有24种，可谓琳琅满目，包括生火、煮茶、烤茶、碾茶、盛水、滤水、提水、饮茶等用具。蔡襄在《茶录》中主要介绍有茶焙、茶笼、砧椎、茶碾、茶罗、茶盏、茶匙等茶器。审安老人在《茶具图赞》中则重点提到了"十二先生"，包括韦鸿胪、木待制、金法曹、石转运、胡员外、罗枢密、宗从事、漆雕秘阁、陶宝文、汤提点、竺副帅、司职方，即茶笼、茶槌、茶碾、茶磨、茶瓢、罗合、茶帚、茶托、茶碗、茶瓶、茶筅、茶巾等，一应俱全。这些茶器在苏东坡的诗文中多有体现。

苏东坡提到的"籝"为采茶时使用的工具，"携籝赴初旭"形象写出了采茶时的情景。"籯"在陆羽《茶经》中被提及,并被解释为"一曰篮,一曰笼,一曰筥,以竹织之,受五升,或一斗、二斗、三斗者,茶人负以采茶也。"由此可见,"籯"指的就是采茶时使用的背篓。宋朝人采茶通常也会背着茶篓,但采摘较为细嫩的芽叶时更为讲究。《品茶要录》云:"采佳品者,常于半晓间冲蒙云雾,或以罐汲新泉悬胸间,得必投其中,盖欲鲜也。"这说明,宋人采茶,除了常用的茶篓,还有盛有泉水的茶罐,以便投新芽于活水中,保存茶芽的新鲜。

苏东坡在诗文中还提到臼、碾、磨、杵、槽等茶器具,"浸穷厥味臼始用,复计其初碾方出。计尽功极至于磨,信哉智者能创物。破槽折杵向墙角,亦其遭遇有伸屈"(《次韵黄夷仲茶磨》)。从这首诗可以看出,研磨茶叶的器具大致经历了臼—碾—磨的历程。其中,茶臼约出现于三国,到了唐代,已成为必不可少的研茶器具,常和杵配合使用,主要功用是将茶砖捣碎。捣碎的茶砖再放进槽里,来回碾轧,即茶碾。茶碾最早出现于唐代,陆羽《茶经·四之器》对茶碾介绍得较为详细,发展至北宋,其形制基本没有变化,多为石质、木质、瓷质及金属质。茶磨的出现,可以说是宋人对研茶器具的创新。到了北宋,茶已成为平民百姓不可或缺的日常饮品,茶磨应运而生。

同时,宋人颇为热衷的点茶、斗茶、分茶等茶艺活动,也推动了茶磨的盛行。宋人欲点出一盏精妙绝伦的茶汤,细腻均匀的茶末乃根本,只有极细的茶末,点茶时才易生成泡沫,幻化出烟云山水。能胜此重任者,唯有茶磨,且为石质。其齿槽设计颇为讲究,能根据茶的粗细程度不同,通过选择不同齿槽的茶磨研磨出极为精细的茶粉。苏东坡诗文中还提到了煎水用的水瓶,即汤提点。相较于唐人用煮茶,宋人更讲究使用腹大嘴长的汤瓶点茶,汤瓶首选金银,如"银瓶泻汤夸第二""银瓶泻油浮蚁酒",而不用铜铁,只因"铜腥铁涩不宜泉,爱此苍然深且宽"。

二、东坡倾心的"水丹青"

宋人《南窗纪谈》记载:"客至则设茶,欲去则设汤,不知起于何时。

然上自官府，下至里间，莫之或废。"这充分说明北宋饮茶成风，从都市到乡野，从官员到平民，都已将饮茶视为日常生活重要内容之一。但只有与文人相遇，才会流溢着高雅与情趣，思致幽远，诗意盎然。文人士大夫将茶之沉静、内敛、清淡与自然、平和、清远的雅趣相结合，发展出了独具一格的茶文化，使得饮茶本身既是日常生活，又是艺术盛宴，将鲜茶、甘泉、美器与抚琴、焚香、挂画融为一体，充分彰显了文士的生活情调与审美趣味，将饮茶提升为一种诗意的生存方式，在品茗中体味生命的自然、自得、自由之境。我们从《与赵莒茶宴》《东亭茶宴》《三月三日茶宴序》等诗文中可以领略其风姿，花、莺、清风、日色、青霭、香沫、素杯、清思，共同组成了一场绝妙的茶宴，无怪乎，白居易为未赶赴一场茶宴而惆怅满腹。

唐人饮酒，宋人饮茶。这是不同的时代精神和审美情趣。宋代文人欢喜饮茶，以茶会友、以茶相赠，这是宋代文人雅士交往的乐趣。苏东坡在诗文中写道：

行遍天涯意未阑，将心到处遣人安。山中老宿依然在，案上《楞严》已不看。欹枕落花余几片，闭门新竹自千竿。客来茶罢空无有，卢橘杨梅尚带酸。（《赠惠山僧惠表》）

"客来茶罢空无有，卢橘杨梅尚带酸。"客从远方来，自然以茶相待。又如"下马逢佳客，携壶傍小池。清风乱荷叶，细雨出鱼儿。井好能冰齿，茶甘不上眉。归途更萧瑟，真个解催诗"（《道者院池上作》）。佳客相逢，携壶品茗，荷叶田田，清风徐徐，岂不乐哉！此类诗文还有"有客远方来，酌我一杯茗""收藏爱惜待佳客，不敢包裹钻权幸"等，充分展现了宋人以茶待客的清雅。在苏东坡的诗文中，还大量记载了友人以茶相赠的习俗，如《和钱安道寄惠建茶》《和蒋夔寄茶》《次韵曹辅寄壑源试焙新茶》《赠包静先生茶二首》《怡然以垂云新茶见饷，报以大龙团，仍戏作小诗》《生日，王郎以诗见庆，次其韵，并寄茶二十一斤》《马子约送茶，作六言谢之》《次韵曾仲锡元日见寄》《求焦千之惠山泉诗》等。苏东坡超旷放达，遍游山水，广结善缘，和友人常常以茶互赠，彼此酬唱应和，岂不乐哉！东坡在诗中写道：

妙供来香积，珍烹具大官。拣芽分雀舌，赐茗出龙团。晓日云庵暖，春风浴殿寒。聊将试道眼，莫作两般看。（《怡然以垂云新茶见饷，报以大龙团，戏作小诗》）

怡然和尚以垂云新茶相赠，苏东坡则以大龙团茶回赠。黄庭坚以双井茶相赠，并赋诗一首《双井茶送子瞻》，东坡遂和诗一首《鲁直以诗馈双井茶次韵为谢》，其中写道："磨成不敢付僮仆，自看雪汤生玑珠。"东坡亲自煎茶不仅仅是对茶的珍爱，更是对彼此友情的珍惜。苏东坡嗜茶，常常为得到好茶欣喜异常，"火前试焙分新胯，雪里头纲辍赐龙。从此升堂是兄弟，一瓯林下记相逢"。另有诗文"珍重绣衣直指，远烦白绢斜封。惊破卢仝幽梦，北窗起看云龙"，更是将东坡的赤子之态展现得淋漓尽致。

中国茶文化发展至北宋，可谓进入全盛时期，"煎茶""点茶""斗茶""分茶"等，无不异彩纷呈，而这些茶艺活动在东坡诗文中均有体现。在《试院煎茶》一诗中，苏东坡写道：

蟹眼已过鱼眼生，飕飕欲作松风鸣。蒙茸出磨细珠落，眩转绕瓯飞雪轻。银瓶泻汤夸第二，未识古人煎水意。（《试院煎茶》）

短短一首诗，却形象写出了北宋煎茶的场景。苏东坡曾说："古语云，煎水不煎茶。"可见，煎茶实乃煎水也。陆羽在《茶经·五之煮》中说："其沸如鱼目，微有声，为一沸。缘边如涌泉连珠，为二沸。腾波鼓浪，为三沸。已上，水老，不可食也。"陆羽指出了煮水程度的不同对茶的影响。宋代煎水用金银铫瓶，较之唐代鍑，瓶无法目测，故多依靠水的沸声来辨别，难度更大。苏东坡认为，"蟹眼已过鱼眼生，飕飕欲作松风鸣"时最适合煎茶。到了南宋，罗大经与李南金将煎水候汤的功夫概括为"背二涉三"，即水煎过第二沸（背二）刚到第三沸（涉三）时，最适合冲茶。

水的选择，同样重要。苏东坡常云"敲火发山泉""乳泉发新馥""自临钓石取深清""自携修绠汲清泉"。东坡偏爱山泉，源于泉之鲜、活、甘、清。宋徽宗《大观茶论》载曰："水以清轻甘洁为美。轻甘乃水之自然，独为难得。"张源《茶录》载曰："山顶泉清而轻，山下泉清而重，石中泉清而甘，沙中泉清而冽，土中泉淡而白。流于黄石为佳，泻出青石无用。流动者愈于安静，负阴者胜于向阳。真源无味，真水无香。"水贵鲜活，以清、轻、甘、洁为上。无论是唐庚的"不问江井水，要之贵活"之说，还是胡仔的"茶非活水，不能发其鲜馥"之论，都意在说明煎茶须用活水。水虽要"活"，但瀑布、湍流一类"气盛而脉涌"，缺乏中和醇厚之气的"过激水"，亦与茶不宜，而泉水最宜。陆羽在《茶经》中曾说："其水，用山水上，江水次，井水下。其山水，拣乳泉、石池漫流者上，其瀑涌湍漱，勿食之。"陆羽将天下之水分为二十品，视庐山康王谷水帘水为第一。他之后的刘伯刍就提出了"七品"论，以扬子江南零水为第一，无锡惠山寺石水位列第二。

苏东坡烹茶尤爱山泉水，甚至"精品厌凡泉，愿子致一斛"，乞求焦千之给他寄一斛"惠山泉"来。惠山泉位于江苏无锡的惠山，被陆羽评为"天下第二泉"。苏东坡有诗云："踏遍江南南岸山，逢山未免更留连。独携天上小团月，来试人间第二泉。"诗中提到的"小团月"实为小龙凤团茶，乃茶之精品，也只有惠山泉水才能催发茶之甘露。东坡对江西庐山康王谷谷帘泉也情有独钟，其诗句"陆子咤中泠，次乃康王谷""岩垂匹练千丝落，雷起双龙万物春。此水此茶俱第一，共成三绝鉴中人"皆是对谷帘泉的赞誉。谷帘泉自从被陆羽品评为"天下第一泉"之后，曾名盛一时，为嗜茶品泉者广为推崇。苏东坡品茶偏爱于泉边取水烹茶，实乃清雅。茶与泉，自古结缘。泉水自带有清新、淡泊、幽远的特质，与性喜清俭的茶颇为契合，故东坡于泉边烹茶已超越了单纯的品饮功用，而是在山水林泉之间放情任性，逍遥自在。

苏东坡对清泉的推崇，与当时颇具文人雅趣的斗茶、分茶有关。据史料记载，唐代后期建瓯茶乡即出现了"斗茶"活动，又称"茗战"，"建人以斗茶为茗战"。到了北宋，由于北苑贡茶的兴起，斗茶之风愈加盛行，经由丁谓、蔡襄等倡导，迅速发展成为鉴赏茶品、比试茶技的盛会。这种表现力极为丰富的茶艺活动，更由文人士大夫将其提升为集技艺、审美、理趣于一身的雅事，充分彰显了文士的生活情趣和审美趣味。关于斗茶，苏东坡许多诗文予以记录，如"汤发云腴酽白，盏浮花乳轻圆""人间谁敢争妍，斗取红窗粉面""闽俗竞传夸，丰腴面如粥"。陆羽在《茶经》中写道：

> 凡酌，置诸碗，令沫饽均。沫饽，汤之华也。华之薄者曰沫，厚者曰饽，细轻者曰花。如枣花漂漂然于环池之上，又如回潭曲渚，青萍之始生；又如晴天爽朗，有浮云鳞然。其沫者，若绿钱浮于水湄，又如菊英堕于樽俎之中。饽者，以滓煮之，及沸，则重华累沫，皤皤然若积雪耳。

宋人斗茶时，茶叶以"新"为上，水以"活"为贵，汤色以"白"为上，水痕以"久"为胜。宋茶尚白，汤色"以纯白为上，青白为次，灰白次之，黄白又次之"，苏东坡茶诗中"想见新茶如泼乳""雪沫乳茶浮午盏"即是对鲜白茶色的推崇和向往。再者，看水痕存留时间长短，即是否"咬盏"。如果茶粉研磨细腻，点汤击拂恰当，汤花久聚不散，即为"咬盏"；反之汤花很快消散，露出水痕。斗茶以水痕早出者为负，晚出者为胜，故有"沙溪北苑强分别，水脚一线争谁先"的激烈场景。

苏东坡诗文中，常常使用"紫盏""紫碗"等称呼茶盏，这些茶盏在北宋均属上乘之品，即建盏。建盏，顾名思义，产于建州（今福建建阳），因其色呈黑紫，又名"乌泥建""黑建""紫建"等。北宋时期，江西景德镇的青白瓷、浙江龙泉的青瓷茶具都精美绝伦，但最受推崇的是建州的黑瓷，尤其兔毫盏最为盛行，远传至日本。苏东坡诗文"忽惊午盏兔毛斑，打作春瓮鹅儿酒"中的"兔毫斑"即为兔毫盏。建盏的盛行与北宋斗茶不无关系。"茶色白，宜黑盏。""盏色贵青黑，玉毫条达者为上，取其焕发茶采色也。"斗茶时，茶汤纯白，建盏黑釉，黑白分明，便于观察"咬盏"，区分茶之优劣。再者，"底必差深而微宽，底深，则茶宜立而易于取乳；宽则运筅旋彻，不碗击拂"。建盏呈翻转斗笠形，"其坯微厚，烤之，久热难冷"，最适合点茶、斗茶。

建盏本身就是精美的艺术品。在烧制过程中，通过窑变，盏体形成美丽异常的花纹，最珍贵的就是细密如兔毛的"兔毫斑"，颇合宋人审美情趣。北宋文人重茶色，诗文"觉来烹石泉，紫笋发轻乳""明窗倾紫盏，色味两奇绝"等形象摹写了茶之白、盏之黑。茶汤纯白，建盏黑釉，一黑一白，一茶一盏。这种境界非常符合北宋文人崇尚的至简之美。万千世界皆在黑白之中，幻化生灭。

与"斗茶"相比，"分茶"更为出神入化。宋代茶文《荈茗录》对"分茶"如此描述："茶至唐始盛。近世有下汤运匕，别施妙诀，使汤纹水脉成物象者，禽兽虫鱼花草之属，纤巧如画，但须臾即就散灭，此茶之变也。时人谓之'茶百戏'。"将团茶碾为末，以汤注之，同时以筅击拂，此时汤面若山水云雾，状花鸟虫鱼，恰如一幅幅水墨图画，故有"水丹青"之称。"分茶"，这种表现力极为丰富的茶艺活动，将饮茶变为集技艺、审美、理趣于一身的雅事。南屏谦师精擅茶艺，几至炉火纯青的化境，能于盏面上幻化出蔡襄的墨痕、米芾的山水，令苏东坡赞赏不已：

  道人晓出南屏山，来试点茶三昧手。忽惊午盏兔毛斑，打作春瓮鹅儿酒。天台乳花世不见，玉川风腋今安有。先生有意续茶经，会使老谦名不朽。(《送南屏谦师》)

苏东坡在此诗引言中说："南屏谦师妙于茶事，自云：得之于心，应之于手，非可以言传学到者。"南屏谦师精擅茶艺，几至炉火纯青的化境，令东坡赞赏不已。北宋文人善于把捉日常生活的诗意，追求个性化、情趣化，形成了融身体、情感、欲望、理性于一体的宋式生活美学。

三、令人着迷的文人茶趣

所谓"唐人饮酒""宋人品茶"实乃唐宋时代精神在日常生活中的体现。北宋时期,儒、释、道三教在相融相斥中逐步走向了合一。宋代士人以儒学为主,融合佛道的宇宙论、心性论、修养论,在内在精神开掘层面,宋代可谓超越了任何时代。禅悦之风盛行于世,充分彰显了北宋士人的理性精神与清虚寥落的人格境界,茶与佛的天然结缘,又使得饮茶具有浓厚的禅修意味。诗僧皎然曾说茶"与禅经近",茶与禅僧结缘颇深。唐中叶以后就出现了无僧不嗜茶的禅林风尚,甚至将饮茶列入禅门清规。唐百丈怀海禅师所制的《百丈清规》中规定了禅寺的礼法,可惜早已散佚,只能从《唐新吴百丈怀海传》《景德传灯录》等典籍及陆羽、皎然、白居易等饮茶诗文中探寻踪迹。北宋时期,寺院茶宴更为流行,《禅苑清规》《入众日用清规》均多处提及禅院茶礼的规定。有宋一代,寺院茶礼最负盛名的当属杭州径山寺茶宴,远传至日本,成为日本茶道的源头。

陆羽在《茶经》中说:"茶之为用,味至寒,为饮最宜精行俭德之人。"宋徽宗《大观茶论》亦云:"至若茶之为物,擅瓯闽之秀气,钟山川之灵禀,祛襟涤滞,致清导和,则非庸人孺子可得而知矣。冲淡闲洁,韵高致静,则非惶遽之时可得而好尚矣。"茶性清、正、平和,体现出朴素、淡泊的自然之性,士人饮茶更偏于在茶的色、香、味、形中追求超逸的精神与自由的人格。唐代之前,饮茶多为"吃粥",就是要在茶中加入盐、姜、葱、桂皮、茱萸、薄荷等调味品,陆羽在《茶经》中倡导饮清茶,宋人蔡襄、苏轼、黄庭坚等大力推进,清茶遂成为品饮之道。南宋林洪在《山家清供》中写道:

> 东坡诗云"活水须将活火烹",又云"饭后茶瓯味正深",此煎法也。陆羽《经》亦以"江水为上,山与井俱次之"。今世不惟不择水,且入盐及茶果,殊失正味。不知惟葱去昏,梅去倦,如不昏不倦,亦何必用?

林洪认为,茶之正味在于"清"。正如唐卢仝在《走笔谢孟谏议寄新茶》一诗中写道:"一碗喉吻润,二碗破孤闷。三碗搜枯肠,惟有文字五千卷。四碗发轻汗,平生不平事,尽向毛孔散。五碗肌骨清。六碗通仙灵。七碗吃不得也,惟觉两腋习习清风生。"明代高濂在《遵生八笺》中写道:"芽茶,除以清泉烹外,花香杂果,俱不容入。人有好以花拌茶者,此用平等细茶拌之,庶茶味不减,花香盈颊,终不脱俗。"[1]茶素俭,相较于浓烈的美酒,更能彰显沉静、平和、自然,有着宋人特有的理性与情趣。

宋代文人常将日常饮茶与禅、香、书、墨融为一体。元符三年(1100),苏东坡在诗文中写道:"烹团茶,烧衙香,用诸葛笔,皆北归喜事。"自称北归喜事者,饮酒、品茶、焚香而已。刘克庄亦云"把《茶经》《香传》,时时温习"。可见,品茶、焚香已成为当时文人日常生活不可缺少的内容。张法曾谈及宋代文人的日常生活场景,他说道:"绘画、书法、诗词、音乐中的雅之一类,加上文玩、品茗、赏香、棋局、雅器等内含很高文化修养的人的因素,成为园林不可分割的一部分。这些种类里面,品茗、赏香、文玩是宋代园林的新境。"[2]在一方小小庭院里,宋代文人将饮茶与赏香、文玩融为一体,彰显出清远、淡雅、闲适的日常生活情趣。

禅与香又本为一体。焚香,作为一种生活方式,大约自唐代始,盛行于宋。宋人普遍爱品香、行香,不仅日常家居要熏香,祭祀、祈祷、宴客等更要用香,至于燕居而求幽玄的清雅妙境,更少香不得。风晨月夕,重帘低垂,焚一炉水沉,看它细烟轻聚,参它香远韵清,此在宋人生活中,正是日常的享受。[3]文人更乐意选用由天然草木制作的香,这种香清新自然,更富有山林野趣,与闲静、淡雅的文人情韵相契合。因此,文人品茗、行香多与赏花、清谈、禅修等雅事相关。苏东坡深谙佛学真义,在禅定中抵达无思、无待的自由境界,而茶、香充当了最好的黏合剂,它有助于荡涤内心虚妄的念想,

---

[1] 高濂:《遵生八笺》,王大淳校点,巴蜀书社,1992,第717页。
[2] 张法:《中国美学史》,四川人民出版社,2020,第349页。
[3] 扬之水:《古诗文名物新证》第1册,紫禁城出版社,2004,第100页。

在静、定中抵达旷达的人生境界。

苏东坡饮茶不仅讲究"茶禅一味",还将茶与文房之趣相勾连。他在《书墨》中写道:"余蓄墨数百挺,暇日辄出品试之,终无黑者,其间不过一二可人意。以此知世间佳物,自是难得。茶欲其白,墨欲其黑。"墨之"黑"与茶之"白"都成了文人玩味再三的佳物。屠隆《考槃餘事》中曾记载苏轼与司马光斗茶的一则趣事,留下了妙趣横生的"茶墨之辩"。书中写道:"司马温公(光)与苏子瞻(轼)嗜茶墨。公云:'茶与墨正相反,茶欲白,墨欲黑;茶欲重,墨欲轻;茶欲新,墨欲陈。'苏曰:'奇茶妙墨俱香。'公以为然。"以茶论道,岂不妙哉!陆游亦有诗云:"香岫火深生细霭,砚池风过起微澜。"这是宋代文人书房生活的真实写照。宋代文人待遇优厚,他们的书房日益讲究,笔墨纸砚被雅称为"四士",与茶、香一起构成了富有文人情趣的书房美学。饮茶本为日常生活小事,一旦与吟诗作画、参禅悟道融为一体,就被提升为清丽而绚烂的艺术盛宴。从一定程度上说,宋人实现了中国文化的转折,他们将文人雅趣融入日常生活中,从而发展出焚香、点茶、插花、挂画生活四艺,深刻影响着后世文人的日常生活情趣。

茶之性清与士人性俭颇为契合,文人士大夫将茶之沉静、内敛、清淡与自然、平和、清远的雅趣相结合,极尽山林之乐。苏东坡一生多与佛僧交往,品评茶艺,诵经论佛。元祐四年(1089),苏东坡赋诗一首《参寥上人初得智果院,会者十六人,分韵赋诗,轼得心字》,详细描述了共有十六人参加的寺院茶会的情景:

> 三间得幽寂,数步藏清深。攒金卢橘坞,散火杨梅林。茶笋尽禅味,松杉真法音。云崖有浅井,玉醴常半寻。遂名参寥泉,可濯幽人襟。相携横岭上,未觉衰年侵。一眼吞江湖,万象涵古今。愿君更小筑,岁晚解我簪。

清脆的"木鱼",袅绕的"香烟",飘香的"几砚",静寂的"僧舍",都融汇在一杯香茗中。类似这样的诗文还有"焚香引幽步,酌茗开净筵""筑室安迟暮""洒扫乐清净""食罢茶瓯未要深,清风一榻抵千金"等,茶、香、禅、诗融为一体,共同营造出幽静、高远、澄澈的意境。

苏东坡曾言:"坐客皆可人,鼎器手自洁。"泉甘、器洁、客嘉,一丘一壑,极尽山林之乐。宋人对茶器极为讲究,偏爱素淡、自然、温润的瓷器。宋代茶器"尚青",偏爱色彩的清淡,以青瓷、白瓷、青白瓷为主;造型"尚简",器物多清丽挺拔,素面为主,几无装饰,简约清朗。无论是造型还是釉色,宋瓷都以至清、至简、至朴的审美境界抵达了后人无法逾越的高度。宋瓷清新、淡泊、典雅之韵极好地体现了自然山水的天然之道。在饮茶时,茶、瓷、禅就会发生奇妙的化合作用,从而获得茶禅一味的独特审美享受。

饮茶环境也尤为重要,对于宋人来说,竹林、泉边、月下、花间等都是极好的品茗胜地。情投意合的幽人雅士,静绝尘氛,品茗畅谈,岂不美哉!苏东坡还喜欢随兴而至,就地烹饮,湖边、溪头、桥上、林间都成了品茗的绝佳之地。对饮茶环境的注重,一直是文人士大夫的自觉追求。许次纾在《茶疏》中用诗一般的语言描写了适合饮茶的优良环境:

> 心手闲适,披咏疲倦,意绪棼乱,听歌闻曲,歌罢曲终,杜门避事,鼓琴看画,夜深共语,明窗净几,洞房阿阁,宾主款狎,佳客小姬,访友初归,风日晴和,轻阴微雨,小桥画舫,茂林修竹,课花责鸟,荷亭避暑,小院焚香,酒阑人散,儿辈斋馆,清幽寺观,名泉怪石。[1]

文人品茗时不仅要考虑优良的自然环境,诸如"风日晴和""轻阴微雨""小桥画舫""茂林修竹""清幽寺观""名泉怪石"等,还需要适宜的人文环境,诸如"心手闲适""杜门避事""鼓琴看画""夜深共语"等。徐渭曾对品饮环境作过全面的总结:"茶宜精舍,宜云林,宜瓷瓶,宜竹灶,宜幽人雅士,宜衲子仙朋,宜永昼清谈,宜寒宵兀坐,宜松月下,宜花鸟间,宜清流白石,宜绿藓苍苔,宜素手汲泉,宜红妆扫雪,宜船头吹火,宜竹里

---

[1] 许次纾:《茶疏》(《丛书集成》本),商务印书馆,1936,第9页。

飘烟。"品茶时清幽的环境与禅修时内心的安定、静虑是高度契合的，正所谓"竹下忘言对紫茶，全胜羽客醉流霞。尘心洗尽兴难尽，一树蝉声片影斜"。松竹、流霞、鸣蝉，清幽雅静，超旷淡然。文人雅士在名山佳泉、松竹花间、月下桥边洗心、放心、安心，展现了超然旷达的精神气质与自得自适的独立人格。

茶，一旦与东坡相遇，更是平添了几分高雅与情趣，思致幽远，诗意盎然。苏东坡一生"性好山水"，每到一处，总会流连其间，闲适自乐。熙宁年间，苏东坡游览惠山、太湖，并写下了一首诗：

> 踏遍江南南岸山，逢山未免更留连。独携天上小团月，来试人间第二泉。石路萦回九龙脊，水光翻动五湖天。孙登无语空归去，半岭松声万壑传。（《惠山谒钱道人烹小龙团登绝顶望太湖》）

"小团月"就是龙凤团茶。"第二泉"指无锡惠山泉。陆羽曾将天下泉水分为二十等，其中，庐山谷帘泉为"第一泉"，无锡惠山泉为"第二泉"。苏东坡乐享山水，"独携""小团月"来试天下"第二泉"。在这里，他烹茶、品茗，静享岁月，与之相伴的还有"半岭松声"。

苏东坡有着"爱悠闲的性情"，他善于发现天地万物的生机，乐于品味日常生活的真意，视"朝与竹乎为游，暮与竹乎为朋"为一大乐事；庆幸"身闲酒美谁来劝，坐看花光照水光"；甚至发出了"醉饱高眠真事业，此生有味在三余"的慨叹。无论生存境遇如何，东坡都可以从茶中寻找慰藉。在《望江南·超然台作》中，他写道："休对故人思故国，且将新火试新茶。诗酒趁年华。"这是东坡的旷达、超然。他总是以一颗本然之心体味生命之真，从而抵达性命自得的安适境界。苏东坡的"安适"，"主要反映了个人主体展向现实世界的亲和性，从凡夫俗子的普通日常生活中发现愉悦自身的美"[1]。即使在最困苦的贬谪时期，苏东坡依然保有诗意的眼光与有趣的灵魂，写下

---

[1] 王水照、朱刚：《苏轼评传》，南京大学出版社，2011，583页。

了著名的茶诗《汲江煎茶》：

> 活水还须活火烹，自临钓石取深清。大瓢贮月归春瓮，小杓分江入夜瓶。雪乳已翻煎处脚，松风忽作泻时声。枯肠未易禁三碗，坐听荒城长短更。

善于体味人生意蕴的人，无论遭遇怎样的困境，总能感受一壶清茶、一阵松风、一城更声的生意与浪漫。东坡与茶相伴，绝不是单纯物质层面的享受，而是发自性情深处的精神满足之乐，是其体验人生、思考人生的自然结果。在长达十余年的贬谪生涯中，苏东坡逐渐超越了物我、生死、穷达之间的对立，彻底觉悟生命的真谛，追求一种向内的人生，做个"闲人"，以无己、无待之心去化解所有的苦难，安居于"寸田尺宅"而不向外求索，从而抵达了与天地同流的人生境界。

在苏东坡的诗文中，日常凡俗之物都透露出一种平和、旷达、沉静之美，这是一种生活态度，即善于在日常生活中提炼出诗意，以艺术之眼点化世俗人生，"雪沫乳花浮午盏，蓼茸蒿笋试春盘。人间有味是清欢""浓茗洗积昏，妙香净浮虑""觉来烹石泉，紫笋发轻乳""好是一杯深，午窗春睡足"等诗文展现的均为最日常的生活场景，却营造出空灵、澄澈、平淡的自然之境，引发玄远之思。苏东坡对茶的喜爱，正如北宋文人对琴棋书画、草木山水的喜爱一样，旨在平凡而普通的生活中品味人生的真意，探寻存在的奥秘。因为，自我的完成必须在具体的"存在"中完成。一切存在都是得道之径，没有一种得道是可以完全通过内省达成的。同时，他又能超然物外，回溯本源，使得凡俗的日常生活成为展现生命意蕴的契机和场域。苏东坡以一颗开悟之心认真而淡然地对待生活的点点滴滴，不执着于"物"，也不执着于"我"，入乎内，超乎外，在闲暇自适、悠然自得中体味生命的真纯，与万物相合相生，抵达"天人合一"的天地境界。

第四节 东坡与酒

酒何时登上人类历史舞台？吕思勉指出，中国古代酿酒应起于夏后氏，"夏后氏尚明水，殷人尚醴，周人尚酒"。酒在中华民族饮食体系中意义重大，"夫酒，所以行礼、养性命欢乐也"。酒以成礼，在国家重大祭祀、日常礼仪中不可或缺。据考古文献可知，殷商时期的酒以祭祀神祇祖先为主。1976年殷墟妇好墓出土了210件青铜礼器，酒器占据总数的74%。[1] 到了周代，专设"酒正""酒人"官职。酒正"掌酒之政令，以式法授酒材"，酒人"掌为五齐三酒，祭祀共奉之，以役世妇"。在日常生活中，饮酒也有诸多规定，《仪礼》之《乡饮酒礼》篇详细介绍了当时饮酒所应遵循的各种礼节，程序极为复杂。由此可知，早期饮酒与人伦秩序、社会规范关系密切。同时，酒还具有养生、治病的独特功能，"酒者，所以养老也，所以养病也"（《礼记·射义》）。在先秦典籍中，多有以酒肉供养老人的记载。古人认为，酒味苦，可养气，能够提升人的精神。吕思勉就指出，"医"字的本意就是以酒为养。

一、文人与酒

在文人士大夫的生命世界中，酒也许更多承载着士人精神的解放、人格的自由。士人饮酒之风盛行于魏晋南北朝时期。在《世说新语》一书中，酒共出现85次，"酒在他们的生活中也的确占据了极显著的地位，几乎是生活的全部"[2]。这充分说明酒对于魏晋士人的重要性。汉末魏晋时期，战乱频仍，民不聊生，《古诗十九首》中多出现诸如"人生天地间，忽如远行客""人生寄一世，奄忽若飙尘""人生非金石，岂能长寿考""生年不满百，常怀千岁忧"等诗句。在动荡时局中，士人如何摆脱现实境遇的羁绊，抵达自由、自

---

[1] 中国社会科学院考古研究所编著《殷墟妇好墓》，文物出版社，1980，第33页。
[2] 王瑶：《文人与酒》，载《中古文学史论集》，上海古籍出版社，1982，第28页。

得的生存境界，也许，药与酒是最好的媒介。王瑶在《文人与酒》一文中指出，魏晋士人醉心于酒的深层原因，大体来说，归结为三点：一是享乐精神。人生苦短，借此增加生命密度和深度。二是超越精神。借酒远离现实，达到自然之"真"的境界。三是求全避祸。社会动荡不安，以醉酒来保护自己。

阮籍是苦闷的，"他的一生，始终徘徊于高洁与世俗之间，依违于政局内外，在矛盾中度日，在苦闷中寻求解脱"[1]。本有济世志的阮籍借酒佯狂，在半醉半醒中保全生命。刘伶更是以酒为伴，他常常乘车外出，使人荷锄随之，一路喝酒，谓"死便埋我"。显然，刘伶凭借醉酒掩饰真实而真诚的自我，以佯狂对抗那个是非颠倒、真假难辨的社会，并未完全做到舍弃肉身、逍遥自在的超然与解脱；否则，死便死，何必埋。魏晋士人内心充满矛盾，他们试图在社会与自我、责任与自由之间保持平衡。对于他们而言，过于清醒，无法承受生命之重；不省人事，又无法触摸到真实的自我，只能借助于酒，让自己处于半醉半醒之间，以便阳光可以透过生命的缝隙照射进来，足以温暖伤痕累累的赤子之心，从而坚守生命应有的质感与色彩。

与诗酒相伴的魏晋士人开创了影响深远的魏晋风流。何谓"风流"？冯友兰曾说：从字面上看，"风流"是荡漾着的"风"和"流水"，与"人"没有直接的联系，"但它似乎暗示了有些人放浪形骸、自由自在的一种生活风格"[2]。从魏晋思想史与生活风尚史来看，"一个人超越事物差别之后，得以不再依循别人的意旨生活，而率性任情地过自己的生活（'弃彼任我'）。这种思想和生活方式乃是中国古人称为'风流'的实质"[3]。魏晋士人"从来没有把人的生活仅仅作为人的自然的或世俗的日常活动，而是使生活本身成为诗意的存在"[4]。宗白华曾说，魏晋士人向外发现了自然，向内发现了自己。正是有了自我意识的觉醒，才会认真思索南山、白云、菊花、篱笆、田园、

---

[1] 罗宗强：《玄学与魏晋士人心态》，浙江人民出版社，1991，第126页。
[2] 冯友兰：《中国哲学简史》，赵复三译，新世界出版社，2004，第239页。
[3] 冯友兰：《中国哲学简史》，赵复三译，新世界出版社，2004，第239页。
[4] 宁稼雨：《魏晋风度——中古文人生活行为的文化意韵》，东方出版社，1992，第2页。

美酒、诗歌的价值与意义，才会在平淡、悠远、自然的生活中回归人性的真淳，也才会真正懂得酒之真味，在饮酒中体味到一种玄远的、诗意的、自由的精神愉悦。

到了唐代，饮酒之风更盛。在盛唐时期，饮酒是文人士大夫日常生活不可或缺的组成部分。"五陵年少金市东，银鞍白马度春风。落花踏尽游何处，笑入胡姬酒肆中。"人生得意，青春飞扬，有酒相伴，更添风流。闲居之时，静享岁月，更需携新酒，邀佳人，共言欢，正所谓"绿蚁新醅酒，红泥小火炉。晚来天欲雪，能饮一杯无？"温暖的火炉，醇香的新酒，交织成一幅唯美的画面，为酒赋予了特有的温度与色彩，充满浓浓的文人情趣。唐宋以后，文人士大夫追求高雅，饮酒日益讲究情趣。吴彬在《酒政六则》中写道：

> 饮人：高雅、豪侠、真率、忘机、知己、故交、玉人、可儿。
> 饮地：花下、竹林、高阁、画舫、幽馆、曲涧、平畴、荷亭。
> 饮候：春郊、花时、清秋、新绿、雨霁、积雪、新月、晚凉。
> 饮趣：清谈、妙令、联吟、焚香、传花、度曲、返棹、围炉。
> 饮禁：华诞、连宵、苦劝、争执、避酒、恶谑、喷秽、佯醉。
> 饮阑：散步、依枕、踞石、分饱、垂钓、岸巾、煮泉、投壶。

可以看出，文人对饮酒时节、饮酒环境都有着极高的要求。他们普遍欢喜在自然山水间饮酒，醉心于与自然万物融为一体。对于士人而言，饮酒讲究适宜的对饮之人，高雅之士、知己故交都是"可人"。饮酒还讲究合适的地点，花下竹林、幽馆荷亭都是友朋相聚共饮的绝佳去处。好时节也是必不可少的，春郊清秋、新月晚凉、雨霁积雪时都适合把酒言欢。在饮酒过程中，还常常伴随着焚香、传花、度曲、清谈等文人雅事。意兴阑珊时，一起散步、垂钓、投壶，岂不美哉！袁宏道在《酒令》中说：

> 凡醉有所宜：醉花宜昼，袭其光也；醉雪宜夜，消其洁也；醉得意宜唱，导其和也；醉将离宜击钵，壮其神也；醉文人宜谨节奏章程，畏

其侮也；醉俊人宜加觥盂旗帜，助其烈也；醉楼宜暑，资其清也；醉水宜秋，泛其爽也。

一云：醉月宜楼，醉暑宜舟，醉山宜幽，醉佳人宜微酡，醉文人宜妙令无苛酌，醉豪客宜挥觥发浩歌，醉知音宜吴儿清喉檀板。[1]

古人醉花、醉月、醉山、醉水、醉佳人、醉知音……饮酒，本是凡俗而普通的日常行为，在文人那里，却流溢着浓郁的诗意与高雅的情趣。对于文人而言，饮酒早已超出了感官享受的层面，而是将自我安放于自然山水之间，尽力舒展生命的触角，将自我消融于花、林、月、雪、山、石之中，抛却过于文明化的知识与理性，在感觉、直觉乃至幻觉中触摸生命的真实，感受自我的真诚，在醉与醒、觉与梦中自由穿梭，物与我、此与彼、过去与未来交错一体，不太清醒，却又十分真实。也许，这才是存在的本真状态。

二、得酒趣

相较于酒，宋人更喜欢茶，但饮酒仍然是文人日常生活的重要内容。苏东坡留下了大量与酒有关的诗文，诸如"吾侪非二物，岁月谁与度""日欲把盏为乐，殆不可一日无此君""惟此君独游万物之表，盖天下不可一日而无"等，饮酒被东坡视为必不可少的生活内容。苏东坡现存赋二十七篇，其中与酒有关的共六篇，包括《洞庭春色赋》《中山松醪赋》《酒子赋》《酒隐赋》《老饕赋》《浊醪有妙理赋》。东坡自谓平生三不如人：饮酒、唱曲、下棋。东坡的可爱之处就在于他不善饮却喜饮，不能饮却喜见人饮，曾自云：

予饮酒终日，不过五合，天下之不能饮，无在予下者。然喜人饮酒，见客举杯徐引，则予胸中为之浩浩焉，落落焉，酣适之味，乃过于客。闲居未尝一日无客，客至，未尝不置酒。天下之好饮，亦无在予上者。

---

[1] 孙立群：《中国古代的士人生活》，商务印书馆，2003，第118页。

常以谓人之至乐，莫若身无病而心无忧。我则无是二者矣。(《书东皋子传后》)

东坡坦言"不能饮"却"好饮"的事实。其中的奥秘在哪里？从最显在层面看，酒可以让人忘忧。苏东坡一生仕宦沉浮，又有着异于常人的聪慧与机敏，对于生命的体验尤为细腻、深沉，烦忧、沮丧、寂寥，乃至绝望，这是东坡真实而清晰的生命感受，尤其遭遇贬谪、身心困顿之时。苏东坡是血肉饱满、立体丰富的生命个体，愁闷与痛苦是自然、必然的生命体验，但个体情绪终归需要找寻出口，从而保证生命自身的畅通与和谐，也许，酒是一个极好的媒介。

人们可以借酒暂时放下所有的重负，在轻举高蹈中忘却过往的烦忧，在半醉半醒之间抵达自由、自适的境界，正所谓"使我有名全是酒，从他作病且忘忧"。作为普遍而深沉的生命体验，"忧"有着一定的时代印迹与个人风格。在战乱频仍、价值崩塌的时代，个人的沉浮荣辱、兴衰成败空幻而缥缈，曹操由此发出了"何以解忧，唯有杜康"的感慨。也许，只有将人生交付"杜康"时，才获得片刻的踏实与安宁。生于北宋的苏东坡有着不同的理想信念、价值选择，其对家国命运的担忧，以及对百姓日常生活的关切显得尤为可贵。

特别值得一提的是，苏东坡从存在论的高度赋予"忧"全新的含义。东坡之"忧"早已跳出了仕隐、荣辱、沉浮的个人考虑，而是深入对生命价值、对存在本身的思考与探索。李泽厚曾说，发展至苏东坡，古代士人在出与入、仕与隐之间苦苦挣扎的"忧"已置换为生与死、身与心等生命本身的"忧"，文人的人生价值在建功立业之外获得了更为宽广的发展空间，读书、写作、农耕完全可以成为一种生活方式，其价值与封侯拜相并无高下、优劣之别，甚至，从某种意义上讲，耕读更应该成为文人的一种"可能生活"，尤其是在精神自我与社会自我无法高度契合的情况下。苏东坡通过自己的创造性生活为文人开拓了更为广阔的生存空间，使个体生命在情感与理智、社会与自我过于紧张的状态中停顿、转弯、回环，在稀释、融合中得以自然流转。

只有看透生命的真相后，才能在酒中探寻真正的趣味。苏东坡曾说："吾饮酒至少，常以把盏为乐。""偶得酒中趣，空杯亦常持。"既然"饮酒至少"，何来"乐"？既然是"空杯"，何来"酒"？也许对于东坡而言，重要的不是"酒"，而在于"把盏"之"乐""趣"。"乐""趣"在哪里？在于"醉时真"，在于"全其天"，在于"醉者神全"，正所谓"常因既醉之适，方识此心之正"。故苏东坡借助"酒"彰显真实、真诚、淳朴的自然生命。"往往颓然坐睡，人见其醉，而吾中了然，盖莫能名其为醉为醒也。"趣在醒、醉之间，非醒非醉，亦醉亦醒，在真实与虚妄之间，羁绊与超越之间。

也许只有在微醉状态下，我们才能暂时抛却过于清醒的认知与判断，敢于卸载太多的责任与重负，变得轻盈而自由。"在沉醉状态中，肉体和精神方面都恢复了那种被审慎摧毁了的强烈真实感情。人们觉得世界充满了欢愉和美，人们想象到从日常焦虑的监狱中解放出来的快乐。"[1]人们乐于半醉半醒，哪怕佯装。在纷扰复杂的人世中，"醉"给了人们缓冲紧张、平复自我的出口，在"醉"的掩护下，人们可以容许自己的脆弱，也可以稀释所有的苦痛。在"醉"中，人们似乎忘却了是非、荣辱、盛衰等功利考虑，任生命自由奔腾，尽情舒张。苏东坡曾云："何以娱醉客，时嗅砌下花。"人在微醉状态下黏合了伤痕累累的肉身，摒弃了诸如美丑、高低、大小等人为区分，以味觉这种最质朴、最本真的感知方式，直面生命本身，充分接纳当下真实而鲜活的生命体验，重新建立与他人、与世界的亲密关系，从而抵达与万物同一、与天地同流的生存境界。

三、得天全

苏东坡很喜欢酒后书法、绘画：

> 仆醉后，乘兴辄作草书十数行，觉酒气拂拂，从十指间出也。（《跋草书后》）

---

[1] 高宣扬：《流行文化社会学》，中国人民大学出版社，2006，第368页。

> 画不能皆好，醉后画得一二十纸中，时有一纸可观，然多为人持去，于君岂复有爱，但卒急画不成也。今后当有醉笔，嘉者聚之，以须的信寄去也。(《与王定国四十一首》)
>
> 昨日忽饮数酌，醉甚，正如公传舍中见饮时状也。不觉书画十扇皆遍，笔迹粗略，大不佳，真坏却也。适会人便寄去，为一笑耳。(《与蔡景繁十四首》))

对于东坡而言，书法、作画，乃兴之所至，天然所得，而酒则充当了最好的媒介。酒后作画题字的东坡，在时人眼中，有着别样的风姿和卓绝的气度：

> 元祐中锁试礼部，每来见过，案上纸不择精粗，书遍乃已。性喜酒，然不能四五龠已烂醉，不辞谢而就卧，鼻酣如雷。少焉苏醒，落笔如风雨，虽谑弄皆有义味，真神仙中人。此岂与今世翰墨之士争衡哉！(《题东坡字后》)

这是黄庭坚展现的元祐年间居翰林院中的苏东坡的形象。醉酒醒后的东坡下笔如有神，落笔如风雨，真乃"神仙中人"：

> 修躯鬙面，衣短绿衫，才及膝。曳杖谒士民家，无择。每微醉，辄浪适，欢相迎曰："苏学士来！"来则呼纸作字，无多饮。少已，倾斜高歌，不甚着调。(《东坡先生祠堂记》)

这是东坡刚离开贬所黄州时在一位民妇眼中的形象。在醉中，东坡处于兴会淋漓的艺术情境中，自然书写，随意泼洒，自由畅快。对于东坡而言，饮酒催生的书法、作画，乃兴之所至，天然所得。东坡曾云："空肠得酒芒角出，肝肺槎牙生竹石。""吾醉后能作大草，醒后自以为不及。"酒似乎是催化剂，激发了东坡所有的生命能量，使东坡在挥毫泼墨中自由书写人生的苦涩与欢欣，流溢着生命的温度与色彩。

苏东坡曾说："张长史草书，必俟醉，或以为奇，醒即天真不全。此乃长史未妙，犹有醉醒之辨。若逸少何尝寄于酒乎？仆亦未免此事。"（《书张长史草书》）东坡道出了酒与艺术之间的微妙关联，酒可以"全其天真"。"酒勿嫌浊，人当取醇。失忧心于昨梦，信妙理之凝神。浑盎盎以无声，始从味入；杳冥冥其似道，径得天真。"（《浊醪有妙理赋》）酒有利于人类摆脱"机心"，回归真实、淳朴的人性，保有生命个体的自然状态，故"天真"。唯"天真""天全"，保有充盈、饱满、和谐的生命精神，才可以进入自由的艺术境界。也许，半醉半醒的我们才真正拥有完整的自我，所有的苦痛、挣扎、困惑都消融在一杯浊酒中，此时的我们应该是自由的、超脱的，重新实现了感性与理性、道德与情感、自我与社会（他人）之间的平衡。

艺术与酒似乎有着天然的渊源。"帝曰：'夔，命汝典乐，教胄子……诗言志，歌永言，声依永，律和声。八音克谐，无相夺伦，神人以和。'夔曰：'於，予击石拊石，百兽率舞。'"（《尚书·舜典》）夔所说的"乐"包含了诗、歌、声、律、舞，且"八音克谐""神人以和"。这是一个艺术狂欢的场景，更是生命个体沉醉的道场，即使隔着遥远的时空，我们依然可以感受那摄人魂魄的艺术光华与净化灵魂的生命跃动。也许，只有我们跳出当代对文学艺术的界定与分类，回到诗、乐、舞一体的远古时期，才能透彻了悟艺术的真谛与价值。

鲁枢元曾说："文学艺术，其中包括由原始劳动产生的宗教仪式、由原始思维产生的神话故事、由原始审美活动产生的音乐绘画，都是人类最初的生命活动的真实呈现，又可以看做是人类最初精神结构中至关重要的基因。"[1] 这样的艺术"拒绝一切形式的人与自然的割裂、物质与精神的偏执、思维与本能的对立、本体与现象的拆解、理智与情感的剥离。它始终追求的是一种圆满、充盈的生命形式，一个真实、独特、富有创造活力的个体。这样的艺术，几乎就是地球生态系统中天地神人和谐相处、健康发育的一个楷

---

[1] 鲁枢元：《生态文艺学》，陕西人民教育出版社，2000，第47页。

模"[1]。艺术竭力抵达的圣境，借助酒，似乎可以轻易实现。

苏东坡留下了"应呼钓诗钩""俯仰各有态，得酒诗自成""书中苦觅原非诀，醉里微言却近真""呼儿具纸笔，醉语辄录之"等诗文，在释放其生命能量的同时也滋养着我们的生命。也许作文、书法、绘画都是生命存在的本然状态，所谓"作品"都是生命自由舒展、自然绽放的结果。在酒的助力下，苏东坡肆意挥洒着生命的热情，书写着饱含深情的人生感悟。对于东坡而言，酒不仅稀释了充满苦难的世界，可以忘忧、至乐，更可以在醒、醉之间得天全，正所谓"谁言大道远，正赖三杯通""已破谁能惜甔盆，颓然醉里得全浑"。胸中洞然，真实而自然才是饮酒的至高境界。"故我内全其天，外寓于酒。""已向闲中作地仙，更于酒里得天全。"内得天全，外寓于酒，也许，这就是苏东坡的饮酒之道。"方其寓形于一醉也，齐得丧，忘祸福，混贵贱，等贤愚，同乎万物，而与造物者游。"（《醉白堂记》）"寓形于一醉"，生命个体自由遨游于天地之间，"齐得丧，忘祸福，混贵贱，等贤愚"，最终抵达如仙人般和谐圆满的生存至境。苏东坡如此，"竹林七贤"、陶渊明、李白亦如此。

---

[1] 鲁枢元：《生态文艺学》，陕西人民教育出版社，2000，第47页。

美学密码

「码」上解锁 千年生活的

RENJIAN
YOU WEI
SHI
QINGHUAN

AI东坡先生
24小时在线答疑,品宋朝生活逸趣。

观风流人生
在苏轼的起伏历程里,找寻自己的答案。

品大宋风雅
身临其境赏宋朝美学,品味何谓「人间有味是清欢」。

享东坡食谱
盘点中华美味,探寻大宋文豪与美食背后的秘密。

第三章 家居之安

扫码查看
- AI 东坡先生
- 品大宋风雅
- 享东坡食谱
- 观风流人生

苏东坡一生仕宦沉浮，漂泊不定，无论遭遇怎样的生存困境，每到一处，总会想方设法营建一个充满诗情画意的"家园"，有简朴温馨的屋舍，草木扶疏的庭院，还有取之不尽的蓝天白云、鸟鸣花香。这本身就是一个美学事件。作为生命个体，"安"在哪里？屋舍。屋舍"安"在哪里？大地之上，天空之下，林木之间。"安"什么？首先安"身"，只有获得"身"的安全性，"心"才能拥有归属感。如何"安"？垦荒、耕种、吟诗、作画、为生民计。谪居黄州、惠州、儋州期间，即使寓居在荒蛮的江边，远离中心的郊野，或几近原生态的桄榔庵，有着浪漫情怀与生存智慧的苏东坡，对居住场所的设计与布置，既有着栽种瓜果蔬菜满足日常生活所需的实际考虑，也有着引入亭台楼榭满足心神愉悦的情感需求，更有着对天朗气清、惠风和畅的追思与渴慕，将自我生命安置于天空之下、大地之上。这也许就是农耕文明的诗意，饮食起居皆在生机盎然的天地万物中徐徐展开，池、水、堂、亭、廊、轩窗、曲槛，还有鱼、莲、桃、李等动植物，共同组成了古人诗意栖居的生动画卷，人安居于斯，劳作于斯，获得"在家"之感。

第一节　东坡的家园

对于中国人来说，无论何时，住始终是一个必须解决的重大问题。何少华在《宋代官员住房问题研究》中归纳了宋代官员获得住房的多种途径，即赐宅、官廨、建房、买房、租房和借居友人宅或寺院。京城官员大多无官廨可居，租房或建房、买房居住，除少数人有赐第居住外，比如程家。宋太宗赏识程羽（二程的高祖父），就在开封城泰宁坊赐了一处宅子给程家。二程的父亲程珦就出生在这座宅第里。宋代政令不许地方官员于任官地买房，官员一般居官廨，有一定的修葺官廨的自由，若无官廨则选择租房或是借居。

苏东坡欢喜买田筑屋，善于营造庭院，这本身就是一个饶有趣味的话题。苏东坡一生所居之所近三十处，眉山苏宅是起点，亦是回不去的终点。苏宅位于四川眉山纱縠行，"梦归縠行宅，遍历蔬园中"。从苏东坡的《异鹊》《记先夫人不残鸟雀》《咏怪石》《梦南轩》等作品中可以看出，苏宅应是一座约五亩大小的庭院，精巧而雅致，"家有五亩园，幺凤集桐花"；鸟雀翔集，"竹柏杂花丛生满庭，众鸟巢其上"；园内植物繁茂，有翠竹、桐树、柏树等，还种有果蔬；山石不多，仅有"粗险石"植于轩中，水面虚实相生，富于变化，"忆我故居室，浮光动南轩"；建筑密度不大，有书堂、南轩等读书场所。苏宅极具清、幽、雅之自然情趣，"苏门三父子"又为庭院敷染了浓厚的文化色彩，成为兼具自然与人文精神的绝佳场所。今日的三苏祠建基于苏宅原址，现存有苏宅古井、荔枝古根等苏氏遗迹。作为北宋时期西南地区文人私家园林的缩影，东坡家宅具有一定的代表性。在以后漫长的仕宦生涯中，苏东坡总会想方设法营造充满温情的一方天地，这不仅仅是对故土、故人的怀念，更是东坡寄寓平生、安放身心的栖居之地，亦流淌着农耕文明的诗意与浪漫。

除了故园——眉州苏宅外，东坡居所基本分为两类：一是仕宦地方时的官舍。作为地方政府官员，苏东坡是可以寓居官舍的，主要有凤翔官廨、杭州官廨、密州官廨、徐州官廨、湖州官廨等。二是购买、租住或自建房舍。居留京都时，曾寓居西冈、怀远驿、南园、范镇东园等。谪居黄州时，借居定惠院及临皋亭，后垦荒于东坡，建雪堂；谪居惠州时，借居合江楼及嘉祐寺，后筑屋于白鹤峰；谪居儋州时，借居儋州官舍，后建桄榔庵。在宜兴，置有田产。

一、居留京都

宋都开封是当时世界上人口众多、经济繁荣的大都市。开封地处黄淮之间，控引汴河、惠民河、广济河和金水河，具有优越的航运条件，是当时全国政治、经济、文化中心。开封城原为唐汴州城，后梁建为宫城，升为开封府。此后，后晋、后汉、后周皆以此为宫城。宋太祖于962年下诏扩建，在原有基础之上，对城郭进行了大规模的改建和扩建，最终于968年完成，历时6年。改建后的都城包括外城、内城、皇城三重。当时开封城规模宏大，建制规范，略呈正方形。皇城位于内城中央略偏西北。皇城内宫阙大都依西京洛阳建制，总计四十余所，有文德殿、紫宸殿、崇政殿等，展现了皇家气派。城内坊市杂处，河流遍布，号称"四水贯都"，景色秀美，尤以汴河为最，汴河两岸是繁盛的街市所在，尤其是城东南汴河东水门沿岸的市区，竟延伸至七八里以外，张择端的《清明上河图》就描绘了这一区域的繁华景象。

当时开封城手工业得到极大发展，分工更趋于细密化、专业化，城市经济繁荣，人口众多，成为继东晋建康、唐长安之后第三个人口逾百万的大都市；其人口密度以东部为最高，西部次之，南部、北部跟之。关于京城官员的住房问题，情况较为复杂。从唐朝开始，朝廷不再为京城官员提供官舍，此做法基本上为以后各朝代所沿袭，其中尤以宋朝最"悭"。开封城的房价奇高，一般政府官员是无力购买住房的，都会选择租房。北宋效仿唐朝，政府官员须通过"楼店务"办理租房事宜，自京都到各地州府，都设有楼店务（后改为店宅务），负责出租及修造事宜。

苏东坡前后共八次进入京都，包括"乌台诗案"时被关押至御史台。居留京都时，除了寓居兴国寺、怀远驿、范镇东园外，苏东坡主要经营"南园"。"南园"应为苏东坡第二次入京时所购买。嘉祐四年（1059）年秋，苏洵携家人发嘉州，沿途经过宜宾、戎州、渝州、涪州、忠州、万州、夔州，过三峡，到江陵。从江陵出发走陆路，过荆门，渡汉水，到襄阳、叶县、襄城、许州，于嘉祐五年（1060）二月到达京都。到达京师后，赁居西冈一宅子，后寓居怀远驿。嘉祐六年（1061），苏东坡得南园，南园位于宜秋门外的西南角。从"南斋读书处，乱翠晓如泼"中可推测南园有一处书房，位于园子的南面，树木环绕。园内有堂，栽植萱草、竹、芦、石榴、蒲桃、蒌草、葡萄、牵牛、柏、葵花等植物。苏东坡描述南园"荒园无数亩，草木动成林"，述其周围环境"都下春色已盛，但块然独处，无与为乐。所居厅前有小花圃，课童种菜，亦少有佳趣。傍宜秋门，皆高槐古柳，一似山居，颇便野性也"（《答杨济甫二首》）。苏东坡性简率，偏爱素朴，南园所呈现的"自然""野趣""荒景"正是东坡所欢喜的。

1061年，苏东坡赴任凤翔，南园主要由苏辙经营。1065年，苏东坡从凤翔还朝，除判登闻鼓院。五月，妻王弗病逝。1066年，父亲苏洵病逝。1069年，结束丁忧再次返回京都，直至1071年外任杭州，东坡及其家人都在南园居住。

1076年，苏辙进京，寓居在范镇东园。范镇东园乃是私人宅第，位于京城外城东北门——陈桥门外。东园林木繁茂，颇有野趣，是文人雅集的好处所。1077年，东坡自密州移知河中府回京述职。苏辙思念心切，特意前往三百里外迎接兄长。若按照唐宋时期官方规定的旅行速度，步行或骑马一天走五十里，约需六日。兄弟二人行至陈桥门口，却被守门卒阻拦，不让进城，只好前往范镇东园。后苏辙在诗文中记述了当时的情景："及门却遣不得入，回顾欲去行无人。东园桃李正欲发，开门借与停车轮。青天露坐列觞豆，落花飞絮飘衣巾。"东坡更为乐观，说道："然彭城于私计，比河中为便安耳。"

1079年，因"乌台诗案"东坡被拘押至御史台。天纵奇才就这样被押解入京，"如驱犬鸡""如捕寇贼"，令人唏嘘。出开封内城右掖门，一路南行，不远处就是御史台，紧邻开封府。因御史台内遍植柏树，引来许多乌鸦，故称"乌台"。御史台与东坡第一次入京寓居的兴国寺相距不远。御史台与兴国寺、名动京师的才子与因文字获罪的阶下囚，在二十三年的时光里交错，令人恍惚。古槐依旧，人事已非。在狱中，东坡怕牵连太多的友朋故旧，亦不堪垢辱，欲绝食求死，未果。在狱中，东坡写给子由的绝命诗更是令人动容，"是处青山可埋骨，他年夜雨独伤神。与君世世为兄弟，又结来生未了因"。

对待文人，竟以言定罪，且捕风捉影、穿凿附会，这应是帝制时代的耻辱。当时宰相吴充直言："陛下不能容一苏轼何也！"早已罢相隐居南京的王安石亦上书疾呼："安有圣世而杀才士乎！"1080年，正月初一，举国欢庆，京都更是热闹非凡。这一日，东坡离开御史台，离开京都，前往贬谪之地——荒远、闭塞的黄州。在黄州，东坡躬耕于城东一块荒地，自称"东坡居士"。黄州之后，东坡就成了中国人永远的精神象征。因"乌台诗案"，受牵连的官员多达二十九人，包括司马光、王诜、范镇、苏辙等。苏东坡因此被贬黄州，后又被贬惠州、儋州，直至徽宗大赦天下，东坡才得以北归。苏辙来信请兄长前往颍昌。一直渴盼见到弟弟的东坡却迟疑了，原因之一就是颍昌离京城太近。这个理由让人心酸。东坡决定前往常州。一路舟车劳顿，条件简陋，又兼天气湿热，逾六十高龄的东坡倒下了，于1101年病逝于常州。

从1085年到1089年，东坡在京都度过了相对安逸的日子。1085年，神宗驾崩，哲宗继位，太皇太后主持朝政，重新起用旧党人物，东坡兄弟二人被召回京都，苏东坡先后任礼部郎中、起居舍人、中书舍人、翰林学士知制诰；苏辙则历官右司谏、御史中丞、尚书右丞、门下侍郎等职，位列宰执。这段时期应该是苏轼苏辙较为优渥的仕宦生活，他们与文人雅士闲游山水、吟诗作画，最典型的就是对后世文人影响深远的西园雅集。从李公麟所作《西园雅集图》可以看出：园内茂林修竹，小桥流水，环境清幽。王诜、苏轼、苏辙、黄庭坚、秦观、米芾、晁补之、李之仪、李公麟等十六人或作画，或吟诗，或抚琴，或煮茶，或读书，或闲坐，风姿卓绝，情致高远。米芾为此图作记，云："水石潺湲，风竹相吞，炉烟方袅，草木自馨。人间清旷之乐，不过如此。嗟呼！汹涌于名利之域而不知退者，岂易得此哉？"北宋文人追求的清欢、清旷，多与"无用"之物密切相关，清风、白云、翠竹、水石、书画、琴棋、茶禅，他们远离"名利"，弃绝"追逐"。

1089年，东坡再次请辞，获准，知杭州。1092年，东坡入仕端明殿学士兼翰林侍读学士、礼部尚书。1093年，哲宗亲政，全面恢复新法，重用新党人物；九月，东坡离开京都，至此再未踏足。1101年，东坡病逝于江苏常州，葬于河南郏县。

二、仕宦地方

作为地方政府官员,苏东坡是可以居住官舍的。北宋地方官舍通常是和官衙相连的,一般位于官衙之后或左右侧,但相对独立。苏东坡营建的凤翔园、杭州凤咮堂、密州西园都属于此类,习惯称为"官居""郡圃""郡署"。嘉祐七年(1062),苏东坡在凤翔新葺小园,他在诗文中写道:

> 予既至岐下逾月,于其廨宇之北隙地为亭。亭前为横池,长三丈。池上为短桥,属之堂。分堂之北厦为轩窗曲槛,俯瞰池上。出堂而南,为过廊,以属之厅。廊之两傍,各为一小池。三池皆引汧水,种莲养鱼于其中。池边有桃、李、杏、梨、枣、樱桃、石榴、樗、槐、松、桧、柳三十余株。又以斗酒易牡丹一丛于亭之北。(《次韵子由岐下诗》)

可以看出,苏东坡在廨宇北面空地上营造了一座亭子。营建后的住所有池、桥、堂、亭、廊,还有鱼、莲、桃、李、牡丹等,将自然野趣与人文景观融为一体,获得"在家"之感。

任杭州通判时,苏东坡将官居之地修葺一新,并整治了园子。东坡在与文与可的书信中详细记述了官居之地的周边环境和营建情况。旧官居位于凤凰山麓,凤凰山形似凤凰,而官舍正位于凤凰嘴处,因命名为"凤咮堂",起居饮食皆在堂内。凤凰山杂草中多乱石,东坡就地取材,取乱石在屋东面垒建假山,并引水穿流而过,因水流穿过溅起水花如玉晶莹,故取名"溅玉斋"。又建造另一假山,因石峰如月,取名"月岩斋"。

知密州时,苏东坡修建破败的庭宇,治理州署内的园林。"治其园圃,洁其庭宇,伐安丘、高密之木,以修补破败,为苟全之计。而园之北,因城以为台者旧矣,稍葺而新之",《超然台记》详细介绍了对州署的修缮过程。文中的"园圃"指超然台前的"西园",密州西园位于州署西北,故称"西园",而"庭宇"为西园中的"西斋"。东坡曾在病中作诗《西斋》描述了"西园"

情景：

> 西斋深且明，中有六尺床。病夫朝睡足，危坐觉日长。昏昏既非醉，踽踽亦非狂。襄衣竹风下，穆然濯微凉。起行西园中，草木含幽香。榴花开一枝，桑枣沃以光。鸣鸠得美荫，困立忘飞翔。黄鸟亦自喜，新音变圆吭。杖藜观物化，亦以观我生。万物各得时，我生日皇皇。（《西斋》）

密州西园是一处集起居、休闲、集会、农业生产等于一体的北方特有的小型园林。从诗文"襄衣竹风下""榴花开一枝，桑枣沃以光""安石榴花开最迟"等，可以看出，西园内栽有松、竹、桑、枣、石榴等花木，建成后的"超然台""台高而安，深而明，夏凉而冬温"，雨雪之朝，风月之夕，东坡和友人悠游于超然台，雅集于西园，"撷园蔬，取池鱼，酿秫酒，瀹脱粟而食之"，岂不快哉！

贬谪期间，苏东坡是不被允许居住官舍的，生存遭遇极大困境。在黄州，东坡最初寓居定惠院，后迁居临皋亭，最后在友人的帮助下，躬耕于东坡，作雪堂。东坡诗词中的雪堂是浪漫的："雪堂西畔暗泉鸣。北山倾，小溪横。南望亭丘，孤秀耸曾城。都是斜川当日景，吾老矣，寄余龄。"东坡雪堂位于黄州城郊，四周多荒野之景，西有"暗泉鸣"，北有"小溪横"，南有"亭丘"，一如陶渊明游于斜川。荒寒与热烈、贫乏与富足、困顿与旷达，皆在"雪堂"中流转、挪移。东坡还在雪堂周围栽种了大量的果蔬草木：

> 堂之前则有细柳，前有浚井，西有微泉。堂之下则有大冶长老桃花、茶，巢元修菜，何氏丛橘，种粳稌，莳枣栗，有松期为可斫，种麦以为奇事，作陂塘，植黄桑，皆足以供先生之岁用，而为雪堂之胜景云耳。

广种桑、柳、桃、橘、茶等植物，既维持了生计，又不失为一处胜景。在惠州，苏东坡作终老计，购买了古白鹤观地，在白鹤峰建造屋舍。白鹤峰新居占地颇大，"作屋二十间"，几乎花光了东坡所有积蓄，"起宅子，囊空"，主要有德有邻堂、思无邪斋、睡美处斋、娱江亭等建筑，还开有朱池、墨沼，中有小亭，园圃内植有人参、地黄、枸杞、甘菊、薏苡等。其诗文"雨后晴和，起居佳胜。花木悉佳品，又根拔不伤，遂成幽居之趣"[1]描绘的就是安于新居的怡然自得之情。

在儋州，苏东坡在友人的帮助下暂居官舍，后被赶出，于是"买地起屋五间一龟头，在南污池之侧，茂林之下，亦萧然可以杜门面壁少休也，但劳费窘迫耳"。建成后的新居虽然简陋，但东坡颇开心，"为屋三间。人不堪其忧，公食芋饮水，著书以为乐"，"漂流四十年，今乃言卜居。且喜天壤间，一席亦吾庐。稍理兰桂丛，尽平狐兔墟。黄橼出旧枿，紫茗抽新畬"。同年岁末，东坡还在屋舍旁开小圃，栽种草木果蔬。有庐，有园，有家，应是东坡最素朴的居家观念。

苏东坡有着阔大的家园意识，他心中的家园不仅指向具体的安居之所，更指向整个天地自然。换一句话说，他对家园的体认源自对故乡、故土、故人的眷恋，然后泛化为所到之处的归属感，最后提升为与天地万物同流的存在性。苏东坡每到一处，无论如何困窘，总是极力买田筑屋，遍植林木，再植以瓜果蔬菜，既可满足日常所需，又美化了居住环境，可谓心神俱佳。通过营造良好的自然生态环境，与草木、果蔬、鸣禽相亲相和，抵达自在自得、和谐圆融的天地境界。这充分体现了苏东坡的"家园意识"与"场所意识"。

"家园""场所"是由海德格尔提出的。海德格尔在纪念荷尔德林逝世一百周年的演讲中说道："在这里，'家园'意指这样一个空间，它赋予人一个处所，人惟有在其中才能有'在家'之感，因而才能在其命运的本己要素中存在。这一空间乃由完好无损的大地所赠予。大地为民众设置了他们的历史空间。大地朗照着家园。如此这般朗照着的大地，乃是第一个'家园'天使。"[2]海德格尔还阐述了"家园"与"大地"之间的天然联系。"家园"不

---

[1] 苏轼撰、王如锡编《东坡养生集》，吴文清、张志斌校点，福建科学技术出版社，2013，第73页。

[2] 海德格尔：《荷尔德林诗的阐释》，孙周兴译，商务印书馆，2000，第15页。

仅与故土、故人、故乡有关,更与整个大自然紧密相关。如果说,"家园"是一种较为宏大的本体意识,"场所"则构成了生命个体此时此地的生存状态。"场所"指向人的具体的生存环境。现代生态美学认为,人与生活其中的自然环境会发生某种因缘性关系,山清水秀、天朗气清的大自然会和人类生命个体发生"好的因缘",反之,则是"不好的因缘"。人与自然的存在是一种共生性,人类只有爱护自己的自然伙伴,保护家园的完整与美丽,才能获得"在家之感"。

第二节　温情的建筑

家园,首先与人的生存居所有关。人类需要相对稳定的处所寄寓身心。《周易·系辞下》曰:"上古穴居而野处,后世圣人易之以宫室,上栋下宇,以待风雨,盖取诸大壮。"[1] 同为"居",居于洞穴与居于宫室有何不同呢?"文"也。穴居或巢居有着浓郁的"自然"色彩,只有当人类开始依据一定的法度"制宫室",使"居"带有极强的文饰和化育功能,才意味着人可以在天地之间筹谋,从而一步步走向文明。《说文解字》释曰:"家,居也。"按照徐中舒的解读,"家"有四重含义:人之所居;先王之宗庙;地名;人名。[2] "人之所居"即为"家"。《尔雅·释宫第五》:"牖户之间谓之扆,其内谓之家。"[3] 很明显,"家"乃被区隔的私人化空间,用于人身的安排和停顿。房舍,作为生命个体安放身心的空间,其可以为肉身遮风挡雨,为人类带来避害全生的安全感。

苏东坡一生仕宦沉浮,漂泊不定,贬谪时期的困窘加重了其身无所依的飘零感,也更激发了对于居室、家宅、庭院的渴望。在黄州,躬耕于东

---

[1]　王弼、韩康伯注,陆德明音义,孔颖达疏《周易注疏》卷十二,中央编译出版社,2016,第384页。

[2]　徐中舒主编《甲骨文字典》,四川辞书出版社,1998,第799页。

[3]　胡奇光、方怀海:《尔雅译注》,上海古籍出版社,2004,第204页。

坡，作雪堂，"苏子居之，真得其所居者也"。在惠州，"已令砍木陶瓦，作屋三十许间"。在儋州，"买地筑室……为屋三间"。这也许是生命个体安放身心、敞开生命的本然行动，哪怕"仅免露处""仅庇风雨"，足以慰藉那颗孤独、寂寥、落寞的心。苏东坡对于"室""庐""屋"的执着和迷恋，乃在于建筑是生命个体身心安顿的前提和保证。东坡一生都在筑造真正属于自己的家园，实乃安放身心、栖息灵魂的生命诉求。

王耘在《中国建筑美学史》一书中指出，"家所适应的是'居'的概念，居家居家，所居即其家，室内即是家。没有屋室，没有居所，无家可言"[1]。建筑从来且永远都是家的必需品，没有"室"，何来"家"。有了房舍，人类不再"穴居而野处"，才有了家园之感。因为，"家宅是身体居住的地方。它是空间定位的一个原点，是个体生活世界的中心，是相对安全、宁静、幸福的原初承诺"[2]。《淮南子》认为"身"包括形、神、志、气四个方面，其中，毛发、肌肤、筋骨、血肉组成了可见、可触的肉身，充盈其中的精、气、神则构成了强健的生命力。生命本身是形与神、身与心的并举，身体的存在与生命的存在是同一的。

作为有机生命体，人的肉身性存在是不容置疑的事实。"身"是生命存在的家园。家园与人身的存在应该是一体的，"身"在哪里，哪里就是家园。身的安适是可以获得快乐和愉悦的："放朝三日君恩重，睡美不知身在何。""欠伸北窗下，昼睡美方熟。""三杯软饱后，一枕黑甜余。""身心两不见，息息安且久。""炎歊六月北窗凉，更觉甘如饭稻粱。""披衣坐小阁，散发临修竹。心困万缘空，身安一床足。""身""安"引发"美""甜""甘"等生命自身的醇美。

既然"家"的核心在于"居"，"居"如何成为"美"？《论语》云："子之燕居，申申如也，夭夭如也。"燕，古通晏，晏又通安，"燕居"就是安闲之居。钱穆在《论语新解》中以树作比："大树干条直上，申申也；嫩枝轻

---

[1] 王耘：《中国建筑美学史》，山西教育出版社，2019，第7页。
[2] 王晓华：《身体诗学》，人民出版社，2018，第189页。

盈妙婉,夭夭也。"《墨子间诂·非乐上第三十二》:"是故子墨子之所以非乐者,非以大钟鸣鼓、琴瑟竽笙之声以为不乐也,非以刻镂华文章之色以为不美也,非以刍豢煎炙之味以为不甘也,非以高台厚榭邃野之居以为不安也。"由此可知,"安身"不仅仅是蔽身,不求华美、奢侈,更主要的是安放性灵,但求自得、自适。谪居儋州时,苏轼买地起屋,居所简陋,但毕竟有了安身天地之间的寓所,身体不再漂泊,生命就获得安顿,真可谓"漂流四十年,今乃言卜居。且喜天壤间,一席亦吾庐"。既然建筑的主要作用在于"安",简朴、鄙陋、荒蛮又何妨?《论语》云:"子欲居九夷。或曰:'陋,如之何?'子曰:'君子居之,何陋之有?'"如此,颜回居于巷弄之中,"一箪食,一瓢饮","何陋之有"?

"居"实际上是一种"处"的行为,"在原始儒家那里,'居'是一种类似于'存在'的'处'的概念,'居所'则与建筑有着潜在的关联,换句话说,建筑可被视为居所的现实经验"[1]。在儒家价值体系中,君子"安身立命"以修身为起点,在现实场所中得以践行,而"室"首先构成了君子的生存之域,是其真实生命流转的具体场所,"室"中及"室"与"室"之间流溢着道德的光芒,"里仁为美"。《孔子家语》云:"与善人居,如入芝兰之室。"《周易·系辞上》云:"子曰:君子居其室,出其言善,则千里之外应之,况其迩者乎?居其室,出其言不善,则千里之外违之,况其迩者乎?"内与外,迩与远,皆以"室"为基点,故"仁"的实现首先在"室"。如此,"身"安于"室",实乃"心"安于"仁",只有行"仁",人才能安居于"室"中。"居所是'固定'的,更类似于'建筑',而如是'建筑',与道德性的存在之联系极为紧密。"[2] 因此,建筑不仅带给人恒定的存在安全感,更有着道德的安全感和教化的安全感。"安"不在于建筑的富丽堂皇,而在于建筑之中的生命个体的德行。

建筑可以安放身体,建筑可以实现仁德,但在诸多纷繁复杂的价值取向

---

[1] 王耘:《中国建筑美学史》,山西教育出版社,2019,第66页。

[2] 王耘:《中国建筑美学史》,山西教育出版社,2019,第66页。

中，最令人心驰神往的是潜藏其间的审美诉求。其实，房舍在为肉身提供安全与稳定的同时，更敞开了诗意居住的场域。实用与审美、文人与匠人有着怎样的关联？在中国传统文化中，历来将宫室营造、亭台楼榭等建筑看作"匠艺"，属于"百工"之列。但"技"与"艺"并不是界限分明，不可逾越，它们之间有着巨大的回环、挪移、延宕、交流的空间，在"道"的层面，二者可以合一。当"技"娴熟至"神乎其技"的境界，自然流溢出超越物质层面、劳作层面的精神质素。

在中国传统文化中，"百工"的工作向来不限于器物制造，而是对整个自然的人工再造。正如刘成纪在《先秦两汉艺术观念史》一书中指出，"上古时期的'工'，其职能绝不限于对器具的巧饰，而是对人生存所依托的自然环境的整体筹划和改造。"[1]因此，建筑，作为一种经验物实存的行为过程，实则构成了"人"与"物"的关系。"建筑是什么？建筑不是'纯粹'的艺术，而是'混沌'的意义复合体，它拥有在人的审美需要与生存需要之间不断游移飘动的弹性边界。建筑是人利用自然物而又使自然物不完全失去其本性创造出来的，人之整体存在必需的依赖品。"[2]建筑非纯粹的自然物，它需要经过构思、规划、选材、建造等，最终通过人的身体的劳作得以完成。

谪居黄州的苏东坡，其生活是困顿的，其房舍是简朴的，"堂以大雪中为之，因绘雪于四壁之间，无容隙也。起居偃仰，环顾睥睨，无非雪者。苏子居之，真得其所居者也"。"堂"，光明正大，安身立命之所，乃生命个体开敞的象征，以雪为壁，既实现了时时"涤心"，获得身正与德中，又以虚空沟通内外，将自然万物无所障碍地汇入人的居所内，正所谓"追其远者近之，收其近者内之，求之眉睫之间，是有八荒之趣"。"趣"在哪里？在雪堂与荒野之间。"雪堂之前后兮，春草齐。雪堂之左右兮，斜径微。雪堂之上兮，有硕人之顾颐。考槃于此兮，芒鞋而葛衣。挹清泉兮，抱瓮而忘其机。负顷筐兮，行歌而采薇。"（《雪堂记》）在"室"和"堂"之间行日用平常之道，

---

[1] 刘成纪：《先秦两汉艺术观念史》，人民出版社，2017，第332页。

[2] 王耘：《江南古代都会建筑与生态美学》，社会科学文献出版社，2012，第24页。

在建筑体内完成个体生命的"修行"。

如果我们乐意作一幅画，画中有春草，有清泉，有斜径，有陶瓮，还有身穿葛衣芒鞋的人，唱着歌儿采摘野菜。整个画面流淌着自然而然的生命气息，天地万物（包括人）形成了没有中心、没有目的的存在，无论雪，还是堂，只是取其意，而非势，故能"性之便，意之适，不在于他，在于群息已动，大明既升，吾方辗转，一观晓隙之尘飞"。建筑终归被心灵化了，被情趣化了，居住终究带着天然的温情和浪漫。"居住的诗意特性也不是意味着诗意在全部居住中以某种方式和其他方式产生。不如说，'人诗意地居住'是说：诗意创造首先使居住成为居住。诗意创造真正使我们居住。但是通过什么，我们达到一居住之地呢？通过建筑。诗意的创造，它让我们居住，它是一种建筑。"[1]营造房舍与诗意栖居之间完成了同一。

"起码在道教语境里，城郭屋舍与人与鸟兽昆虫一样都是有生命的。"[2]自然生气在亭台楼榭、植物山石间周流不息，如此，人即使安居于一隅，仍与整个自然生命精神贯通、融合，获得在家之感。此家园总与大地有关，它始终在自然中存在。"这里的建筑物，除实用性外，还在于表现人的理想生活。"[3]人类理想的生活就在于，人境始终在充盈着生命精神的自然场域中，人、房舍、蓝天、白云、草木、瓦石，皆自我绽放，自我成熟，自我圆满，共同营造出心心相印的生态世界。苏轼的家园始终在烟火气十足的人境，只不过，这样的人境不同于凡俗的尘世，而是充盈着自然生命精神的场域，人、植物、动物，都是自然流转中的一分子，自我绽放，自我成熟，自我圆满。

叶燮在《独立苍莽室记》中写道：

> 夫身既归室，而室在苍茫，身与室俱归苍茫，此予反身谢世之终计。予自得于一室，一室自得于苍茫，人境两忘，虽不咏诗可也。吾室仅容

---

[1] 海德格尔：《诗·语言·思》，彭富春译，文化艺术出版社，1991，第187页。

[2] 王耘：《"空"之美学释义》，上海人民出版社，2016，第34页。

[3] 沈福煦：《中国古代建筑文化史》，上海古籍出版社，2001，第341页。

膝耳,予尝晨起,当檐而立,面南山,背横溪。凡日月之出没,星辰之推移,风云雨雪之变态,四时百物之消长,细至春鸠秋蟋,邻舂谷应,天地之能事,无不尽于苍茫,而苍茫无不尽于吾室,吾尝隐几而得之。然则杜得独立之一端,吾得苍茫之全体,杜居其外,吾居其内,则有间矣乎。[1]

"室"俨然成了"人"立于苍茫之中的场域,无形的岁月由于"室"的存在具化为日月、云雨、风霜,人生的虚无、缥缈在"室"中得到弱化,而且多了几分尘世间的温暖与浪漫。人终要湮没于苍茫之中,却终会在亭台、苔藓、荒草处留下生命的痕迹,被后人一次次唤醒、追忆。我们的生命就在时空之流中行走、逗留、延宕、回环。白居易在《草堂记》中写道:

> 明年春,草堂成。三间两柱,二室四牖。广袤丰杀,一称心力。洞北户来阴风,防徂暑也;敞南甍纳阳日,虞祁寒也。木斫而已不加丹,墙圬而已不加白。碱阶用石,幂窗用纸,竹帘纻帏,率称是焉。堂中设木榻四,素屏二,漆琴一张,儒、道、佛书各三两卷。乐天既来为主,仰观山,俯听泉,傍睨竹树云石,自辰及酉,应接不暇。俄而物诱气随,外适内和,一宿体宁,再宿心恬,三宿后颓然嗒然,不知其然而然。自问其故?答曰:是居也……(《草堂记》)

"草堂",作为一个人工建筑单体,区分了内外,隔开了天人;但由于人的巧思妙想,通过户、牖、屋脊、竹帘等,可纳阳,可引风,仰观山,俯听泉,竹树云石,应接不暇;室内又安放着木榻、素屏、漆琴、书卷,内外皆适。在这里,个体生命与自然万物是圆融一体的。"一个人是可以把自己诗意化的,如果这份诗意注定无言,那便少不了他身边的建筑,所沉浸的烟雨迷蒙。一座建筑,之于周边的环境,究竟是一种'收摄',还是一种'点缀',不能

---

[1] 王稼句:《苏州园林历代文钞》,上海三联书店,2008,第147页。

以自身形式来看待，而是糅合了人的心灵体验的结果。"[1]人与建筑的关系终究是"互文"的。

宗白华曾说，建筑中的走廊、窗子、楼、台、亭、阁，都是为了于虚空中接纳自然万物。"亭"是常用的建筑单体，本身自成一景，又能观景、借景，宋人多予以关注。王水照在《宋代文学通论》中统计出以亭台楼阁为对象的名人散文，其中欧阳修45篇，苏轼63篇，王安石24篇，曾巩34篇，朱熹81篇，陆游56篇，相比唐朝韩愈9篇，柳宗元36篇，数量上有了一个飞跃。其中，以亭居多，如苏轼的《喜雨亭记》《墨妙亭记》《放鹤亭记》，以及欧阳修的《醉翁亭记》《丰乐亭记》等。"中国人爱在山水中设置空亭一所。……一座空亭竟成为山川灵气动荡吐纳的交点和山川精神聚集的处所。"[2]"亭"的妙处在于它立于大地之上，四面皆空，仅上有覆盖，人立亭中，天、地、人构成了一个完整而和谐的画面，而"亭""虚空"，无所遮挡，烟云晴岚、风雨霜雪，皆在亭内、亭外自由流转。人立于亭中，目极四方，草木虫鱼皆收眼底，人与万物融为一体。更重要的是，由于"亭"的存在，天地万物环环相扣，层层相连，似涟漪，似晕染，众生万象与我共生灭，同荣枯。

白居易在描写杭州灵隐寺冷泉亭时写道："东南山水，余杭郡为最。由郡言，灵隐寺为尤。由寺观，冷泉亭为甲。亭在山下、水中央、寺东南隅，高不倍寻，广不累丈，而撮奇得要，地搜胜概，物无遁形。"（《冷泉亭记》）白居易在不太高、不太广的"冷泉亭"得以遍览万物，得益于春日、夏夜在亭内回环、逗留、辗转，"冷泉亭给予白居易的更多的是一个心灵触发的基点，一种灵魂释放于复归于自然的媒介——它并不想收拾山河，却收摄着山水；它并不想点化周遭，却点缀了这个世界，使生命的宇宙更加唯美"[3]。苏舜钦在《沧浪亭记》中描述了他"构亭北碕"的初衷：

---

[1] 王耘：《中国建筑美学史》，山西教育出版社，2019，第158页。
[2] 宗白华：《美学散步》，上海人民出版社，1981，第85页。
[3] 王耘：《中国建筑美学史》，山西教育出版社，2019，第158页。

噫！人固动物耳，情横于内而性伏，必外寓于物而后遣，寓久则溺，以为当然，非胜是而易之，则悲而不开……予既废而获斯境，安于冲旷，不与众驱，因之复能见乎内外失得之原，沃然有得，笑傲万古，尚未能忘其所寓，自用是以为胜焉。(《沧浪亭记》)

在苏舜钦心中，"沧浪亭"已诗意为心意的寓所，人可以照见自己，也可以照见万物。"前竹后水，水之阳又竹，无穷极，澄川翠干，光影会合于轩户之间，尤与风月为相宜。"[1]这才是真正"生态"的存在，正如王耘所说："生态的'目的'并不是使这个世界上有人在，有物在，而是人以人之本心在，物以物之物性在，在在俱在。体验、映照，乃生态之营魄。"[2]"人在此安居，物在此安全，生命在此安然，生态在此安顿，真实本然的大道中，是心灵实践了映照，而此映照，恰在建筑的'场所'中完成。"[3]真正的生态在于"关系"，人与自然万物的相遇相成，如果生命个体没有虚纳万物、收摄万物、映照万物的本然之心，即使楼台开敞，庭院广大，房前屋后遍植林木，花团锦簇，百鸟啼鸣，与"生态"也毫无关系。

第三节　居家与在野

如果只有建筑，是否可以构成完整的家园？答案应是否定的。房舍，作为生命个体安放身心的空间，可以为肉身遮风挡雨，为人类带来避害全生的安全感。但同时，房舍也是一种约束和限制。因为房舍作为建筑，必然是一种围合性存在，它有屋檐、四壁，形成相对闭合的内部空间，它阻挡了风雪、野兽、沙石，也天然地遮蔽了蓝天白云、绿树清风，阻隔了生命体与大自然

---

[1]　王稼句：《苏州园林历代文钞》，上海三联书店，2008，第4页。
[2]　王耘：《江南古代都会建筑与生态美学》，社会科学文献出版社，2012，第216页。
[3]　王耘：《江南古代都会建筑与生态美学》，社会科学文献出版社，2012，第217页。

的天然联系，破坏了人与天地之间的圆融和谐。它勉强通过门、窗打通家里与家外、人文与自然的阻隔，与自然风物相往还。

在中国古代，房舍不仅是安身立命之所，更是社会地位、个人身份的象征，其规模、形制都有着严格的规定，比如典型的四合院风格的住宅，其主体建筑沿中轴线平面展开，左右厢房围护，井井有条、秩序井然。面对如此居所，文人士大夫渴望消解、冲淡人伦秩序带来的压迫感与逼仄感，于是，模山范水成为回归本真的天然诉求，房舍与园林的有机结合就成为理想的生存居所。更何况，古代中国属于典型的农耕文明，日出而作、日落而息的生产生活方式深深地影响着古人的居住观念，人们总是想方设法将山水草木引入其中，使家园带着浓厚的野性与野趣。

在阐释海德格尔的"栖居"概念时，鲁枢元从诗学意义的层面将其高度概括为"筑造、居处、栖居"，三者是同为一体的。人生于天地之间，筑造居处必然在自然环境中展开。因此，"'园林'，在我看来就是'家园'与'山林'的有机整合。……'居家'与'在野'同时成趣，人与自然和谐相得，这便是'园林'内涵的价值和意义。'园林'差不多就等于海德格尔梦寐以求的'栖居'"[1]。在人为营造的居所中，一定要重新引入林木、山石、池水，自然野趣与人文情致相得益彰，共同组成人类的栖居之所。"园林"就是通向"诗意栖居"的林中之路。

魏晋时期，文人营造园林已很普遍。据《丹阳记》载："晋太傅谢安旧隐会稽东山，因筑像之，无岩石，故谓土山也。有林木台观娱游之所，安就帝请朝中贤士子侄亲属会宴土山。"[2] 谢安领会会稽山的生命质地，通过人为的剪裁、嫁接、挪移进行模拟，从而筑土成山。隋唐以后，营园已成为文人日常生活的重要内容。童寯曾说："盛唐时，园林别业遍布都城长安及其近郊，为官宦避暑胜地。文人雅士筑园无数，诗画家王维的'辋川别业'声名尤高，是园地广而主自然风景。王维所作《辋川图》被后之雅士虔诚仿效，园遂美

---

[1] 鲁枢元：《生态文艺学》，陕西人民教育出版社，2000，第311页。
[2] 乐史：《太平寰宇记》卷九十，王文楚等点校，中华书局，2007，第1784页。

誉日增。唐代另一诗人白居易无论身居何地，即便短驻，皆营园，其作无精，但以一山一池接近自然为足。"[1] 以"自然"营园，不着力营构亭台楼阁，完全依山沿水，尽显素朴、天然之美。在唐代，叠山已是园林必不可少之物，"模山范水"则源自王维。白居易在《中隐》诗中，形象写出了身心修养与文人园林之间的关系：

> 大隐住朝市，小隐入丘樊。丘樊太冷落，朝市太嚣喧。
> 不如作中隐，隐在留司官。似出复似处，非忙亦非闲。
> 不劳心与力，又免饥与寒。终岁无公事，随月有俸钱。
> 君若好登临，城南有秋山。君若爱游荡，城东有春园。
> 君若欲一醉，时出赴宾筵。洛中多君子，可以恣欢言。
> 君若欲高卧，但自深掩关。亦无车马客，造次到门前。
> 人生处一世，其道难两全。贱即苦冻馁，贵则多忧患。
> 唯此中隐士，致身吉且安。穷通与丰约，正在四者间。

白居易为士人提供了一条"心隐"之路，将家园与山林很好地融为一体，在自然野趣中追求天人合一的生存境界。

发展至北宋，私人园林非常兴盛。"天下郡县，无远迩大小，位置之外，必有园池台榭观游之所，以通四时之乐。"（《定州众春园记》）大凡著名府第，无论城乡，都是与园林相结合的建筑样式，如王黼、蔡京、童贯之流的府第，规模巨大，既有着富丽堂皇的重重建筑，又遍布奇石异木，流水曲槛。北宋士人在布置家园时不再单纯模山范水，而是更加注重内心世界的个体表达，追求一种无形之美，营园时多凸显文人意趣，大多体量不大，不必叠山理水，间有花草树木，具有简朴、疏朗、清雅的品格，充分体现了文人士大夫寄情山水、清雅闲适的精神世界。这是宋人不同于唐人的地方。李泽厚曾说：

---

[1] 童寯：《园论》，百花文艺出版社，2006，第9页。

六朝门阀时代的"隐逸"基本上是一种政治性的退避，宋元时代的"隐逸"则是一种社会性的退避，它们的内容和意义有广狭的不同（前者狭而后者广），从而与它们的"隐逸"生活直接相关的山水诗画的艺术趣味和审美观念也有深浅的区别（前者浅而后者深）。不同于少数门阀贵族，经由考试出身的大批士大夫常常由朝而野，由农（富农、地主）而仕，由地方而京城，由乡村而城市。这样，丘山溪壑、野店村居倒成了他们的荣华富贵、楼台亭阁的一种心理需要的补充和替换。一种情感上的回忆和追求，从而对这个阶级具有某种普遍的意义。[1]

北宋时期，士人阶层有了较大变化，大量"农"通过科考进入官僚阶层，成为国家管理层面的核心阶层，他们大多来自乡野，有着不同于门阀贵族的农耕生活，对于乡村、田野的依恋和怀念体现在书画之中、文人园林之中。因此，山水园林，对于北宋士人来说，并不是逃避政治、寻求归隐的"桃花源"，而是承载着他们曾经的记忆和情感，从而成为他们当下生活中不可或缺的存在。苏东坡是新兴庶族地主，他来自农家，来自乡野，有着深情而浓厚的故土情结，故乡中的远山、近水、田园、牛羊，还有那方小小的庭院，前后遍植林木，院内花草扶疏，这一切定格为温馨而浪漫的时空场景，给予生命个体最原初、最新奇的生命体验。

有着浪漫情怀和生存智慧的苏轼，一生仕宦沉浮，即使遭遇巨大的生存困境，也会触目皆春，视他乡为故乡，因为"此心安处是吾乡"。"性情是人生中最真实的本质，人的生命以及其一切活动，最后的本质是人的性情。而我们人生最真实的享受，也就是我们的性情。"[2]苏轼的"心安"乃在于性情的实现。苏东坡追求的是"安"秩序、"安"道德、"安"灵魂、"安"性情。李格非的《洛阳名园记》共记述了十九个私家花园，包括富弼、文彦博、吕蒙正、司马光等文人营造的小园。司马光退居洛阳时，亲自设计了自己的"独

---

[1] 李泽厚：《美的历程》，文物出版社，1981，第168页。
[2] 钱穆：《中国文化精神》，九州出版社，2012，第127页。

第三章　家居之安

乐园":

> 堂北为沼，中央有岛，岛上植竹。圆若玉玦，围三丈，揽结其杪，如渔人之庐，命之曰"钓鱼庵"。沼北横屋六楹，厚其墉茨，以御烈日，开户东出，南北列轩牖，以延凉飔，前后多植美竹，为清暑之所，命之曰"种竹斋"。沼东治地为百有二十畦，杂莳草药，辨其名物而揭之。畦北植竹，方若棋局，径一丈，屈其杪，交相掩以为屋。植竹于其前，夹道如步廊，皆以蔓药覆之，四周植木药为藩援，命之曰"采药圃"。圃南为六栏，芍药、牡丹、杂花，各居其二，每种止植两本，识其名状而已，不求多也。栏北为亭，命之曰"浇花亭"。洛城距山不远，而林薄茂密，常若不得见，乃于园中筑台，构屋其上，以望万安、轩辕，至于太室，命之曰"见山台"。[1]

"独乐园"种满了竹子，而对于洛阳名花——牡丹，只种植了一两株，"识其名状而已"，可见，司马光是适度与节制的。司马光安居"独乐园"编修《资治通鉴》应是快乐的，如他所说："志倦体疲，则投竿取鱼，执衽采药，决渠灌花，操斧剖竹，濯热盥手，临高纵目，逍遥相羊，唯意所适，明月时至，清风自来，行无所牵，止无所柅，耳目肺肠，悉为己有，踽踽焉、洋洋焉，不知天壤之间复有何乐可以代此也。"[2] 沈括在《梦溪笔谈》中也谈到了自己丰富多彩的园林生活："渔于泉，舫于渊，俯仰于茂木美荫之间，所慕于古人者：陶潜、白居易、李约，谓之'三悦'。与之酬酢于心目之所寓者：琴、棋、禅、墨、丹、茶、吟、谈、酒，谓之'九客'。"北宋文人士大夫通过"壶中天地"抵达"天人合一"的生存境界。

"无论皇家苑囿还是官宦、地主、富商、文人私园的文化模式，都执著于自然山水式，追求明代造园大家计成所谓'虽有人作，宛自天开'的境

---

[1]　曾枣庄、刘琳主编《全宋文》第28册，上海辞书出版社，2006，第584页。
[2]　曾枣庄、刘琳主编《全宋文》第28册，上海辞书出版社，2006，第585页。

界。其园景模山范水，布局曲致多情，忌用欧洲古代那般的几何造型。楼阁灿烂，亭榭多姿，厅堂连属，往往构成院落，在叠石堆山、开池引水以及花木栽培等方面都极富于为大众化的民族特色，成为世界苑囿文化之中的东方奇葩。"[1] 无论是规模宏大的皇家园林，还是清幽雅致的私人园林，都彰显着自然精神与人文情趣融为一体的中华文化精神。古代文人更是醉心于自然山水，钟情天地万物，园林式的家居就成为文人士大夫的生命诉求与精神需要。"文人构园，其主题思想就在于求得人与自然的理想的关系，所谓'木欣欣以向荣，泉涓涓而始流'的环境。这里的建筑物，除实用性外，还在于表现人的理想生活。建筑空间通途，与自然联成一体，室内可以操琴奏乐，司棋对弈，或吟诗作画，怡然自得。"[2] "人与自然的理想的关系"应该是生态、人文、审美等诸多关系融为一体的存在，而居室与园林的有机结合就是理想的家园。

其实，大部分士人并不能拥有一座曲水流觞、亭台成趣的私家园林，更多的居所只是普通的住处，但无论房舍的样式、庭院的布置，还是草木的栽种，都有着精心的设计和安排，既有着合乎自然风水的要求，又有着怡情悦志的考虑。"家犹中也，四方无定名，必以家所处为中，故著家于方名之间。"[3] 正因为有了"家"，也才同时有了"中"，围绕"家"进行东西南北的布置与经营。因此，家园的营造必然以"家"这一建筑单元为基础，模山范水，遍植果蔬，营建承载、安放个体生命的生存场域，形成有机完整的家园。中国古人的"家园""最为理想的模式是：宅左有流水，谓之青龙；宅右有长道，谓之白虎；宅前有水池，谓之朱雀；宅后有丘陵，谓之玄武。"[4] 以"宅"为中心，东有流水，西有长道，南有水池，北有丘陵，东西南北环"中"而立，一座家园就是一个宇宙，有着中心与四方的空间布置，更有着春夏秋冬的四

---

[1] 罗哲文、王振复主编《中国建筑文化大观》，北京大学出版社，2001，第276页。
[2] 沈福煦：《中国古代建筑文化史》，上海古籍出版社，2001，第341页。
[3] 孙诒让《墨子间诂》卷八，孙启治点校，中华书局，2001，第340页。
[4] 陈望衡：《我们的家园：环境美学谈》，江苏人民出版社版，2014，第54页。

季更迭。家园绝不仅仅是安身之所，更是通达天地精神的存在之域，只有把自我安放在天地万物中，使个体生命化入生生不息的自然精神中，才能直面个体存在的有限性，真正抵达与天地同流的至乐之境。

对于古人而言，理想的家居环境必然是生意葱茏、自然流动的，而水就显得尤为重要。相对于建筑、山石的稳定性、规整性，随物赋形的水更具有灵动性、自由性，亭、台、楼、阁、廊、槛，都依水而建，因水而活。苏东坡可谓是出色的庭院美学设计师，特别擅长"理水"，把捉无形之美。嘉祐七年（1062），在凤翔小园中，东坡开三池，皆引汧水，从而化生出短桥、轩窗、曲槛、莲鱼、桃李等，与亭、堂、厅、廊相得益彰，流溢着自然生机与文人情趣。为何要"理水"？王耘在《中国建筑美学史》中指出，"园林中的水法，是一种内心的'容蓄'表达——它不仅是一种隐逸情怀，同时，亦是一种为'师'之道"[1]。王耘认为，《易》之师卦乃君子之卦象——君子法此师卦，容纳其民，蓄养其众。地上有水，流通各处，润泽万物，彼此关联。正如孔颖达所说："地上有水，犹域中有万国，使之各相亲比，犹地上有水流通，相润及物，故云'地上有水，比也'。"[2]在园林中，山水本为一体，有山必有水，水自山出，自然而已。正如李零所说：

> 古人所说的"山"也不简单就是山地，而是有两重含义。一是与"海"（"海洋"的"海"）相对，代表大陆，就像古人把蓬莱、方丈、瀛洲三岛叫"三神山"，是指高出海面的陆地部分。二是与"水"（河流）相对，像日月星辰代表天之"文"，它是代表"地"之"理"。古人讲"地理"（重点是内陆），主要是两条，一条是"山"，一条是"水"，《禹贡》主水（《河渠书》、《沟洫志》、《水经注》亦侧重于水），《山海经》主山，但讲"山"必及于"水"，讲"水"也必及于"山"。二者互为表里，不

---

[1] 王耘：《中国建筑美学史》，山西教育出版社，2019，第163页。
[2] 王弼、韩康伯注，陆德明音义，孔颖达疏《周易注疏》卷三，中央编译出版社，2016，第80页。

仅可以反映地形的平面分布，也涉及其立体的"高下"和"险易"。[1]

由此可以看出，古人对于山水的认知，就是对于天地宇宙有机生命整体的体认。在园林中，"模山范水，用局部之景而非缩小（网师园水池仿虎丘白莲池，极妙），处理原则悉符画本。山贵有脉，水贵有源，脉源贯通，全园生动。我曾经用'山随水转，山因水活'与'溪水因山成曲折，山蹊随地作低平'来说明山水之间的关系，也就是从真山真水中所得到的启示"[2]。园林中的山水不一定是现实中的形势，但必然蕴含着真山真水的本然面貌。曹林娣指出："理水的原则是：水面大则分，小则聚；分则萦回，聚则浩渺；分而不乱，聚而不死；分聚结合，相得益彰。水有源头，流随山转；穿花渡柳，悄然逝去。瀑布落泉，洄湾深潭，动静相兼，活泼自然。理水的手法有分、隔、破、绕、掩、映、近、静、声、活等十种。"[3]"水"的精髓在于"活"，有了"活"，才有了水的流动、声响、光泽、温度等，而"活"的实现必须依托一定的山行、地势、植被等。这大概就是物物自成而又物物相生的生态图景吧。

除了水系的布置、山石的安排，植物的种植也颇讲究，对于文士而言，竹子是最佳选择。竹子清姿峻拔，中通外直，风致潇洒，经冬不凋，深受文人士大夫喜爱。魏晋士人营造的私家园林里，竹子是最普遍的植物。王徽之爱竹，声称"何可一日无此君"。苏东坡爱竹，有诗云："可使食无肉，不可居无竹。无肉令人瘦，无竹令人俗。人瘦尚可肥，士俗不可医。"清代张潮在《幽梦影》中说道：

> 天下有一人知己，可以不恨。不独人也，物亦有之。如菊以渊明为知己；梅以和靖为知己；竹以子猷为知己；莲以濂溪为知己；桃以避秦人为知己；杏以董奉为知己；石以米颠为知己；荔枝以太真为知己；茶

---

[1] 李零：《中国方术续考》，中华书局，2006，第198页。
[2] 陈从周：《梓翁说园》，北京出版社，2004，第2页。
[3] 曹林娣：《中国园林艺术论》，山西教育出版社，2003，第125页。

第三章　家居之安

以卢仝、陆羽为知己；香草以灵均为知己；莼鲈以季鹰为知己；蕉以怀素为知己；瓜以邵平为知己；鸡以处宗为知己；鹅以右军为知己；鼓以祢衡为知己；琵琶以明妃为知己。一与之订，千秋不移。[1]

竹是文人士大夫的知己。苏东坡每居一处，总是遍植翠竹，"朝与竹乎为游，暮与竹乎为朋"。有竹相伴的东坡，应是悠闲而快乐的。"短竹萧萧倚北墙，斩茅披棘见幽芳。使君尚许分池绿，邻舍何妨借树凉。亦有杏花充窈窕，更烦莺舌奏铿锵。身闲酒美谁来劝，坐看花光照水光。""三年辄去岂无乡，种树穿池亦漫忙。暂赏不须心汲汲，再来惟恐鬓苍苍。应成庾信吟枯柳，谁记山公醉夕阳。去后莫忧人剪伐，西邻幸许庇甘棠。"无论在京师置办南园，还是在凤翔种树穿池，苏东坡都遍植萱草、风竹、桃李、石榴、葡萄、樱桃、松柏、槐柳等，既能满足日常生活所需，又有着自觉的审美诉求。

北宋文人园林遍布生意盎然的花草树木，王世贞在《先伯父静庵公山园记》曰：

> 山之胜不可尽数，大抵石巧于取态，果树巧于蔽亏，卉草巧于承睐，亭馆巧于据胜而已。其所谓石，则太湖、武康、斧劈、昆英之属，果则桃、李、梅、杏、橘柚、橙柑、栌梨、樿枣、橪柿、含桃、卢橘、来禽、郁棣、杨梅、榕槔之属，树则梧、槚、梓、栝、椑、柏、杉、桧、黄杨、柽榉、檗栌、胥馀、栟间、女贞、椿榕之属，卉草则蜀茶、海棠、辛夷、玉兰、蕙芷、芎䓖、猵且、芙蓉、芍药、牡丹、合欢、忘忧、青萝、苍荔之属，各以百千计，亭馆可再屈指数。[2]

种类繁多的花草树木遍布园林，绝不会造成生物的单一，以及生命的凝滞。除了观赏植物，家园内还常常种植瓜果蔬菜与其他农作物，以自用或者

---

[1] 张潮：《幽梦影》，吴言生译注，陕西旅游出版社，1998，第4页。
[2] 王稼句：《苏州园林历代文钞》，上海三联书店，2008，第251页。

馈赠宾友,"时果分蹊,嘉蔬满畦,摽梅沈李,剥瓜断壶,以娱宾友","果蔬可以饱邻里,鱼鳖笋茹可以馈四方之客"。古代中国属于典型的农耕文明,人们不仅想方设法将山水草木引入其中,使家园带着浓厚的野性与野趣,而且还遍植瓜果蔬菜,以供日常生活所需。谪居黄州期间,东坡种满了各类植物,既有竹、松、柳、梅等观赏价值较高的植物,又有桑、桃、橘、枣、栗、茶等满足日常所需的树木。惠州新居落成后,苏东坡在新居周围广种果木,诗文"门外橘花犹的皪,墙头荔子已斓斑"形象写出了庭院内外果木繁茂的景象。

沈复在《浮生六记》中描写了理想的居家生活:

> 晨入园林,种植蔬果,芟草,灌花,莳药。归来入室,闭目定神。时读快书,怡悦神气;时吟好诗,畅发幽情。临古帖,抚古琴,倦即止。知己聚谈,勿及时事,勿及权势,勿臧否人物,勿争辩是非。或约闲行,不衫不履,勿以劳苦徇礼节。小饮勿醉,陶然而已。诚然如是,亦堪乐志。[1]

古人理想的家居生活:晨起入"园林",可以种植蔬果、莳花采药;归来有"室",可以读书吟诗、临帖抚琴;或闲行、小饮,怡然自得。无论是苏东坡、司马光,还是沈括、沈复,他们营造的家园始终在大自然中,有植物,有山石,有流水,有亭台,更有白云与清风,以及刻在庭院中的生命印迹。理想的家园总是人与自然亲密无间、共生共荣的审美存在。

人类的家园在哪里?应在那山、那水、那人中,应在天朗气清、草长莺飞中,应在晨起锄禾、暮归炊烟中。苏东坡终其一生躬行于天地之间,他对家园的体认,早已超出了单纯地缘层面的意义,体现出阔大、深邃的大地意识。东坡的家园始终与存在有关,既指向房舍、草木、田园、动物等具体存在,更指向生命的真意、存在的本然,以及自然、自得、自适的生存境界。

---

[1] 沈复:《浮生六记》卷六,人民文学出版社,2010,第132页。

如果说，苏东坡对具体生存场所的营造，以及对天地万物的仁爱，构成了其家园意识的显在层面，对本真存在、自然人性的回归则构成了较为隐秘的存在，二者互为表里，须臾不可分离。因为，中国古人的家园是鲜活的，房舍、庭院、邻里、村落，构成了生动而温馨的生命场景。家园又是本体意义上的存在之源，四季轮回的山河大地，以及晴耕雨读的日常生活，流淌着生命本初的真淳与浪漫。家园更是古人安放身心的精神空间，安居其中，随缘自适，清心素谣。中国古人的家园是一个多维度的立体存在，它始终与整个大地息息相关。

美学密码

「码」上解锁 千年生活的

RENJIAN YOU WEI SHI QINGHUAN

AI东坡先生
24小时在线答疑，品宋朝生活逸趣。

观风流人生
在苏轼的起伏历程里，找寻自己的答案。

品大宋风雅
身临其境赏宋朝美学，品味何谓「人间有味是清欢」。

享东坡食谱
盘点中华美味，探寻大宋文豪与美食背后的秘密。

第四章 山水之乐

扫码查看
· AI东坡先生
· 品大宋风雅
· 享东坡食谱
· 观风流人生

"宋代文人中，苏轼的精神生活最为复杂，也最为超逸，其超逸人格之培养、形成，恐怕要感谢自然审美给他的人生智慧启迪。从某种意义上说，苏轼文化成果之最精致、超迈部分，其人生哲理之领悟，均得之于对天人之际的悉心体察，得之于自然审美。这正是苏轼对道家哲学的忠实继承与具体发扬，也可视为宋人自然审美精神成果的最精致部分。"[1]"自然"蕴含着中国传统文化有别于西方的生命特质，"热爱生命、热爱大自然，这是儒家的生活态度，也是整个中国文化的重要传统"[2]。苏东坡一生"性好山水""独专山水乐"，自言"身行万里半天下""人间胜绝略已遍"，丰富而多元的自然感知深刻而持久地影响着他的天人观。苏东坡对自然有着超乎常人的敏感与洞察，既有着高度理性的认知层面，视自然为不依人的意志为转移的自足存在，尊重自然，敬畏生命；又有着独特的审美情趣，善于了悟自然生命的真意与玄奥，奇绝的山峰、灵秀的湖水、苍莽的荒野，哪怕路边的一朵小花、檐间的一滴露水，在东坡看来，都透递出生命的真意与存在的真谛；更难能可贵的是，他始终保有仁爱之心，"德及草木""恩施动物"已内化为本然的生命诉求。苏东坡一生热爱自然、尊重自然、顺应自然，在与天地万物同呼吸、共命运中感天地之浩然，体宇宙之博大，从而抵达人与自然和谐共生的审美境界。

---

[1] 薛富兴：《宋代自然审美述略》，《贵州师范大学学报》（社会科学版）2006年第1期。
[2] 蒙培元：《人与自然——中国哲学生态观》，人民出版社，2004，第159页。

# 第四章 山水之乐

第一节　身行万里半天下

　　康德在《自然地理学》一书中指出，从知觉经验出发，人类关于世界的知识分为两类：一是关于自然的知识；二是关于人类自身的知识。前者是空间性的，主要指向地理学；后者是时间性的，主要指向历史。作为人类赖以生存的自然环境，地理的客观性是毋庸置疑的，但是在科学知识不太发达的古代，这一生存空间往往被道德化、审美化了。与地理相比，景观是一个更具美学色彩的概念，被视为一种"开花的植物学和日落的气象学"，它更侧重地形、地貌等具体可感的存在，祛除政治、道德等诸多人为的预设。刘成纪认为，从地理学角度探讨山水诗时，将晋宋时代作为起点是有一定道理的，但就审美取向而言，更准确的表述应该是"形成中的景观"。当时的《水经注》开启了后世中国山水游记的书写传统，其中《江水》篇就形象展现了"三峡"山水景观之美。

　　学界一般认为"庄老告退，山水方滋"，将魏晋时期视为中国人真正发现自然美的开端。"晋人向外发现了自然，向内发现了自己的深情。"[1]魏晋士人以寄情山水为雅趣，陶渊明更是毅然弃官归隐，陶醉于南山、篱笆、菊花、白云中，自然山水逐渐取得相对独立的地位。畅游山水，吟咏性情，成为魏晋以来文人士大夫重要的日常生活内容。叶嘉莹认为："中国的诗开始写山水大自然，是在六朝时代，……而一般说起来，把山水自然的感发和自己的感情结合在一起的是唐人的诗歌，特别是唐人的近体的诗歌。"[2]这与隋唐开启的科举取士制度有关。科举制使得宦游成为文人士大夫职业生涯的常态，而行旅中对于异乡地理景观与物候变化的敏感成为重要的心理触点，"独有宦游人，偏惊物候新"类文学作品大量出现，将自然景象与生命体验融为

---

[1]　宗白华：《美学散步》，上海人民出版社，1981，第215页。
[2]　叶嘉莹：《唐宋词十七讲》，北京大学出版社，2007，第243页。

一体。至此，山水地理与人文景观、科学认知与自然审美获得了统一，人文地理学也最大限度地实现了美学化。发展至宋代，文人士大夫更是以自然山水作为艺术表现内容，出现了更加成熟的山水诗、山水画、山水游记等。

　　自然和人类之间的审美关系是如何构成的？曾经流行的观点就是"自然的人化"。换句话说，自然是作为人类观照的对象而存在，只有当人类将自己的情感灌注于天地万物中，自然才是美的；否则，玫瑰花对于我毫无意义。事实是这样吗？在讨论"玫瑰花原本是红色呢，还是仅仅对于我们的眼睛来说是红色呢"这样一个话题时，怀特海这样说道："包含玫瑰的自然等级正是包含人类连同他们的眼睛和心灵的同一个等级。人类和玫瑰都同样地真实，都是有机团体中平等的元素。玫瑰的色彩和美丽是那个团体中真实的特征，它们不是仅仅存在于玫瑰中（或人类的心灵中），而是存在于那个团体中。"[1]显然，在面对玫瑰花的时候，怀特海采取的不是主客二分、物我对立的视角，而是将整个世界视为浑然统一的整体，玫瑰与人类是相互生发，彼此完成的。这与中国传统文化中"人与自然同在一个整体中"的核心观念是相契合的。杜维明曾指出："我们能参与自然界生命力内部共鸣的前提，是我们自己的内在转化。除非我们能首先使我们自己的情感、思想和谐起来，否则，我们就不能与自然取得和谐，更不用说'独与天地精神往来'了。我们确与自然同源，但作为人，我们必须使自己与这样一种关系相称。"[2]杜维明将孔孟的"修身养性"与老庄的"化归天地"融为一体，使新儒家的当代阐释充满了生态意蕴。在他看来，人类要融入大自然生命力的气场中去，前提是自身内部的谐和，使自己的情感、思想"与天地同流"。在这方面，亦儒亦道、外儒内道的苏东坡是一个典范。

　　苏东坡一生仕宦沉浮，足迹遍布大江南北，西起家乡眉山，东至登州、密州，北至定州，南至惠州、儋州，其东、南所至，皆常人所至之极处，其

---

[1] 鲁枢元：《生态时代的文化反思》，东方出版社，2020，第194页。
[2] 杜维明：《儒家思想：以创造转化为自我认同》，生活·读书·新知三联书店，2013，第5页。

第四章　山水之乐

西、北，也是绝大多数人未曾到过的地方，对此，苏东坡曾自豪地说道："人间胜绝略已遍，匡庐南岭并西湖。"[1] 宦游使东坡得以遍赏各地自然形胜，无论是秀雅温润的西湖、气势磅礴的庐山，还是湖美鱼鲜的黄州、天蓝海碧的儋州，在水之滨、山之巅、泉之源，都留下了他与自然山水相亲相和的佳话，同时他也记载着各地山川、湖泊、物候、气象、动物、植物等丰富的自然地理知识。嘉祐四年（1059），苏洵父子三人沿长江水路出川，为沿途雄奇的自然景观所陶醉，吟诗唱和，后汇编为《南行集》，其中，苏东坡诗作42首，其《初发嘉州》《江上看山》《入峡》《巫山》等书写巴蜀地理、峡江地貌。"众峰来自天目山，势若骏马奔平川。"[2]"月出于东山之上，徘徊于斗牛之间。白露横江，水光接天。"[3] 巴蜀山水在东坡的笔下，或灵动，或空蒙，或雄奇，或壮观，他直观形象地写出了川地的自然地理。

苏东坡生于四川眉州。眉州是一座美丽的小城，长江上游的支流岷江纵贯整个城市，景色宜人。《蜀中名胜记》卷十二《眉州》引《通义志》云："昔人评吾州，山不高而秀，水不深而清，列眉通衢，平直衍广，夹以槐柳，绿荫翳然。小南门城村，家多竹篱桃树，春色可爱，桥之下流，皆花竹杨柳。泛舟其间，乡人谓之小桃源。"[4] 林语堂在《苏东坡传》中充满深情地描写东坡家乡的山水，"在乐山，当年也和现在一样，旅客可以乘一小舟自玻璃江逆流而上直到眉山。玻璃江因其水色而得名，因为在冬季，水色晶莹深蓝；夏季之时，急流自山峦间奔流而至，水色深黄"[5]。温润秀美的自然风物深刻影响着东坡对自然的感知与体悟。

后来，苏东坡辗转仕宦于凤翔、开封、杭州、密州、徐州、湖州、登州、颍州、扬州、定州等地，可谓遍览形态各异的地形地貌，亲历不同的山川风物。又先后被贬至黄州、惠州、儋州等荒蛮之地，更是亲见各种原生态的自

---

[1] 苏轼：《苏轼诗集》，孔凡礼点校，中华书局，1982，第2190页。
[2] 苏轼：《苏轼诗集》，孔凡礼点校，中华书局，1982，第348页。
[3] 苏轼：《苏轼文集》，孔凡礼点校，中华书局，1986，第5页。
[4] 孔凡礼：《苏轼年谱》，中华书局，1998，第40页。
[5] 林语堂：《苏东坡传》，张振玉译，陕西师范大学出版社，2009，第29页。

然景观，对天地万物的感知更为敏锐、深刻。苏东坡一生行走近三万公里，在路上行走的时间约八年，可谓"身行万里半天下"，身在自然中，行在山水间，亲历大自然生生不息、生机盎然的生命历程。从一定层面上说，丰富而深刻的自然感知深刻地影响着东坡的审美态度，他在文中写道：

> 凡物皆有可观。苟有可观，皆有可乐，非必怪奇玮丽者也。（《超然台记》）

在东坡的眼中，天地万物都充盈着无限生机与盎然情趣，无论大小、美丑、强弱，都是大道精神的自然显现，都贯注着大化流行的生命精神。如果我们乐于从生态学的视角进行观照，不难发现，苏东坡的自然审美观蕴含着丰富而深刻的生态智慧。

中国古人相信，天地之间充塞着化育万物的生命力，它是一切生命的源泉。"不同形态的'气'无时不在，无处不在，万物因此呈现出一个单一的流动过程，任何事物都处于该过程之中，连万能的造物主也不例外"[1]，阴阳二气的氤氲化合形成了山川河流、花草树木，人类也不例外，"我们自己本身就是'天道'不可脱离的一部分，正如山川河流一样，是'大化'合法的存有，是'气'之流动所产生的结果"[2]。大自然本就是一个自足、自在、自为的存在，天地万物皆为"气"之化生，万事万物同享"道"。从生命的层面讲，天地万物均为"道"大化流行的结果，没有高低、上下、贵贱之分，无论是"怪奇玮丽"的高山大川，还是平淡无奇的花草树木，在苏东坡看来，都一样灵动鲜活，充满诗意，尤其是远离人类社会生活的荒蛮之地，更是彰显了万物并育的生态景观。

---

[1] 杜维明：《存有的连续性：中国人的自然观》，《世界哲学》2004年第1期。

[2] 杜维明：《存有的连续性：中国人的自然观》，《世界哲学》2004年第1期。

第二节　体万物之生意

方东美曾说，不论有何困难，中国人都喜欢用"自然"两字远胜过"宇宙"两字。鲁枢元也谈道："中国古代哲学从《周易》开始，讲'生生之谓易'，'天地氤氲，万物化生'，讲'道生万物'、'道法自然'、讲'天人合一'、'民胞物与'——'自然'始终是一个'出发点'，同时也是一个'制高点'。"[1]在古人心中，"自然"是一个大化流行、生机盎然的有机生命体，充盈着勃勃生机和不竭创造力，集中体现为一种"生"的精神。蒙培元曾说："生的问题是中国哲学的核心问题，体现了中国哲学的根本精神。"[2] "生"是中国传统文化中非常独特又非常重要的范畴。朱良志在《中国艺术的生命精神》一书中指出，卜辞中"生"之意主要指生长以及用以形容生长的活泼形态，以后衍生出"生长""生命""生动"等含义。同时，"生"与"性"相通，"生指生命，性有本性、本质意。即是说，生命是天地自然之本性"[3]。天地以化成万物为根本，森林、草地、河流等都包含有活泼泼的生命和生意，这是自然存在的基本样态。在中国传统文化中，"生""生生"都彰显着生机勃勃的生命情态。庄子在《知北游》中明确提出"天地之美"的论题：

> 天地有大美而不言，四时有明法而不议，万物有成理而不说。圣人者，原天地之美而达万物之理。[4]

庄子从"道"的视角看待天地万物，日月星辰、山川河流、动物植物构成了生意盎然的大自然，圣人要依道而行，体味天地之美和万物之理。面对

---

[1] 鲁枢元：《陶渊明的幽灵》，上海文艺出版社，2012，第49页。
[2] 蒙培元：《人与自然——中国哲学生态观》，人民出版社，2004，第4页。
[3] 朱良志：《中国艺术的生命精神》，安徽教育出版社，2006，第2页。
[4] 陈鼓应：《庄子今注今译》，中华书局，2016，第569页。

生机勃勃的天地万物，庄子发出了"山林与，皋壤与，使我欣欣然而乐与！"的感叹。苏东坡的大量诗词展现了一个生机盎然、大化流行的自然生命体，如"野桃含笑竹篱短，溪柳自摇沙水清"，再如"水清石出鱼可数，林深无人鸟相呼"。鸢飞鱼跃、草长莺飞的生命世界跃然纸上：野桃、溪柳、沙水、鱼鸟，无不生动鲜活，充满情趣。在东坡的心中，大自然是一个有机生命体，有着天然的生机和意趣，日月、江河、白云、清风、夏荷、芳草无不律动着生命的节奏，灵动鲜活，充满生机。鸟儿飞，鱼儿跃，竹子在拔节，小草在发芽，如此生机盎然的世界，怎不令人生发欢喜之心和热爱之情呢？对于人类而言，一个活跃的生命世界更加充满温情和诗意，"白云被看成天使的翅膀，星辰被看成调皮的精灵，月亮更是人类空间想象的集结区域"[1]。从大量诗文可以看出，苏东坡毫不掩饰他对天地万物的喜爱之情，他常用"生意"表现天地的造化之功和万物的勃勃生机：

  夭桃弄春色，生意寒犹怏。惟有落残梅，标格若矜爽。
  阴阳不择物，美恶随意造。柏生何苦艰，似亦费天巧。天工巧有几，肯尽为汝耗。君看藜与藋，生意常草草。
  蠹皮溜秋雨，病叶埋墙曲。谁言霜雪苦，生意殊未足。
  兰菊有生意，微阳回寸根。方忧集暮雪，复喜迎朝暾。

这是一个"生意"盎然的生命世界。东坡认为，整个大自然不仅是生生不息、生意盎然的，更是一个自化自生、自得自在的生命世界。"细看造物初无物，春到江南花自开。""缥缈形才具，扶疏态自完。"风霜雪雨、花开花落、盛衰荣枯，都只是大自然自身的生命节奏，每一物都有其生长、繁衍的合理性，也有着自我凋零、走向衰亡的必然性。关键在于，自然万物皆有自己的语言、动作、情态，"只有那些对自然充满敬畏和谦卑的人，才有心去聆听来自对象世界的生动声音，比如水流的清音、顽石的脆响、婉转的鸟

---

[1] 刘成纪：《自然美的哲学基础》，武汉大学出版社，2008，第166页。

鸣等"[1]。在自然面前，要懂得"体"。入自然，悟自然，全在于一"体"字。"体"意味着人类要抛却分别之心、是非之心，使自我的生命本性得以充分实现，自觉融入参与到天地化育的生命场域中，与动植物等自然存在共同分享着生命的精神。面对有着自我生命气息的天地万物，人类要"使整个身体成为感觉，或者说使感觉遍及人的整个身体"[2]。不仅要通过耳目察言观色、辨声听音，还要通过嗅觉、味觉、触觉等捕捉天地万物的生命气息。

苏东坡的身体是全息性的存在，面对自然万物，其生命感官是完全敞开的。在他的诗文中，随处可见："草木渐知春，萌芽处处新。""殷勤昨夜三更雨，又得浮生一日凉。""昨夜东坡春雨足，乌鹊喜，报新晴。""长江绕郭知鱼美，好竹连山觉笋香。""日啖荔枝三百颗，不辞长作岭南人。""香雾噀人惊半破，清泉流齿怯初尝。""沐罢巾冠快晚凉，睡余齿颊带茶香。"苏东坡有着异常敏锐的生命感官，他通过身体的每一个毛孔去与天地万物相交接，感受着活色生香、缤纷绚烂的自然世界，却不占有万物，而是与万物相遇相成，他在溪柳、泉石、游鱼的生机中获得自得与自适。

要想获得自然审美的愉悦，首先要承认人的肉身性，因为与自然万物沟通的直接通道就是人的身体。人的身体"是一个充满孔窍和洞穴的存在物"[3]。"窍"布满全身。身体，首先是生存于天地之间的有机生命体，具体、鲜活的肉身构成了生命的具象，此"肉身"有毛发、骨血、筋肉、神经等，肉身性永远是生命存在、自我澄明的前提和基础。这是一种"活生生的、敏锐的、动态的、具有感知能力的身体"[4]。真实的身体首先是感性的存在，有着赏心悦目的血肉和力量，更有着蓬勃的生命力；真实的身体拥有丰富而发达的感官，五官、躯体、毛孔，乃至每一寸皮肤都构成了通达天地万物的渠道，完成着内外生命能量的交换；真实的身体更是富有创造力的身体，它有

---

[1] 刘成纪：《自然美的哲学基础》，武汉大学出版社，2008，第255页。
[2] 刘成纪：《自然美的哲学基础》，武汉大学出版社，2008，第116页。
[3] 刘成纪：《自然美的哲学基础》，武汉大学出版社，2008，第115页。
[4] 理查德·舒斯特曼：《身体意识与身体美学》，程相占译，商务印书馆，2014，第1页。

着我们难以完全破解的生命密码，它不仅高度精密、有机完整，还时时生发出当下的、偶然的和瞬间的生命体验。

人的肉身性存在只能在自然之中，"作为枢纽、原点、中心的身体总是'在世界之中'；身体既拥有一个世界，又属于它。'在世界之中'意味着身体与万物的交往"[1]。具体、有限的肉身扎根于一个阔大的自然世界中，它自我存在，又始终敞开，通过各种孔窍与自然万物交流，它是独特的、自我的、自由的。"承认身体意味着肯定自然：我们的'肉'与'世界之肉'不可分离，我们的肉身性是世界的肉身性的一部分。"[2]"跨肉身性"言明了人的"肉身"始终与它生存场域中的其他"肉身"深度合作。身体在世界之中，世界乃"身"的"家"，生命个体所进行的审美活动就置换为身体与世界之间的关系，也就是说，人以自己的身心构建与天地万物的审美关系，而万物也以自身建构其生命场域。很显然，这样一种无中心，无二分，无主次的"关系"建构富有浓郁的生态精神。

在人类文明发展的早期，尚未出现当今所谓的科学与技术，先民们完全凭借生命感知应对天地万物，他们相信自己的生命感受、日常经验，据此建构出一个有情有义、万物有灵的生命世界。先民体认自然的方式被称为"诗性智慧"（维柯）、"原始思维"（布留尔）、"野性思维"（斯特劳斯）。这样一种体认世界的方式具有鲜明的情感指向与丰富的想象性，为人类全面呈现了一个生动、活泼、有趣的自然图景。相较于科学认知，情感式的想象也许有着独特的优势，它可能更贴近大自然，以及人类存在的真性，一定程度上实现了具象与抽象、形而上与形而下的贯通，从而在审美直觉中抵达天人合一的至高境界。

对于生命个体而言，四季轮回的时间感，天南海北的空间性，都会具化为一定的情绪与情感，而联结点就在于人的肉身性。"我们用我们的身体感

---

[1]　王晓华：《身体诗学》，人民出版社，2018，第61页。

[2]　王晓华：《身体诗学》，人民出版社，2018，第219页。

知世界。"[1]具体生动、细腻敏感的身体就构成了个体生命的承担者、实践者、完成者,身体不仅仅学会适应生存环境,通过自身肌体完成和自然万物的密切合作,身体本身还创造和构建其环境。"身体所在的地方是'此处';身体所行动的时间是'现在';身体所触及的是'这个';所有别的事物则'在别处'、'在那儿'、'是那个'。它是一个格式塔,一个开放的图式,一个以自己为原点的坐标系。"[2]身体是空间的组织者。苏东坡《题西林壁》诗曰:"横看成岭侧成峰,远近高低各不同。"这首诗具有多重解读的空间,如果从身体的视角来看,肉身的行走性构成了山的变易性。高山是屹立不动的,而身体是行动的,二者的结合才出现了"远近高低各不同"的胜境。人是行动者,通过行走的肉身,不断变换"看"的角度,才有了庐山远近、高低的不同。在自然审美中,身体始终是具有主体性的行动者。很显然,对于空间景观的审美营构,是通过"身"来完成的。人的身体是忙碌而充实的,它有着高度的自主性和自由性。同时,人的身体又是有限的存在。既然身体是有形的、具体的、实在的,它就必然独占特定的空间和时间,这恰恰构成了人审美观照万物视角的排他性、暂时性,正所谓"不识庐山真面目,只缘身在此山中"。人身在此处,同时就不可能在彼处;人身在此时,同时就不能在彼时。因此,单凭有形的肉身来"看"山,永远不可能把握自然之"全"。

苏东坡试图超越存在的局限性,使"身"跳出此"山"中,全方位观照山水自然。因此,"飞升"就成为古人渴望摆脱存在有限性的媒介。"一种绝对自由的身体理想的实现,其途径就依然不是对自然对象的依附,而是对自然对象的脱离;不是人、物之间横向的化生,而是通过对人身与自然的双重超越垂直上升。"[3]庄子眼中的至人、真人、神人都是飞升成仙的,他们可以"不食五谷,吸风饮露"。后来,道教中的吸气、辟谷之法都是为了保养真气,从而遨游于天地之间。刘成纪认为,在中国古典美学中,奠基于元气自然论

---

[1] 莫里斯·梅洛-庞蒂:《知觉现象学》,商务印书馆,2001,第265页。
[2] 王晓华:《身体诗学》,人民出版社,2018,第175页。
[3] 刘成纪:《中国古典美学中的身体及其映像》,《文艺研究》2007年第4期。

的身体的终极目标并不是"物化",而是"气化";不是回归于自然之中,而是超拔于自然之外。"如果人既要避免死亡又要实现气化的自由,唯一的办法就是学会如何炼气和守气,由顺应自然转向利用自然再造人的身体。"[1]只有保养元气、真气,才能"飞升在天"。苏东坡一生向往道禅精神,他也通过守一、行气等气化自身,但"仙山与佛国,终恐无是处。甚欲随陶翁,移家酒中住"。东坡终未走向仙山净土,而是追慕陶渊明,过着耕读的人间日常生活,最大限度地抵达了个体生命的宽度与深度。他一生仕宦沉浮,屡遭贬谪,尝尽了生命的苦楚,看透了生命的真相,却始终未逃离人世间,反而更加眷恋这个并不完美的世界。

大自然具有多重面向,这个世界也是多元的,但人的感觉、感性、情感、想象恰恰可以建构一个诗意、浪漫的世界。中国古典美学中的"目送归鸿,手挥五弦。俯仰自得,心游太玄""行到水穷处,坐看云起时""浴乎沂,风乎舞雩,咏而归",皆是"心"与"物"相遇相成的审美图景,自由的"心"永远无法脱离鲜活的"身"。郑板桥看到了"院中之竹"后,"胸中勃勃,遂有画意"。"心"与"竹"都处于世界之中,它们是平等的,"身""心"不是纯粹独立的、隔绝的,而是与"竹"相遇相成。故"身"的游走性、有限性直接影响了"竹"的世界的彰显与澄明,同时,"竹"呈现的世界影响,乃至塑造着"身"。"身"需要时时调整以进入"竹"的世界。"身"与"竹"一直处于变动的关系之中,其中,审美活动的产生,审美关系的形成,及审美感受的获得都是随时随地的,它们始终是联系的、连续的、变化的。由此,"心"与"身"是协同工作的,须臾不可分离,且常常因"物"而"意",即由"身"传递到"心",遂又有"身",此时的"身"乃"物""意"结合后崭新的存在。人类通过鲜活的肉身直面天地万物,以一种浪漫的方式完成了人与自然万物的共生共荣。

中国古人从"身"出发探究"天",为体悟"天人合一"找到了一条可靠、可信、可爱的路径。对世界的体认不仅仅限于科学与理性,纯粹的身体

---

[1] 刘成纪:《自然美的哲学基础》,武汉大学出版社,2008,第86页。

感知与生命体验也是走向自然的可信路径。"中国美学以气的本源性打破了灵与肉、形与神、身与心的两离，从而对身体的审美考察具有了内在深度。"[1] 在古典元气自然论的影响下，古人心中的"身"始终指向形、神、志、气合一的生命整体。"中国人所说的身体，一方面建基于肉体的坚实性，另一方面则是人关于自我认知的集合。或者说，身体这一概念既包括生命、情感、思想和精神，又以形体的方式显现为可以目视眼观的感性对象。这是一种构成性的全能身体。"[2] 因此，中国古人所说的"身"呈现为具体可感的"形"，但内在具有天然的精神维度，如此，鲜活的生命是精神与肉身合一的有机体，它既不是形而上的，也不是形而下的。

苏东坡继承发展了原始儒道思想传统，又深受禅宗思想的影响，其对"身"的体认更加错综复杂、异彩纷呈。在东坡的生命中，"身"既是客观的物质实在，它会衰老、腐朽、寂灭；又内在具有超拔高蹈的精神，它可以飞升、仙化、不朽。如此矛盾的结合体才构成了一个个鲜活的生命。对于东坡而言，他首先是以肉身的形式而存在的，这就祛除了先验道德的规定性和完美性，使生命深植于具体而变动的日常生活中，从而生发出丰富、独特的生命体验，最终成为一个具体而鲜活的存在者。当完成了"身"的超越性，苏东坡就建构了自足、自得、自适的生命图式，在这里，天堂与人间，此岸与彼岸，过程与结果，有限与无限都是合一的，它们都是生命自身的底色、本色，无论风雨、阴晴，抑或苦痛、欣喜，都充盈着不可遏制的生命能量，都是生意盎然的本然存在，都会成为生命中醇厚、质朴的质素。苏东坡一生曾风光无限，也曾一度困顿窘迫，但他始终抱持对生命的热爱和对世间万物的仁慈，凭借超拔、放旷、博大的心境直面生命中的各种际遇，也曾怀疑、彷徨，乃至失望、绝望，但最终还是更加温和、温柔地对待这个世界。这也许就是东坡的伟大！

---

[1] 刘成纪：《自然美的哲学基础》，武汉大学出版社，2008，第375页。

[2] 刘成纪：《中国古典美学中的身体及其映像》，《文艺研究》2007年第4期。

第三节　东坡的疏野情结

最值得称道的是，苏东坡对贬谪之地的自然书写，以及其中蕴含的深沉的生命体验。儋州，即东坡贬谪旅途最远的一站，为中国极南之地。《新唐书·地理志》云儋州"至京师七千四百四十二里，与崖州同在海中洲上"。宋以前，儋州很少进入文人骚客的视野中，几乎成为文学地图的盲点。在苏东坡的笔下，儋州形象才日益清晰、明朗：

突兀隘空虚，他山总不如。君看道傍石，尽是补天余。
四州环一岛，百洞蟠其中。我行西北隅，如度月半弓。

儋州，自古被称为"蛮荒之地""瘴疠之地"，自然成了贬谪之地的绝佳去处。据统计，唐代被贬谪到海南的官员共有27人，宋代有29人。唐代谪居海南的官吏中，最著名的是李德裕。李德裕被李商隐誉为"万古良相"，梁启超则称他是古代六大政治家之一。他被贬往儋州时已年过六旬。在诗文中，他写道："岭水争分路转迷，桄榔椰叶暗蛮溪。愁冲毒雾逢蛇草，畏落沙虫避燕泥。五月畲田收火米，三更津吏报潮鸡。不堪肠断思乡处，红槿花中越鸟啼。"（《谪岭南道中作》）他极度渲染了一派奇异险恶的自然风光，更形象地写出了悲观绝望的心境。不到一年，李德裕便在忧愤交加中离开人世。苏东坡被贬儋州时，年岁与李德裕相仿，同样面临着"饮食不具，药石无有"的困难处境，不仅得以北归，而且在离开时深情地说道："我本海南民，寄生西蜀州。忽然跨海去，譬如事远游。"反将"他乡认故乡"。这应该得益于苏东坡的旷达与超脱，但未必不是坡翁的真实想法，他总是保有"凡物皆有可观"的审美态度，以欣赏的眼光看待天地万物，即使遭遇巨大的生存困境，依然可以从天地万物中汲取滋养生命的养分，从而活得通透、明亮、灿烂。

在中国传统文化语境中，"野"指郊外，《说文》曰："邑外谓之郊，郊外谓之野。"甲骨文的"野"字是由土及地上的树木所组成,指离城都较远的原生态的自然场所,后引申为荒凉、民间、质朴、天然等意义。程大昌在《演繁露续集》中写道:"古无村名,今之村,即古之鄙野也。凡地在国中、邑中,则名之为都。都,美也,言其人物衣制皆雅丽也。凡言美者,曰都,曰子都,都人士,车骑甚都,是也。及在郊外,则名之为野,为鄙,言其朴拙无文也。"[1]在一定意义上,"野"与"文"相对。与"野"类似的,还有"旷""原""荒"等,这样的"荒""野",更多时候指远离都市的郊野,并不是人迹罕至的蛮荒之境。它永远在人世间,也只能在人世间,只不过,与过于文明的都市生活保持一定的距离,无论是地理层面的远离,还是心理层面的疏离。所以,陶渊明的"庐"只能结在"人境",但因为"心远",故有荒野之感,显得"偏",而不是将自己放逐于四海八荒,与世隔绝。这与西方的"荒野哲学"有不同之处。尤其到了中唐,文人士大夫开始从功名利禄中返回自我,在心性中开掘出"另一种与此孤独寂寞同在东西,那就是荒远和古老的氛围。两者合一,后来宋元文人山水画之逸品所追求的'荒寒'意境,此际已然初具规模了"[2]。曾经的青山绿水被注入疏野、荒寒之趣。

对于东坡而言,荒野则是真实的生活场域。苏东坡一生宦海沉浮,历经三次贬谪,从黄州、惠州到儋州,一次比一次边远、荒寒,在遇赦北归途经金山寺时,自题画像云:"心似已灰之木,身如不系之舟。问汝平生功业,黄州、惠州、儋州。"这是非常耐人寻味的。在古代,与"贬谪"同义的词有"放逐""流放""外放"等,意味着一个人的生存空间从中央到地方,从中心到边缘的转移。纵观历代文人贬谪、流放之地,呈现着以京城为中心向东西南北四边延伸的特点。但凡边恶之地,大都留下迁客的足迹,同时,这些地区也保留着最原始的自然风物,以及最完整的自然生态系统。在贬谪的岁月里,苏东坡的生存环境发生了极大的变化:从中心城市到边缘地区;从

---

[1] 程大昌:《演繁露续集》卷四,张海鹏订,中华书局,1991,第38页。
[2] 陶文鹏、韦凤娟主编《灵境诗心——中国古代山水诗史》,凤凰出版社,2004,第258页。

仕宦场所到禅寺庙宇；从忙碌的官场到闲逸的田野……在《定惠院寓居月夜偶出》中，苏东坡视自己为"幽人"，乘着东风与月色，散步江边，看到了江云、竹露、弱柳、残梅，抒发了对于清诗、白酒、松风、霜林、茅舍的欢喜之情，婉转写出了其"闭门谢客对妻子""但恐欢意年年谢"的人生际遇。

黄州，作为苏东坡贬谪生涯的第一站，开启了其困窘而绚烂的人生。当时的黄州是长江边上一个穷苦闭塞的小镇，丘陵起伏，林木茂盛，有着极为浓郁的乡野风土气息。苏东坡最初暂住在定惠院，此乃靠近江边山坡上的一个小寺院。后来在当地太守的礼遇下，他迁居江边的临皋亭，临皋亭乃为官舍。苏东坡对此亭情有独钟，常常探访长江两岸的深山幽林，在庙宇、庭园、溪流处探幽寻胜，体悟山水草木的神奇与玄妙。东坡诗文中出现众多地缘色彩浓厚的野生动植物。野生动植物有着强烈的地缘意味，带着特定山形水势的温度与色彩，传递出一个地区的生物群落与生态样貌。他在《安国寺寻春》一诗中写道："卧闻百舌呼春风，起寻花柳村村同。""百舌"，分布于长江流域、华南和西南地区，为极常见的留鸟，常栖于林区外围、小镇和乡村边缘，甚至瓜地，亦见于平野、园圃。他在《初到黄州》一诗中写道："长江绕郭知鱼美，好竹连山觉笋香。"长江、山林、村郭、竹笋，一派郊野风光。他在《游武昌寒溪西山寺》一诗中写道："坐看鸥鸟没，梦逐麀麚走。"麀麚，即獐子，又称土麝、香獐，是小型鹿科动物之一，被认为是最原始的鹿科动物，比麝略大，属于中国二级保护动物，是严禁捕猎的动物。大量富有荒野气息的动植物意象频频出现在诗文中，如"野菊""野桔""野桃""野芙蓉"等，"野桃含笑竹篱短，溪柳自摇沙水清""湖上野芙蓉，含思愁脉脉""荒城秋草满，古树野藤垂""野阔牛羊同雁鹜，天长草树接云霄"。无论是"古树野藤""溪柳竹篱"，还是"野鸭""野凫""野鹡"等，都洋溢着浑朴、饱满的生命力。这些动植物都是野生的、天然的，当诗人使用"荒""野"的字眼来描写时，更加凸显了一种野心、野趣、野性的自觉。

在诗文中，也频频出现寺院、道观、山林、幽谷等远离都市生活中心的意象，呈现出野逸、清幽、空寂、闲淡的审美境界，这说明更为丰富、灵动的生物景观和原始、恣肆、自由的疏野之美为苏东坡展开了一个全新的生存境域。经历"乌台诗案"后,苏东坡重新思索人生安身立命的终极问题,逐渐褪去外在于生命的非本真之物,寻求内心的安稳与安适。当个体试图回到自我,回到内心时,总会没入自然,这是一个值得深度思索的问题。其实,谪居黄州期间的东坡是矛盾、纠结的,他试图在寻找一个平衡点,既不逃避尘世,尽可能为国计民生做点实事,同时又能最大限度保持精神的自由和生命的本真。

余秋雨、莫砺锋、王水照、冷成金等诸多学者都曾探讨过苏东坡精神突围的问题,大多围绕"仕"与"不仕"、"出"与"入"、"入世"与"退隐"等相反相成中展开,在一定程度上讲,这不是苏东坡的个人问题,而是历代文人士大夫面临的共同问题,如果仅仅停留在此层面进行探讨,只是从社会价值、个人自由层面进行的。但实际上,对于东坡而言,这只是浅层问题,更为深层的问题在于他对生命本身的思索,对生命个体存在的思索。他不是从生命外部切入,而是直接走入幽微的生命存在中,对生与死、有与无、真实与虚幻、身与心进行的追问和求索。这不仅区别于其他士人,也高于其他士人。只有解决了存在的根本问题,才能从容应对生命历程中的风霜雪雨,因为所谓的出入、穷达、盛衰、荣辱都是生命自然而然的样态,没有绝对的好坏、对错、是非之分,又何来忧乐?这是一种真正的通透、彻悟。苏东坡的伟大,不在于他是一个完美的存在,而在于他的率真、可爱,尤其在经历人生磨难、看透生命荒漠后依然热爱着这个尘世,触摸人性的温暖。这是最难能可贵的!不得不说,这与东坡独特的荒野体验有一定的关系。

贬谪期间,苏东坡徜徉山水、安然自适之情大量出现在尺牍中:

所居江上,俯临断岸,几席之下,风涛掀天。对岸即武昌诸山,时时扁舟独往。(《答吴子野七首》)

东坡居士酒醉饭饱,倚于几上,白云左绕,清江右洄,重门洞开,林峦坌入。当是时,若有思而无所思,以受万物之备,惭愧!惭愧!(《书林皋亭》)

苏辙在文中，也详细记述了苏东坡流连于黄州山水之间的情景：

> 每风止日出，江水伏息，子瞻杖策载酒，乘渔舟乱流而南。山中有二三子，好客而喜游，闻子瞻至，幅巾迎笑，相携徜徉而上，穷山之深，力极而息，扫叶席草，酌酒相劳，意适忘反，往往留宿于山上。以此居齐安三年，不知其久也。（《武昌九曲亭记》）

苏东坡在最为困窘的贬谪生涯中，有幸与荒山野水相遇，在未被文化充分浸染的山水中体验自然独特的内在价值，在真实而生动的自然中完成着自我与自然的共鸣。对于东坡而言，对于中华文化而言，都可以说是一种幸运。正是在贬谪生涯中，苏东坡一步步完成了内在精神世界的超越，抵达了自得、自适、自由的人生至境。这是苏东坡一生最为看重的。可以说，东坡在"道"的层面上了悟大化流行的自然生命，自觉将个体生命融入生生不息的自然中，抵达个体生存的"天地境界"。这大概是跨越千年的"野外漫步"的诗性实践。

在中国人的心目中，热爱生命与热爱自然是不可分的，自然被视为目之可接、耳之可听、心之可放的温情之物。周密在《齐东野语·赠云贡云》："坡翁一日还自山中，见云气如群马突自山中来，遂以手掇开笼，收于其中。及归，白云盈笼，开而放之。"[1] 多么富有诗意的画面呀！云，形态万千，缥缈不定，可实存，可虚无，它可以被收纳，也可以被放逐，它的生命场域在"笼"中，在"心"中，在天空大地之中。如此，虚灵化的内心和实体化的建筑就完成了合一。在苏东坡的世界里，颇具荒野情趣的意象更象征着诗人回归田野、回归本性的精神指向：

> 颖川七不登，野气长苍莽。
> 野阔牛羊同雁鹜，天长草树接云霄。

---

[1] 周密：《齐东野语》卷七，张茂鹏点校，中华书局，1983，第117页。

野水参差落涨痕，疏林欹倒出霜根。

在东坡诗文中，充满野趣的意象到处可见，酷爱山水的他徜徉在"野气""野水"中，寻求着自我精神的回归。在中国诗人的心中，有着野趣的自然山水意味着人类的本性。人类来源于自然，其生命的根源处还在那荒山、寒水、林莽、沧海中，有着对大地永恒的眷恋、对自然不变的渴盼，人类总是试图超越文明的羁绊、世俗的缠绕，抵达精神的逍遥自在。在诗词中，苏东坡尽情袒露自我的"野心""野情""野性"：

野人疏狂逐渔钓，刺史宽大容歌呼。
尘容已似服辕驹，野性犹同纵壑鱼。
我坐华堂上，不改麋鹿姿。

东坡诗文中的"野人""散人""山人"大多指向闲散、自由的人。如果说偏远荒僻的居所对他人是种惩罚，对东坡而言，未尝不是回归本心、本真存在的契机。与过于"文明"的"都邑"而言，"郊外""山林"更接近荒野，朴拙，鄙陋，枝丫交缠，盘根错节，形态各异而又相互依存，更具有生命的质朴，规避了人类过分追求的秩序与稳定，保存了自然的多样性、丰富性，呈现为生机盎然、大化流行的气象。苏东坡与荒山野水的相遇，无论是出于自觉或迫于无奈，以"野人"自居的他拥有真实而具体的生存体验，这一点是毋庸置疑的。事实证明，独特的荒野体验确实为东坡打开了生存的极境，黄州之后，真正旷达、超然、睿智的东坡先生才渐渐清晰、明朗。

在最艰难的贬谪生涯中，东坡逐渐突破了荣辱、盛衰、沉浮、出处、穷达的局限，与荒山寒水共吐纳，同呼吸，消弭了物我，取消了主客，看淡了生死，苍茫了宇宙，自然流转，自得自适。此乃"天地境界"。苏东坡在诗文中呈现了人与天地万物相遇相成的审美存在：

幸对清风皓月，苔茵展、云幕高张。江南好，千钟美酒，一曲满庭芳。

与谁同坐。明月清风我。

几时归去，作个闲人。对一张琴，一壶酒，一溪云。

明月、清风、溪云与"闲人"，共存于天地之间，美美与共。面对天地万物，苏东坡绝不是要实现"我"对"物"的占有，而是以自由无碍的心境与山水草木共吐纳，同呼吸，不迎不拒，从而实现人与自然之间的无碍、无待、相亲相爱、共生共荣。

苏东坡的可贵之处在于，没有用人类的尺度去衡量自然万物的价值，而是让自然万物以其所是的方式自然而然地存在着。正因为有着彻底的觉解，超越了行迹和欲望的牵绊，以"道"待自然，苏东坡才拥有强烈而敏锐的感知，"目遇之而成色，耳得之而为声"，获得天人之际交合共感的高峰体验和审美愉悦，与自然相遇相成中抵达"天全"的境界。"惟有此亭无一物，坐观万景得天全。""天全"意味着各自圆满，彼此成全。因此，苏东坡终其一生都在不断地寻找"自我"，还原"自我"，实现"自我"，主动没入自然山林，做一个自然的人，做一个自由的人，在生气流转、意趣盎然的自然天地里，寻求人生存在的终极意义和价值，在纯粹的精神之乡里放歌。直到告别人世，他的志向仍在东山向阳的坡谷里：白云左绕，清江右洄，重门洞开，林峦坌入，人在若思无思之中。

苏东坡一生历尽坎坷，仕途沉浮，始终保持健康的身体和乐观的心态，在深山幽林、溪流飞瀑、庙宇亭台中，感受着春华秋实的生命律动，体悟着生命存在的神奇与玄妙。苏东坡完成了和自然万物之间的"同情"，"心灵的敞开与自然的敞开是一个问题的两个方面。只有心灵处于无边无尽的开敞状态，他才能避免将自己的意志强加给自然，自然也才会以它的真身自行呈现"[1]。东坡之所以能够使自我生命与自然精神融为一体，完全有赖于他阔大而幽深的天地之心，而非一己之心，正所谓"我们之所以能在自己的感受性中'体'整个宇宙，是因为我们已经充分地扩展并深化了我们的感受和关

---

[1] 刘成纪：《自然美的哲学基础》，武汉大学出版社，2008，第243页。

怀"[1]。正是有着对自然生命的独特感受和对自然精神的深刻体悟，才能在生生不息的自然精神中充分拓展自我，真实的自我才能向自然敞开，进入一个绝对精神、绝对自由的生命境域，并不断赋予生命以意义和价值。朱利安认为，这样一种富有生态智慧的文化很好地解决了人与自然之间的关系：

> 将山水当作伙伴来看待；不再有被感知的客体，也不再有感知的主体，只有"接纳者"/"被接纳者"两者之间的关联与交流。[2]

深谙其中之妙的苏东坡以诗人般的情怀、哲人般的深邃与天地万物融为一体，将个体生命精神自觉融入周行不殆的自然精神中，抵达人与自然同情、共感的和合之境。贺麟曾说："人生最高的精神境界，就是忘怀物我、与大自然默契的境界，因此人类要与自然合而为一，精神才有安顿，不然就像天涯游子，漂泊东西，永无休息之所。"[3]人类与自然最深层的联系就是生命精神。春秋代序、沧海桑田，自然以其不竭的生命力完成着自我。人类处于大化流行的自然中，天然裹挟着自然的生命和精神，人类会像天那样对待生命，这是人类生命精神的呈现。人类只有回到本源，抛却物我之别、是非之别，不被外物所役使，顺应自然，保有本性，才敢于正视自我与自然的关系，认清自我在自然中的位置及承担的责任。因此，苏东坡自觉将自我生命消融于大化流行的自然中，以自然之心对待个体生命的沉浮荣辱，参天地，赞化育，与天地万物相合相生，最终抵达"天人合一"的生存境界。

---

[1] 杜维明：《儒家思想：以创造转化为自我认同》，生活·读书·新知三联书店，2013，第39页。

[2] 朱利安：《山水之神》，卓立（Esther Rosolato Lin）译，载吴欣主编《山水之境——中国文化中的风景园林》，生活·读书·新知三联书店，2015，第24页。

[3] 贺麟：《文化与人生》，上海人民出版社，2012，第123页。

美学密码

「码」上解锁 千年生活的

RENJIAN YOU WEI SHI QINGHUAN

AI 东坡先生
24小时在线答疑，品宋朝生活逸趣。

观风流人生
在苏轼的起伏历程里，找寻自己的答案。

品大宋风雅
身临其境赏宋朝美学，品味何谓「人间有味是清欢」。

享东坡食谱
盘点中华美味，探寻大宋文豪与美食背后的秘密。

第五章 文人之趣

扫码查看
- AI东坡先生
- 品大宋风雅
- 享东坡食谱
- 观风流人生

苏东坡是当之无愧的文学家、书法家、绘画家。在文学艺术领域，他创作了2700多首诗、300多首词、4000多篇文章，在诗、词、文领域达到北宋文学的顶峰，与黄庭坚并称"苏黄"，开创的豪放词风大大拓展了词的表现领域和境界，其前后《赤壁赋》更是千古奇文。东坡欢喜画竹石，其《枯木怪石图》《潇湘竹石图》均为传世精品，开创了影响深远的士人画，与黄庭坚、米芾、蔡襄并称"宋四家"，尤擅长行、楷，存世作品《黄州寒食诗帖》《洞庭春色赋》充分展现了其纵恣疏放、自由自然的书风。如果整体考察苏东坡的生活世界，会发现文学艺术是其日常生活不可或缺的一部分，它寄寓着东坡对美好人生的憧憬与希冀，承载着点化凡俗日常生活的精神力量。对于东坡而言，文学艺术本身就是一种生存方式，正如鲁枢元所说，在人类文明的原点，"诗歌、艺术曾经就是存在与生存，就是人的生活本身，就是生长、繁衍、创造、自娱、憧憬、祈盼，就是吹拂在天地神人之间的和风，就是灌注在自然万物之中的灵气"[1]。鲁枢元将文学艺术与生命个体的生存紧密联系在一起。在他看来，文学艺术是人类一种近乎本能的精神需求，一种根本意义上的存在方式，一种人类生命活动辉煌灿烂的景观。苏东坡具有敏锐的艺术感知力与表现力，始终以诗意的心灵观照琐碎、凡常的日常生活，实现了艺术即生活、生活即艺术的人生境界。

---

[1] 鲁枢元：《生态批评的空间》，华东师范大学出版社，2006，第37页。

第一节　读书与作文

葛兆光在《中国思想史》一书中指出，在早期中国思想世界中，文化承担者主要是掌管祭祀、礼仪、占卜、记事等活动的巫史人员。在殷墟卜辞中可以看到相当多的"卜人"，他们应该是古代中国的第一代知识者，"他们是那个时代最具有知识、技术和最具有文化意义的象征性人物"[1]，包括当时的巫、觋、祝、史、卜等。到了春秋时期，随着"天子失官，学在四夷"和以孔子为代表的私学的兴起，逐渐产生了新型知识分子——士人。在漫长的发展过程中，不同时代的士人群体有着不一样的精神风貌，但拥有知识、思想应是其区别于其他阶层的核心特征，读书、作文自然成了古代士人重要的日常生活内容。士人多以读书为乐，其中的甘甜与辛苦，也许只有在淬炼、蜕变、涅槃中才能真正体会。无论如何，青灯、书卷、身影，还有案头的兰草、燕石，以及窗外的翠竹、墨梅，定格为古代士人生动而清冷的剪影，成为最能彰显古代文人雅致情趣的永恒存在。

一、书中有清音

宋廷以文治国，大力改革科考制度，学校教育发达，又兼日益精良的造纸术、印刷术，整个社会文化程度普遍高，读书入仕成为宋人的最佳选择。位于四川眉山纱縠行的苏家属于典型的耕读世家。东坡在《题渊明诗》中自称"世农"，在《跋李伯时卜居图》中谓"余本田家"，他青少年时期的日常生活应是耕作、读书，我们从他的诗文中可以捕捉当时真实的场景："我昔在田间，但知羊与牛。川平牛背稳，如驾百斛舟。舟行无人岸自移，我卧读书牛不知。"苏家藏书颇多，其"来凤轩"藏有苏洵亲自校读过的各类书籍，多达千册。据宋人孙汝听《苏颖滨年表》记载：庆历八年，"父洵以家艰闭

---

[1]　葛兆光：《中国思想史》（中），复旦大学出版社，2009，第28页。

户读书，因以学行授二子"。苏轼、苏辙在父亲苏洵的教导下研读各类书籍，尤致力于史书，所谓"闭门书史丛，开口治乱根"，这与苏洵善于治史有关。苏洵有着丰富而深刻的史学思想，留下了《几策》《权书》《衡论》《六国论》等纵论政治、经济、军事等各个领域的宏文。苏轼、苏辙兄弟二人共读于"南轩"，徜徉在书海中，其诗文"君少与我师皇坟，旁资老聃释迦文""少与辙皆师先君"写出了少时一起读书的美好时光。苏东坡喜读史书，"自七八岁知读书，及壮大，不能晓习时事，独好观前世盛衰之迹，与其一时风俗之变"（《上韩太尉书》）。这充分说明，诗书传家的优良传统滋养着东坡，为其丰富而绚烂的人生提供了足够的养分。

八岁时，苏东坡师从天庆观道士张易简。他在《众妙堂记》中写道："眉山道士张易简教小学常百人，予幼时亦与焉。居天庆观北极院，予盖从之三年。"苏辙在《龙川略志》亦云："予幼居乡闾，从子瞻读书天庆观。"苏洵也曾令苏轼、苏辙兄弟二人学于刘巨。一日，先生赋诗云："渔人忽惊起，雪片逐风斜。"东坡则认为"雪片逐风斜"不如"雪片落蒹葭"。刘微之叹曰："吾非若师也。"东坡聪颖过人，又勤奋苦读，"我昔家居断还往，著书不暇窥园葵"。他醉心于各类书籍，尽情吮吸着供养生命的阳光、雨露。

勤于读书，应该是古代士人普遍的日常生活内容。汉董仲舒勤奋读书，曾"三年不窥园"；唐韩愈一生勤奋好学，其"业精于勤荒于嬉，行成于思而毁于随"是治学名言；宋范仲淹家境贫困，苦读求学，终成一代名儒。对于他们而言，读书，作为个体生命的存在方式，是日常生活不可或缺的重要内容。苏东坡曾曰："余犹及见老儒先生，自言其少时欲求《史记》《汉书》而不可得，幸而得之，皆手自书，日夜诵读，唯恐不及。"黄庭坚曾云："士大夫三日不读书，则义理不交于胸中，对镜觉面目可憎，向人亦语言无味。"米芾亦云："一日不读书，便觉思涩。"许多文人士大夫终生以书为伴，以读书为乐。钱惟演生长在富贵之家，却终生以读书为乐。他曾说，他平生没有特殊嗜好，就是喜欢读书。经书、史书、野史笔记、小说、流行词曲，无所不读；闲坐、卧床、如厕，无时不读。可以说，书不离手，读书成痴。

读书，对于古代士人而言，不仅仅是获取知识、增长见识的绝佳路径，

第五章　文人之趣

更彰显着独特的审美情趣与人生理想。邵雍，作为"北宋五子"之一，少时就酷爱读书，后卜居洛阳，在富弼、司马光的帮助下筑"安乐窝"，以著书授徒为业，自号"安乐先生"。邵雍一生未仕，以读书著书为乐，过着自耕自足、怡然自乐的穷苦日子，却引士人争相效仿。南宋末年，寒士许棐视读书为人生最大的乐趣，他在居室周围遍植梅花，自号梅屋。在《梅屋书目》自序中，许棐写道：

> 余贫喜书，旧积千余卷，今倍之，未足也。肆有新刊，知无不市；人有奇编，见无不录，故环室皆书也。或曰："嗜书、好货均为一贪。贪书而饥，不若贪货而饱；贪书而劳，不若贪货而逸。人生不百年，何自苦如此？"答曰："今人予不知之，自古不义而富贵者，书中略可考也，竟何如哉？予少安于贫，壮乐于贫，老忘于贫，人不鄙夷予之贫，鬼不挪揄予之贫，书之赐也。如彼百年，何乐之有哉！"[1]

对于人生理想，许棐表达得很清楚：宁愿嗜书，不愿好货；宁愿精神富有，不求达与贵。颜回，作为孔子最赞赏的学生，一生居陋室，贫无所依，不改其乐。何故？精神富足。从一定层面上讲，简单素朴的生活倒容易获得精神层面的满足。苏东坡一生屡遭贬谪，读书成为谪居期间最快乐的日常生活内容。通过阅读，东坡获得应对人生苦难的精神力量与人生智慧。晚年谪居儋州，东坡在给朋友的一封信中说道，其子苏过"时出一篇见娱，则为数日喜，寝食有味。以此知文章如金玉珠贝，未易鄙弃也"（《答李方叔书》）。东坡一生历尽磨难，晚年尤为困苦，但能克服重重困难，得以北归，在很大程度上得益于书籍的力量。

读书确实可以带给士人极大的快乐与满足。"读未曾见之书，历未曾到之山水，如获至宝""剩喜今朝寂无事，焚香闲看玉溪诗""千载奇逢，无如好书良友；一生清福，只在茗碗炉烟""书卷多情似故人，晨昏忧乐每相亲。

---

[1] 孙立群：《中国古代的士人生活》，商务印书馆，2003，第25页。

眼前直下三千字，胸次全无一点尘"。对于文人来说，安静、闲适的读书时光是最自由、最自在的。"人家不必问贫富，但有读书声便佳。""松声、涧声、山禽声、野虫声、鹤声、琴声、棋子落声、雨滴阶声、雪洒窗声、皆声之至清者也，而读书声为最。"(《小窗幽记》)读书声，似乎汇聚了世间万物最空灵、最澄澈的生命之音，可以使士人忘却尘世的烦扰，保有内心的虚静，获得精神的愉悦与心灵的满足。不仅有清雅的读书声，还有窗前的翠竹、门前的红梅、台阶上的草痕、小径边的燕石、屋檐下的鸟雀，这一切在书卷、墨香、青灯的晕染下显得如此生动，即使有时未免过于清苦。归有光曾深情地写道："借书满架，偃仰啸歌，冥然兀坐，万籁有声。而庭阶寂寂，小鸟时来啄食，人至不去。三五之夜，明月半墙，桂影斑驳，风移影动，珊珊可爱。"(《项脊轩记》)有桂树，有月光，有小鸟，有清风，孤寂清苦的读书生活有了浓浓的诗意。陈继儒亦说："笑指吾庐何处是，一池荷叶小桥横，灯火纸窗修竹里，读书声。"(《小窗幽记》)荷池、修竹、小桥、轩窗、灯火、书卷，构成了古代士人诗意盎然的日常生活。

文人士大夫一生与书为伴，晨昏晴雨、亭台楼阁、市井郊野，逃离尘世烦扰，沉浸在一个别样的世界中，看花开花落，尝人间百味，体生命之真，努力拓展生命的广度与深度。林语堂认为，读书的唯一目标，就是成为有趣味的人，如若抱着功利的态度去读书，哪怕为了获取知识、求取功名等，读书的乐趣就会完全丧失。"必须是意在为培植面目的可爱和语言的有味而读书，照着黄山谷的说法，方可算做真正的读书。"[1]古人称书籍画幅为"柔篇"，最适宜的阅读方式就是随意自然，不挑剔，不苛刻，不计较，"正如善于旅行的人对于上山时一段崎岖不平的路径，或如出门观看雪景的人对于一座破桥，或如隐居乡间的人对于乡下的粗人，或如一心赏花的人对于味道不好的酒一般，都是不加计较的"[2]。一个人倘若懂得读书的乐趣，自然会随时随地享受读书的乐趣。曾国藩的弟弟在家书中表达了想到京师读书的愿望，对此，

---

[1] 林语堂：《生活的艺术》，越裔汉译，湖南文艺出版社，2012，第336页。
[2] 林语堂：《生活的艺术》，越裔汉译，湖南文艺出版社，2012，第341页。

曾国藩回信说："苟能发奋自立，则家塾可读书；即旷野之地，热闹之场，亦可读书；负薪牧承皆可读书。苟不能发奋自立，则家塾不宜读书；即清净之乡，神仙之境皆不能读书。"[1] 读书的至高境界在于生命自身的内在诉求。只要乐于读书，春夏秋冬、晨昏旦暮都是读书的最佳时节，亭台楼阁、山涧泉池也都是读书的绝佳之地。

李清照在《金石录》后跋中说道："余性偶强记，每饭罢，坐归来堂，烹一茶，指堆积书史言：某事在某书某卷，第几页，第几行，以中否角胜负，为饮茶先后。中即举杯大笑，至茶倾覆怀中，反不得饮而起。甘心老是乡矣！故虽处忧患困穷，而志不屈。收书既成……于是几案罗列，枕席枕藉，意会心谋，目往神授，乐在声色犬马之上。"[2] 对于李清照、赵明诚来说，读书、烹茶实乃人生乐事，远在声色犬马之上，更是对抗忧患困穷的良药。一旦真正懂得读书的趣味，不仅可以充分享受读书的快乐，更会与书中鲜活的人物产生共鸣，"世上常有古今异代相距千百年的学者，因思想和感觉的相同，竟会在书页上会面时完全融洽和谐，如面对着自己的肖像一般"[3]。这也许是"灵魂的转世"。苏东坡初次读庄子时，就有着灵魂相通的深切体会。

二、平生快意事，惟作文章

杨胜宽曾说："基于士大夫的价值标准和人生境遇，其追求精神满足的方法通常有两个：一是寻幽探胜，在山水之乐中获得精神陶醉；二是从事文学东艺术创造与欣赏。"[4] 诗词文赋、琴棋书画，在庸常而琐碎的日常生活里为文人士大夫开出一方净土、一处桃花源。苏东坡悠游于空灵而澄澈的艺术世界，而艺术世界也成了他寄寓生命的媒介与场域，正如鲁枢元所说，文学艺术可以使人类感受一种奇特的"幸福"，在文学艺术创作、欣赏中获得全

---

[1] 林语堂：《生活的艺术》，越裔汉译，湖南文艺出版社，2012，第340页。
[2] 林语堂：《生活的艺术》，越裔汉译，湖南文艺出版社，2012，第342页。
[3] 林语堂：《生活的艺术》，越裔汉译，湖南文艺出版社，2012，第338页。
[4] 杨胜宽：《苏轼人格研究》，四川大学出版社，1994，第226页。

身心的解放与自由，从而超越有限的生命存在，获得永恒感。

在古代，读书和写作都是文人日常生活的重要内容。他们有着强烈的忧患意识与济世情怀，又有着丰富而细腻的生命体验，书写着治国安邦、仁民爱物的华丽篇章，为后人留下了丰富而珍贵的文化遗产。苏东坡一生保有创作的热情，即使为文字所累，也不改初衷。"乌台诗案"后，苏东坡谪居黄州，称其不复作文字：

> 某自窜逐以来，不复作诗与文字。所谕四望起废，固宿志所愿，但多难畏人，遂不敢尔。其中虽无所云，而好事者巧以酝酿，便生出无穷事也。[1]

事实证明，东坡从未停止对文字的喜爱，早已将文学创作与个体生命紧密相连，从挥洒自如的文字中体味生命的乐趣，因为"某平生无快意事。惟作文章，意之所到，则笔力曲折，无不尽意，自谓世间乐事无逾此矣"[2]。唐代诗人贾岛被称为"苦吟诗人"，"两句三年得，一吟双泪流"，把作诗视为鲜活生命存在的根本，"一日不作诗，心源如废井"。李贺最开心的事情也是写作，"他常常骑驴出行，身背一个破旧的'锦囊'，一面观赏山川景致，一面寻思新的诗句，每想好一句，便赶忙记在纸上，塞进锦囊中。回到家后，将零散的纸条取出，编成完整的诗"[3]。从某种意义上说，读书、写作，构成了文人士大夫独特的生活方式，许多文人将写作视为生命中非常重要的事情，甚至写作就是生命本身。

苏东坡视文学艺术为创作者生命精神的自然流淌，强调"有为而作"，崇尚自然，摆脱束缚，"出新意于法度之中，寄妙理于豪放之外"，在诗、文、词、赋等领域均取得了卓越成就。他在诗文中写道：

---

[1] 苏轼：《苏轼文集》，孔凡礼点校，中华书局，1986，第1750页。

[2] 苏轼：《苏轼文集》，孔凡礼点校，中华书局，1986，第1801页。

[3] 孙立群：《中国古代的士人生活》，商务印书馆，2003，第44页。

> 夫昔之为文者，非能为之为工，乃不能不为之为工也。山川之有云雾，草木之有华实，充满勃郁，而见于外，夫虽欲无有，其可得耶！自少闻家君之论文，以为古之圣人有所不能自已而作者。故轼与弟辙为文至多，而未尝敢有作文之意。（《南行前集叙》）

苏东坡认为，文艺创作就是个体生命自然生长的过程，外化的"物"与内在的"心"是高度统一的，充盈饱满的心灵必会生长出富有生命力的艺术品。东坡在《自评文》中说道：

> 吾文如万斛泉源，不择地皆可出，在平地滔滔汩汩，虽一日千里无难。及其与山石曲折，随物赋形，而不可知也。所可知者，常行于所当行，常止于不可不止，如是而已矣。（《自评文》）

苏东坡在文学艺术创作上追求"合于天造，厌于人意"的境界，在《净因院画记》中也表达了这种理念：

> 余尝论画，以为人禽宫室器用皆有常形。至于山石竹木，水波烟云，虽无常形，而有常理……如是而生，如是而死，入世而挛拳瘠蹙，如是而条达畅茂，根茎节叶，牙角脉缕，千变万化，未始相袭，而各当其处。合于天造，厌于人意。（《净因院画记》）

此"常理"乃指自然万物天然的生命存在，以及与此相伴而生的自然情态。苏东坡提出"常理"，重在说明文学艺术生成的过程，不单纯是艺术技法的实现，而是一个有机生命体自然生长的过程，它有着内在的生命节奏、韵律，有着自我生长、自我完成的内在精神，艺术家则很好地运用文字、线条、色彩等呈现了这一生命过程。这就需要艺术家将自我生命与自然精神融为一体。"苏轼的创作论是生命的外化形式，是生命的存在与实现的方式，是情感本体论的体现。"[1]苏东坡将文艺创作看作自然生发的过程,强调"不择地而出""初无定质",这与其"变化自见""未尝有择"的有机自然观相契合。

苏东坡在继承中国传统文论"自然"精神的基础上,更加强调至真至诚、率性而为、自得天成的情趣。钱谷融在《关于文艺特征的断想》一文中曾强调:

> 真正的艺术作品和真正的大自然的作品一样,都是有生命的……同生活之树一样是常青的。只有艺术才是自然的最称职的解释者,因为只有艺术才能把捉住自然的生命。[2]

艺术,与生命一样,最核心的特征就是自然而然,天然成趣。在这里,天道与人道、自然与艺术彼此渗透,相互交融。苏东坡打通了情感与哲理的壁垒,融深刻的哲思于诗意的情趣中,将哲学精神与艺术情趣推向了融合的至高境界。方东美在谈论中国艺术时也说道:"不论是哪一种中国艺术,总有一股盎然活力跳跃其中,蔚成酣畅饱满的自由精神,足以劲气充周,而运转无穷!所有这些都代表了一种欣赏赞叹,在颂扬宇宙永恒而神奇的生命精神,就是这种宇宙生意,促使一切万物含生,百化兴焉。"[3]方东美指出了中国艺术精神与宇宙生命精神之间的紧密联系。他认为,中国艺术充分展现了大自然生生不息、生机盎然的生命精神,从而形成不同于其他文化的核心特质,"各主要文化的决定因素,在希腊是哲学,在印度是宗教与哲学,在中国是艺术与哲学"[4]。艺术与哲学相融合,成为中国文化精神的核心特质。"中国艺术家以体现生命为艺道不二法门,生命被视为一切艺术魅力的最终之

---

[1] 冷成金:《苏轼的哲学观与文艺观》,学苑出版社,2003,第561页。

[2] 钱谷融:《艺术·人·真诚——钱谷融论文自选集》,华东师范大学出版社,1995,第167页。

[3] 方东美:《中国人生哲学》,中华书局,2012,第201页。

[4] 方东美:《原始儒家道家哲学》,中华书局,2012,第4页。

源。中国艺术家视天地自然为一大生命世界，鸢飞鱼跃，花开花落，日升月沉，乃至僵石枯树，一切无不有生气荡乎其间，一切都充溢着活泼的生命，传统思想中的'万物有生论'在艺术中表现的更彻底、更为诗意化。"[1]哲思寓于艺术之中，艺术亦承载着存在之思。

　　文学艺术，作为充盈着盎然生机的自然生命体，与创作者的精神生态、社会文化生态有着微妙的异质同构关系，良好的社会文化环境有利于文学艺术繁荣发展，多元并存的文艺形态也有利于形成开放、包容的文化生态。对此，苏东坡有充分认识。在谈及王安石新学思想时，苏东坡并不否认其合理性，但不主张以一种思想标准"同天下"。东坡认为，大地之美在于生命的多样性，而不是单一性、同质化，往往只有贫瘠的土地才生长出单一的物种，良好的社会文化生态应该是多元共存的。苏东坡的看法同样适用于文学艺术。他尊重创作者的复杂性、独特性，以及文学艺术自身的丰富性、多样性，包容差异，提倡多元，极力推进文学艺术的自由发展，从而保障社会文化生态的平衡。同样，文学艺术，作为一种生命存在，它不仅有其生长、发展的自然态势，还会形成一个相互影响的生态群落，从而发挥良好的社会教化功能，引领整个社会形成良好的生态环境。文学艺术与社会文化应是良性互动的。从某种程度上来说，文学艺术有可能，也应该在一个较高的层面上对人类的生活乃至整个生态系统的平衡发挥着重要作用，在应对生存困境、共建美好生活方面发挥其应有的恢宏的弱效应。

第二节　东坡与文人画

　　除了读书、写作，苏东坡毫不掩饰对书画艺术的喜欢与珍视：

　　　　凡物之可喜，足以悦人而不足以移人者，莫若书与画。……始吾少

---

[1]　朱良志：《中国艺术的生命精神》，安徽教育出版社，2006，第5页。

时，尝好此二者，家之所有，惟恐其失之，人之所有，惟恐其不吾予也。（《宝绘堂记》）

方先君与吾笃好书画，每有所获，真以为乐。[1]

这些文字真实记载着东坡对书画艺术的喜爱之情。苏东坡生长在雅好书画的家庭环境中，又与当时大画家文与可、李公麟、米芾交好，无疑是知画、善画的。他一生善画竹石，开创了影响深远的"士人画"，讲究"意气"，崇尚"自然"，追求"适意"，偏爱以枯木、怪石为表现内容的写意小景图，极大影响着中国传统绘画，尤其是文人画的发展。在《枯木怪石图》中，枯木、怪石成为审美存在的内在逻辑是什么？枯木、怪石如何敞开了一个自在圆满的生命世界？"心"统摄世界的同时如何保证"物"的自足？这些话题看似老生常谈，实则有待进一步厘清。

在《枯木怪石图》中，苏轼画了石一块，木一株，草数茎，笔墨清晰明了，毫无凝滞之感。如果从"物"的层面来看，草、木、石何以可以构成整幅画，它们之间内在的逻辑或联系在哪里？如果从"形"的层面来看，石头真的形如蚌蛤，树木真的奇屈如此吗？"形"的背后有"常理"吗？如果有，"理"又在哪里？如果从"意"的层面看，枯木、怪石是生命个体纯然之心的外化与收摄吗？如果不是，如何完成"物理"与"心性"之间的融通合一，既保证"心"对世界的解读，又不减损"物"的自足性与圆满性？如果不陷入过度阐释的争论和质疑中，我们也许从"石"中看到了"水"，从"木"中看到了"土"，从"草"中看出了"态"。石头的纹理何尝不是流水的年华，林木的伸展何尝不是厚土的托举，草木的萌发何尝不是内心的兴起？这分明是生机勃然的自然图景，天空、大地、山石、流水、草木、阳光、雨露，它们共同组成了生命的场域，"石"刻印着"水"的深情，"木"承载着"土"的梦想，万物殊异，而又彼此嵌合，全赖于大化流行、生生不息的自然精神，它可以是"气"，是"理"，是"性"，但它首先是"生"，"生命""生长""生

---

[1] 苏轼：《苏轼文集》，孔凡礼点校，中华书局，1986，第2296页。

动"都是它的温度与色彩。苏东坡的枯木、怪石构成了一个生机盎然的整全世界，这样一个充满生机的自然不是死寂的、机械的、单调的，而是动态的、联系的、和谐的。

（一）"常形"与"常理"

在中国传统文化中，"艺"有种植、技能、典籍、准则等含义。徐中舒在《甲骨文字典》中将"艺"释为："象以双手持草木会树艺之意。"[1]这说明，"艺"先天带有手工技艺的层面，与农业劳动密切相关。同时，"艺"又有法则、法度，而"六艺"代表了由手工种植演变为雅化的各项技能，即由生产层面的技能上升为精神层面的技能，但"不管'艺'在后世如何被精神化，由甲骨文等上古字形暗示的艺与农耕生产的关系却是本源性的。"[2]由是可知，真实性和技能性应是"画"的原初含义。魏晋之前，"画"更多属于工艺活动，即通过一定的技能和技巧，对现实具象进行呈现，多用于地图、建筑、器皿、塑像中，从事此行业的人，被称为"画工""画匠"。

魏晋时期，在文的自觉与人的自觉齐头并进之时，绘画开出了不同于以往的绚烂多姿的花朵，通过"神""韵""味"等凸显文人的审美情趣与精神自由，绘画似乎走向了纯粹的精神领域，但无论怎样区分"写形"与"写神"的高下优劣，依然将"形"视为"画"的基本要求，如陆机曰"存形莫善于画"，宗炳曰"以形写形，以色貌色"，颜延之亦曰"图载之意有三：一曰图理，卦象是也；二曰图识，字学是也；三曰图形，绘画是也"。唐代白居易也说："画无常工，以似为工；学无常师，以真为师。"唐宋以降书画家依然追求形神兼备，但也在悄然发生变化。翰林待诏直长郭熙说：

> 画见其大象，而不为斩刻之形，则云气之态度活矣。真山水之烟岚，四时不同：春山澹冶而如笑，夏山苍翠而如滴，秋山明净而如妆，冬山

---

[1] 徐中舒主编《甲骨文字典》，四川辞书出版社，1989，第269页。

[2] 刘成纪：《先秦两汉艺术观念史》，人民出版社，2017，第49页。

惨淡而如睡。画见其大意，而不为刻画之迹，则烟岚之景象正矣。[1]

如何在变动不居的"形"中见出宇宙之体、万物之理，成为宋人绘画的核心命题。熙宁年间，"理"就逐渐成了宋人画学思想的核心范畴，尤其是文人画家开始由追求"穷形尽相"到"穷理尽性"。苏东坡经常将"士人画"与"工人画"对举，"世之工人，或能曲尽其形，而至于其理，非高人逸才不能辨"[2]。东坡并不反对"尽其形"，但"形"必须符合"物"之"理"和"意"，如果可以"穷理尽性""寓意于物"，"形"是可以简略、夸张，乃至变形、乖张的。正如他在诗文中写道：

> 摩诘本诗老，佩芷袭芳荪。今观此壁画，亦若其诗清且敦。祇园弟子尽鹤骨，心如死灰不复温。门前两丛竹，雪节贯霜根。交柯乱叶动无数，一一皆可寻其源。（《王维吴道子画》）

苏东坡认为，吴道子虽为画圣，但仍为画工，不通文人气息，而王维虽非画圣，但有文人意趣。绘画只有充分"适吾意""达其理"，超越"形似"抵达"神似"时，才能从"百工"中提升出来，从而成为真正的艺术。"形"与"理"应该是高度统一的，正如朱良志所说："理寓其中，理为本，形为末，一味追形则丧理，一味追理则不成绘画，推崇一种'既不泥于形象，又不失其理'的方法。"[3]"形"与"理"的统一成为衡量绘画品级的关键因素。"理"为"形"之精魂，"形"为"理"之澄明，高超的艺术作品必然和天地万物内在的"理"相契合，在文字、线条、色彩中呈现万千生命的节奏和韵律。在《净因院画记》中，苏东坡说道：

---

[1] 郭思编、杨伯编著《林泉高致》，中华书局，2010，第38页。
[2] 苏轼：《苏轼文集》，孔凡礼点校，中华书局，1986，第367页。
[3] 朱良志：《扁舟一叶——理学与中国画学研究》，安徽教育出版社，2006，第57页。

第五章　文人之趣

  余尝论画，以为人禽宫室器用皆有常形。至于山石竹木，水波烟云，虽无常形，而有常理……如是而生，如是而死，入世而挛拳瘠蹙，如是而条达畅茂，根茎节叶，牙角脉缕，千变万化，未始相袭，而各当其处。合于天造，厌于人意。[1]

  "常形"与"常理"成为探讨东坡书画艺术的关键。东坡认为，"山石林木，水波烟云"无"常形"，它是瞬息万变、幻化无穷的，但"无常形"的背后有"常理"。这个"常理"指什么？应该是万物"各当其处""合于天造"。也就是说，天地万物有着千变万化的形貌、状态，但都如其真性地存在着、显现着，这就是"理"。东坡在评论文与可的墨竹画时说道：

  与可论画竹木，于形既不可失，而理更当知；生死新老，烟云风雨，必曲尽真态，合于天造，厌于人意；而形理两全，然后可言晓画。[2]

  苏东坡重视"形"，但如果只是"论画以形似，见与儿童邻"；他是讲究"形"与"理"的合一，只有"形理两全"，才能曲尽万物"真态"，从而"合于天造"。

  苏东坡画学思想可以说是其哲学思想的直接产物。他认为，万物都是"形"和"理"的有机统一。"形"变化万千，但都遵循一定的"理"；"理"规定着物的"性"，但万物又有各自独特的"形"。因此，绘画应通过纷繁复杂的"形"呈现天地万物的"理"，只有符合"理"的绘画，才能见出万物之"真态"，正所谓"含风偃蹇得真态，刻画始信有天工"。此"真态"就是脱略了物外在的形体变化，而呈现的生命最本原、最本真的状态。只有把握了"常理"，才能通万物之生意，从而赋予书画自然、清新的生命意蕴，故"物一理也，通其意，则无适而不可"（《跋君谟飞白》），"我书意造本无法，

---

[1]　苏轼：《苏轼文集》，孔凡礼点校，中华书局，1986，第367页。
[2]　蔡国黄：《东坡谈艺录》，复旦大学出版社，2012，第105页。

点画信手烦推求"（《石苍舒醉墨堂》）。苏东坡可谓深谙书画艺术的精妙之处，讲究"合于天造，厌于人意"，在"无常形"中深究"常理"，追求"形""理"两全，从而抵达物性、画意、人心融为一体的艺术境界。

苏东坡对于"常理"的把握，实际上就是要超越对单纯形似的追求而展现生命之真，无论绘画作品中的"形"是简略的，还是扭曲的，都传达出天地万物的盎然生机与生生不息的宇宙精神。苏东坡的书画观上承魏晋，标举心灵、精神，追求个体的自由和适意，但似乎又有着内在的反转，即"意"可以超脱于"形"，但不能脱略于"理"，此"理"为万事万物存在之理，即物性。苏东坡具有高度的理性精神，他认为无论是"物理"，还是"人意"，都有着本然的存在之理。同时又保有独特的审美情趣，善于在穷尽"物理"的基础上，把握物之意趣，从而展现生机盎然的自然精神。如此，东坡以"道"为最高范畴，以"自然"为艺术追求，将"意""真""理""趣"高度融合起来，融深刻的哲思于诗意的情趣中，通过书画艺术体悟生命存在的真意。艺术与哲学相融合，成为中国文化精神的核心特质。

（二）匠气与意气

如果说"常理"构成了东坡画学思想的哲学基础，"意气"则成为其画学思想的核心精神。二者是相辅相成的。苏东坡曾论及"士人画"与"工人画"之间的异同，曰："观士人画，如阅天下马，取其意气所到。乃若画工，往往只取鞭策皮毛槽枥刍秣，无一点俊发，看数尺许便卷。"[1]"工人画"在"曲尽其形"中过于匠气，见不出生气，而"士人画"注重"意气"。苏东坡认为，绘画不能只停留于对物的模仿，而是要富有奇思妙想，创作出情趣盎然、宛如天工的画作，蕴含着独特的生命体验和人生境界。在王维和吴道子之间，东坡更为推崇王维。很显然，东坡评价标准不同于张彦远和朱景玄。张彦远的《历代名画记》最为推崇吴道子、李思训、张璪；朱景玄的《唐朝名画录》将吴道子、李思训、张璪的画列为神品，而将王维的画列为妙品。在东坡看来，王维的画作"萧然有出尘之姿"，又多以"浮云杳霭，与孤鸿落照"来

---

[1] 苏轼：《苏轼文集》，孔凡礼点校，中华书局，1986，第2216页。

表现，具有一种清新、空灵、悠远的意境，充分展现了文人孤高、淡然的生命情趣和人格精神。沈括曾在《梦溪笔谈》中说道：

> 书画之妙，当以神会，难可以形器求也。世之观画者，多能指摘其间形象、位置、彩色瑕疵而已，至于奥理冥造者，罕见其人。如彦远《画评》言："王维画物，多不问四时，如画花往往以桃、杏、芙蓉、莲花同画一景。"予家所藏摩诘画《袁安卧雪图》，有雪中芭蕉，此乃得心应手，意到便成，故造理入神，迥得天意，此难可与俗人论也。[1]

王维的绘画契合天地造化之精神，"不问四时"恰恰是心随物宛转，以"雪中芭蕉"呈现一个自在、圆满的生命世界。

苏东坡提倡"意气"，凸显"士气"，从而实现对生命真意的发现。按照朱良志的说法，这就是"文人意识"。朱良志认为，"士气"或"文人意识"，"大率指具有一定的思想性、丰富的人文关怀、特别的生命感觉的意识，一种远离政治或道德从属而归于生命真实的意识"[2]。朱良志认为，如果没有"文人意识"，就不会直面最基本的感觉和感情、忧伤和希望，从而表现人真实的生命感觉，即要把那种本分的、原初的本色世界展现出来。苏东坡将"士人画"与"工人画"对举，就是要突破"工人画""尽其形"的局限，凸显"士人画"对"适吾意"的追求，也就是说，"士人画"要能够展现文人独特的情绪、情意、情致、情趣，彰显他们所体认到的宇宙精神与生命意蕴，用宋人的话来讲，就是追求"气象"。钱穆曾说："气韵在用笔，而气象乃在画面全体之格局。气韵仍属所画之外物，而气象乃涉作画者内在之心胸。气象二字，尤为宋代理学家所爱用。观人当观其气象，观画亦然。"[3]宋之前多以"气韵"品评绘画作品，更注重传达出所描绘物象的生动神态，如谢赫论画"六

---

[1] 沈括：《梦溪笔谈》，中华书局，2019，第359页。
[2] 朱良志：《南画十六观》，北京大学出版社，2019，第9页。
[3] 钱穆：《中国学术思想史论丛》（六），东大图书公司，1978，第224页。

法"中以"气韵生动"为第一,唐代张彦远也提出过"以气韵求其画,则形似在其间矣"的明确观点。

朱良志曾言:"宋元时期,中国画突破'画者,画也'、'画者,形学也'的规范,而向'画者,意也'、'画者,心学也'方向发展。画家们由'外观'走向'内治',由重视外在灵动活泼的形式转向内在的生命感受。"[1]"意",乃画者直面天地万物时瞬间、当下的生命感受,包括真实而鲜明的感觉、直觉、情绪、情感、意志等,北宋绘画可谓"思想的绘画"。中唐之前绘画功能多为道德教化,如:"丹青之兴,比雅颂之述作,美大业之馨香。"(陆机)"图绘者,莫不明劝戒、著升沉,千载寂寥,披图可鉴。"(谢赫)"夫画者:成教化,助人伦,穷神变,测幽微,与六籍同功,四时并运,发于天然。"(张彦远)无非都在强调绘画的政治教化功能。直到王维、张璪、王墨等文人士大夫开始从事绘画创作,这种状况才逐渐发生变化。俞剑华在《中国绘画史》一书中指出:"王维山水虽注重水墨,加意渲淡,然犹拘守规矩,笔墨谨严。迨至张璪或用秃毫,或以手摸绢素,'外师造化,中得心源',画树尤为特出,能以手握双管,一时齐下,而生枯各别,是为王维山水之第一次解放。……及至王墨创泼墨之体,酒颠画狂,毫无绝墨。是为王维画之第二次解放。山水至此,已无复拘谨之迹,纯任画家个性,信手挥洒,皆成佳作。"[2]俞剑华认为,王维虽开创水墨山水,但仍"拘守规矩",直至王墨创"泼墨之体",才真正实现"纯任画家个性,信手挥洒"。这说明,文人画的重要标志就是作画者的独特生命体验和审美情趣。到了五代、两宋时期,水墨画由山水渐渐发展至花鸟、人物等,富有文人气息的水墨画渐渐成为中国画坛的主流,绘画展现自我生命的维度日益凸显。

朱良志认为,如果没有强调内在生命逻辑的哲学支撑,就不可能产生探究人类存在的价值和意义的"文人意识"。苏东坡有着真率通达、本真自然的生命境界,故将绘画视为生命情感的天然流露,他曾说道:"空肠得酒芒

---

[1] 朱良志:《扁舟一叶——理学与中国画学研究》,安徽教育出版社,2006,第3页。
[2] 俞剑华:《中国绘画史》,东南大学出版社,2009,第53页。

角出，肝肺槎牙生竹石。森然欲作不可回，吐向君家雪色壁。"东坡认为，作画乃"森然欲作不可回"的生命冲动，是"当其下手风雨快，笔所未到气已吞"的生命状态。对于东坡而言，绘画的求真、教化功能逐渐减退，日益隆升的是画作传递出的情趣和意气，故曰"文以达吾心，画以适吾意而已"[1]。绘画就是要展现画者直面天地万物时当下、瞬间的生命感受，包括真实而鲜活的感觉、直觉、情绪、情感。如此，苏轼理想的艺术境界就是人、画合一，即艺术创作和自我生命融为一体，艺术品就是自我生命的自然呈现。

基于生命个体内在自然的生命逻辑，苏东坡继承发展了庄子"游于物之外"的精神，凸显生命个体的性情和情趣，认为真正的绘画只有充分"适吾意""达其理"，超越"形似"抵达"天工与清新"，成为愉情悦性、独抒性灵的艺术存在时，才能从"百工"中提升出来，从而成为真正的文人艺术。绘画贵在"意气"的传达，以及平淡、天然的境界。欧阳修在《试笔》中写道：

> 萧条淡泊，此难画之意，画者得之，览者未必识也。故飞走迟速，意浅之物易见，而闲和严静，趣远之心难形。若乃高下向背，远近重复，此画工之艺尔，非精鉴之事也。[2]

欧阳修追求的是"萧条淡泊""闲和严静"的真意与理趣。整体而言，宋人论画更注重创作主体的生活态度和生活情趣，追求一种脱略一般画法、超越形似的画格，展现一种迥异流俗的自由心态。活跃在苏东坡周围的文人画家李公麟、王诜、文同、晁补之等，皆欢喜在笔墨中体察自然万物的存在之理，以及自我生命的本真与纯粹。

人类与天地万物之间，本就存在着内在的同一，当人类试图言说或模拟天人之交时的悸动，或欣喜与悲伤，或感动与战栗，而文学艺术恰恰可以成为天人沟通的桥梁或路径，甚至，它本身的存在即为天人合一。苏东坡曾云：

---

[1] 苏轼：《苏轼文集》，孔凡礼点校，中华书局，1986，第2211页。
[2] 俞剑华：《中国历代画论大观》第二编，江苏凤凰美术出版社，2016，第354页。

"惟有此亭无一物,坐观万景得天全。"[1]此"亭"乃中国古人对天圆地方的模拟,此"亭"为建筑,也可以是诗歌、音乐、书法、绘画等一切艺术形式;"人"生存于此"亭"中,草木荣枯、日月升沉、岁月变迁,均在"亭"内流转、生息,空无一物的"亭"囊括天地自然,容纳万有,此乃"天全"。人、艺术、自然本就是有机整体,文字、线条、色彩等构成了天人相通的媒介,"无一物"的场域充盈着造化万千的生命精神,当沉迷于单纯的技巧和法度,陷入纯粹的静观和愉悦时,也许,我们恰恰遗失了整个世界。

(三)枯木与怪石

在追求"常理""意气"的画学思想推动下,苏东坡主张"自然成文""随物赋形"的艺术创作观,对宋代乃至以后产生了重大影响。他说:"有道而不艺,则物虽形于心,不形于手。"[2]仅有"道"而没有成熟的艺术表达,则无法呈现天地万物的真性、真意,但又不能为"艺"所累,应该是既工巧又天然。这是一种"忘"的境界。"口必至于忘声而后能言,手必至于忘笔而后能书,此吾之所知也。"[3]"忘"并非舍弃书画之艺,而是"身与竹化""忽然而不自知也",高度娴熟的技能已内化为生命活动,自然而然生长出诗词、书法、绘画等艺术作品。

苏东坡在评文与可的竹画时说道:"与可画竹时,见竹不见人。岂独不见人,嗒然遗其身。其身与竹化,无穷出清新。"(《书晁补之所藏与可画竹三首》)东坡追求自然清新的审美情趣,拒绝功利和技巧,任生命真性自然流露,让生命之本体自然呈现。这是艺术创作的自由境界,也是"性命自得"的人生境界。真正的艺术作品基于一定的法度,但又超越法度之上,意在笔先,心手如一,正所谓:"出新意于法度之内,寄妙理于豪放之外,盖所谓游刃余地,运斤成风者耶?"[4]在《枯木怪石图》中,苏东坡画了枯木一

---

[1] 苏轼:《苏轼诗集》,孔凡礼点校,中华书局,1982,第673页。
[2] 苏轼:《苏轼文集》,孔凡礼点校,中华书局,1986,第2211页。
[3] 苏轼:《苏轼文集》,孔凡礼点校,中华书局,1986,第390页。
[4] 苏轼:《苏轼文集》,孔凡礼点校,中华书局,1986,第2213页。

株，怪石一块，看似毫无法度，实则超略形似，笔墨清晰明了，毫无凝滞之感，呈现了一个生机盎然的生命世界。在这里，枯木延展出天空和大地，怪石流溢出山水和草木，它们共同组成了息息相关的生命场域，演绎出大化流行、生生不息的自然精神。

关于苏东坡的枯木怪石图，朱良志曾说道："他的枯木竹石图等，是一种典型的由哲学思考推动的艺术创造，他画枯木寒林，在超越荣枯，不是以枯来表达生命的绝望，更不是通过枯来隐喻新生。"[1] 如果以物观之，草木荣枯，四季流转，天地万物无时无刻不在变化之中；如果以道观之，终始、盛衰、荣枯、生死"一"也。苏东坡在《赤壁赋》中写道："逝者如斯，而未尝往也。盈虚者如彼，而卒莫消长也。盖将自其变者而观之，则天地曾不能以一瞬。自其不变者而观之，则物与我皆无尽也，而又何羡乎？"[2]《赤壁赋》实乃关于"变"与"常"的哲学文章。以"变"来看，秋、冬时节的赤壁是不一样的，诗人感叹道："曾日月之几何，而江山不可复识矣。"这正是天地万物生生不息之道。苏东坡恰恰就是要超越生成变坏的节奏，超越由变所带来的名利荣辱、盛衰成败的功利考虑，追求"卒莫消长"的永恒。他说："惟江上之清风，与山间之明月。耳得之而为声，目遇之而成色。取之无禁，用之不竭。是造物者之无尽藏也，而吾与子之所共适。"[3] 对于东坡而言，在变动不居的宇宙中安放自我，自适于天地万物之间，就可以当下圆满、瞬间永恒。这是一种审美的自由境界。

苏东坡常说"造物初无物""造物本无物""空洞更无物"等等，并不是说无中生有，而是说生成变坏乃瞬间之事，执着于物毫无意义，更反对以知识、审美、道德去区分万物。他提倡"寓意于物"的审美态度。他说：

> 君子可以寓意于物，而不可以留意于物。寓意于物，虽微物足以为

---

[1] 朱良志：《一花一世界》，北京大学出版社，2020，第400页。
[2] 苏轼：《苏轼文集》，孔凡礼点校，中华书局，1986，第6页。
[3] 苏轼：《苏轼文集》，孔凡礼点校，中华书局，1986，第6页。

乐,虽尤物不足以为病。留意于物,虽微物足以为病,虽尤物不足以为乐。[1]

不留意于物,是不为物所累,超越分别,澄明真性。抱持这样的态度,可以"出生死,等巨细,平尊卑,舍爱憎,超越历史与现实,所谓当下圆成是也。这是其人生的目标,也是其艺术至高境界的标准"[2]。只有以虚空的心境与万物相往还,才能超越万物而拥有万物,从而"与物同游,与万物共成一个独特的体验世界,没有物我相对之境界,给人带来怡然自适之体验"[3]。因此,苏东坡要创造一个随物宛转的艺术世界。枯木怪石的传统并不始于东坡,但真正从思想上认识这一艺术形式的应该首推东坡。他画枯木、怪石,拒绝水彩,推崇小景,就是要淡去巨细、美丑、荣枯的区别与对峙,抵达"坐观万景得天全"的生存境界。

除了枯木,在绘画表达时,苏东坡还有意凸显石之"丑",借以表达他超越生死、浓淡、美丑,从而让生命自我呈现的审美理想。他曾说:"梅寒而秀,竹瘦而寿,石丑而文,是为三益之友。"[4]在中国古汉字系统中,石是冷硬、粗粝、朴拙的,它是"丑"的,而苏东坡从石之"丑劣"中发现了"至好"。这就面临着如何看待"丑"与"美"的关系问题。按照常规的审美标准,黝黑而多窍的石头是丑的,可"怪怪奇奇石,谁能辨丑妍?"(刘克庄《药洲四首》)所谓的"丑"和"妍"都是人为的区分,真正的审美应该超越知识、趣味、道德的局限,让物成为物自身,实现物我之间的往还。这样的美是一种"大全""天全",它是天地万物的自然呈现。苏东坡有诗曰:"如今老且懒,细事百不欲。美恶两俱忘,谁能强追逐。"(《寄周安孺茶》)欧阳修亦云:"砖瓦贱微物,得厕笔墨间。于物用有宜,不计丑与妍。"(《古瓦砚》)美与丑,

---

[1] 苏轼:《苏轼文集》,孔凡礼点校,中华书局,1986,第356页。
[2] 朱良志:《一花一世界》,北京大学出版社,2020,第390页。
[3] 朱良志:《一花一世界》,北京大学出版社,2020,第405页。
[4] 罗大经:《鹤林玉露》,孙雪宵校点,上海古籍出版社,2012,第14页。

乃是知识的见解、道德的分别，不符合天地万物的真性。东坡并不是以"丑"为美，也不是化"丑"为美，而是要取消关于美、丑的人为设定，展现天地万物自然而然的生命样态，从而表达对浑整的、质朴的生命真性的坚守。

苏东坡以独特的艺术手法呈现了一个无高下、尊卑、美丑之别的生命世界，在这里，"我"与天地万物共同组成一个"意义相关的世界"，彼此照亮，瞬间生成，圆满自足。"我"从"石"之"文"中看到了瘦、漏、透、皱，更看到了造就"石""文"之"水"的万千姿态。这实际上从石之"丑"中演绎出了"外枯而中膏，似淡而实美"的艺术境界。这也是中国古人瘦淡而朴茂的人生境界。苏东坡曾云："君看岸边苍石上，古来篙眼如蜂窠。但应此心无所住，造物虽驶如吾何。"（《百步洪二首》）在生灭、盛衰、荣枯、流变中见出恒常如斯，努力挣脱自我的局限，超拔、升腾，与天地万物融为一体。

在枯木中超越荣枯，在怪石中超越美丑，让生命真性"敞亮"。这是苏东坡"无还"之道的艺术表达。苏东坡认为最高的艺术境界是"寄至味于淡泊"，在素朴、疏淡的艺术形式中如实呈现一个鸢飞鱼跃、生机盎然的生命世界，而水墨很好地保全了天地万物的素朴、天然、整全。"夫画道之中，水墨最为上，肇自然之性，成造化之功。或咫尺之图，写百千里之景。东西南北，宛尔目前；春夏秋冬，生于笔下。"[1]水墨最能表现自然之性、自然之道。对于古代文人来讲，有意拒绝或淡化色彩对画意的侵袭和渗入，主要想让万物之"本"从纷繁复杂的"象"中解放出来，从而呈现一个生机盎然的真如世界。追求形似一般会运用丹青、朱黄、铅粉，以达到逼真的效果，而淡墨挥扫，更适宜表达文人墨客之性灵、情趣。

自晚唐五代以来，"绮丽"之风渐被抛弃，水墨逐渐成为中国绘画的主要表现形式。到了北宋，深受性理之学浸染的宋儒更加偏爱高古、清雅之境，正如欧阳修在《画鉴》中提倡的"萧条淡泊"之画意。"从宋代开始出现的追求淡逸的风格几乎成了中国画的基本审美趋向，浓艳缛丽的色彩和气氛渐

---

[1] 俞剑华：《中国绘画史》，东南大学出版社，2009，第61页。

渐从主流绘画语汇中退出，水墨渲染的表现方法深深地扎下了根，高人逸品式的境界被渲染强化，汰去可能引起人欲望的成分，绘画成为提升人们情性的媒介。"[1] 故苏轼欢喜枯木、瘦石、墨竹等萧疏荒寒之景，不敷五彩，寥寥数笔，情趣盎然，充分体现了宋代文人崇尚平淡、自然、素朴的审美理想。

苏东坡以竹石小景图呈现了一个圆满自足的生命世界，在方寸之间展现了宏阔、浩渺的宇宙天地。这种"小中现大"的绘画风格是东坡自觉的艺术追求。"小中现大"本于《楞严经》，曰："一为无量，无量为一，小中现大，大中现小。""一"为世界的真如，万物皆为"一"的显现，这就是万物之"理"；"一"为"大全"，它化生出形态各异的天地万物，这就是万物之"殊"。一与万、理与殊乃一体，无分别，无差等，是"月落万川，处处皆圆"的天地境界。苏轼曾说："但怪云山不改色，岂知江月解分身。"（《次韵赠清凉长老》）此诗蕴含着"一月普现一切水，一切水月一月摄"的禅理。苏辙亦说："大而天地山河，细而秋毫微尘，此心无所不在，无所不见。是以小中见大，大中见小，一为千万，千万为一，皆心法尔，然而非有所造也。"[2] 苏氏蜀学有着浓厚的儒道释三家思想贯通之痕迹，从"心"上找寻人生存在的价值和意义，体现在艺术领域，就是在方寸之间完成心灵的推展，故苏东坡激赏鄢陵王主簿的折枝，曰："谁言一点红，解寄无边春。"无边的春色尽在一朵微花中，万物之气象尽在"一点灵明"中。苏东坡有诗云："我持此石归，袖中有东海。"他从东海如"弹子窝"一样的小石中窥见天地宇宙之精神。他将奇石命名为"壶中九华"，也是此意。

苏东坡有着俯仰人生、逍遥天地的宇宙情怀，他提倡的"寓意于物"就是要摆脱人为的大小、高低、美丑的羁绊，将自我从知识、道德中解放出来，直面存在，瞬间体悟，当下圆满。因此，苏东坡在绘画中对于枯木怪石、荒寒寂寞的表现，就是要从比兴传统的艺术追求中解放出来，转向对生命真性的体验和呈现，在一花一草、一竹一石中彰显万物的真意，从而回归生命自

---

[1] 朱良志：《扁舟一叶——理学与中国画学研究》，安徽教育出版社，2006，第29页。

[2] 苏辙：《栾城集》卷二十五，陈宏天、高秀芳点校，中华书局，1990，第429页。

身原有的秩序。在东坡的笔下，流动的是一个"活泼泼地""无量宇宙"。当他用笔模拟天地万物时，也在言说着一个真实而鲜活的"我"。黄庭坚曾赞道："折冲儒墨阵堂堂，书入颜杨鸿雁行。胸中元自有丘壑，故作老木蟠风霜。"(《题子瞻枯木》) 学生兼挚友的山谷深懂东坡先生的心胸："老木"自有"丘壑"。

"如果艺术仍然需要以审美的方式表现，那么它的前提是以真为美。如果艺术仍然需要彰显善的价值，那么最大的善就是通过艺术恢复人性的素朴和真纯。'圣代复元古，垂衣贵清真。'就艺术评价而言，能否通过艺术彰显自然和人性之真，是对艺术作品价值的终极判断。"[1] 在东坡的艺术世界里，真善美是高度统一的。东坡之"丘壑"既有着风流倜傥的神采，清新高雅的情趣，更充盈着磊落洒然的风度，以及浩然天地间的气骨。他一生宦海沉浮，屡遭贬谪，却总是以阔大的心胸坦然接受生命中所有的遭遇。在他看来：自然流转不息，天道也；世事沉浮盛衰，人道也。荣与辱、穷与达、出与入，以"道"视之，全然没有本质的不同。人生如寄，如泡如影，风雨也好，晴天也好，都是生存的外显形式，属于生命中应有的不同状态，且瞬息万变，相互转化，又何必执着。如此，苏东坡将个人之悲喜、人生之沉浮放置于大化流行的自然中，在他者与自我、社会与个体、道德与情感、规训与自由之间悠游从容、进退自如，最终抵达与天地同流的人生至境。

第三节 最爱那片石

《云林石谱》的跋文开篇即言"石与文人最有缘"。赏石文化大概形成于唐，成熟于宋。朱良志曾说："石和中国人的审美生活有密切的联系。一片顽石，成为几案上的清供；叠石成山，成为园林的常设；盆景是园林艺术的

---

[1] 刘成纪：《先秦两汉艺术观念史》，人民出版社，2017，第186页。

扩大化，也与石密切相关。"[1]杨晓山曾指出，中唐以来，一种凸显文化精英独特审美情趣的新"石头美学"悄然兴起。唐代文人多欢喜奇石，以白居易、柳宗元为代表。"人皆有所好，物各求其偶。渐恐少年场，不容垂白叟。回头问双石，能伴老夫否。石虽不能言，许我为三友。"（白居易《双石》）石已融入白居易的日常生活中，与琴、酒等文人之物一起构成富有情趣的意义世界。白居易视石为友人、知己，"一片瑟瑟石，数竿青青竹。向我如有情，依然看不足。况临北窗下，复近西塘曲。筠风散余清，苔雨含微绿。有妻亦衰老，无子方茕独。莫掩夜窗扉，共渠相伴宿"（白居易《北窗竹石》）。白居易甚爱太湖石，写下了著名的《太湖石记》，他对于"嗜石之自"有着精深的理解：

> 古之达人，皆有所嗜。玄晏先生嗜书，嵇中散嗜琴，靖节先生嗜酒。今丞相奇章公嗜石。石无文无声，无臭无味，与三物不同，而公嗜之，何也？众皆怪之，走独知之。昔故友李生名约有云："苟适吾志，其用则多。"诚哉是言，适意而已。……撮要而言，则三山五岳，百洞千壑，覼缕簇缩，尽在其中。百仞一拳，千里一瞬，坐而得之。此所以为公适意之用也。……噫！是石也，百千载后，散在天壤之内，转徙隐见，谁复知之？欲使将来与我同好者，睹斯石，览斯文，知公之嗜石之自。[2]

在这篇长文中，白居易指出，石头本身无文、无声、无臭、无味，为何引得奇章公笃爱？因其"适意"。石头的意义就在于"适意"，它早已退隐了诸如哲学、道德层面的象征意义，增添了更多的诗意与浪漫。很明显，我与石之间只是"情投意合"。当我剥除了知识、道德、功利的迷障后，"吾心"是开敞的，澄澈的，与石迎面相遇时，故能深体石本身的广度与深度。从"适意"的层面来看，我与石注定只是当下的、瞬间的"意合"，石携带着时

---

[1] 朱良志：《真水无香》，北京大学出版社，2010，第185页。
[2] 白居易：《白居易文集校注》，谢思炜校注，中华书局，2017，第2059页。

空镌刻的纹理，静默在我面前，"诉说着"曾经的繁华与荒凉，坚守与失落，我则以虚空、寥落之心去接纳它，包容它，从而将其融入自我生命当中，而"意"终将消散于时空之流中，犹如石，故借文以传之。对于石头的赏玩，白居易发展出哲思与情趣相融的审美范式，对后世文人影响极大。对于文人而言，与石相遇乃意合，这为石平添了诸多浪漫与诗意。因为，石与我当下、瞬间"相对"必然是个体的、独特的生命体验。

发展至宋代，文人更是爱石成癖。曾幾曰："闲居百封书，总为一片石。"米芾则自嘲道："癖在泉石终难医。"苏轼则曰："园无石不秀，斋无石不雅。"南宋杜绾的《云林石谱》记录名石逾百种。北宋文人善于赏石、理水，还搭配花木，供养于几案间。其中，苏东坡和米芾极大推动了赏石文化的发展。对于石，苏东坡有着别样的深情。他曾在蓬莱阁下得数百枚"圆熟可爱"的石子，用以养石菖蒲，作《文登蓬莱阁下，石壁千丈，为海浪所战，时有碎裂，淘洒岁久，皆圆熟可爱，土人谓此弹子涡也。取数百枚，以养石菖蒲，且作诗遗垂慈堂老人》，诗文如下：

蓬莱海上峰，玉立色不改。孤根捍滔天，云骨有破碎。
阳侯杀廉角，阴火发光彩。累累弹丸间，琐细成珠琲。
阎浮一沤耳，真妄果安在。我持此石归，袖中有东海。
垂慈老人眼，俯仰了大块。置之盆盎中，日与山海对。
明年菖蒲根，连络不可解。倘有蟠桃生，旦暮犹可待。

苏东坡持石归，置于盆盎中，以养石菖蒲。其实，东坡以石养性灵、养生命。有灵性的石头，生蓬莱，藏东海，它不仅仅见证着春华秋实、四季更迭，更是与水相激相荡、彼此成全。在东坡营构的艺术图景中，蓝天、白云、蓬莱、大海构成了宏阔而辽远的自然世界，而山石、菖蒲、蟠桃、盆盎构成了精微而内敛的人文空间，在自然与人文、外在与自我之间，是文人独特的审美情趣与人生体验。对于古代文人而言，赏石、玩石，绝不仅仅属于"视""听"层面的感官享受，而是在山石中摩挲岁月的痕迹，聆听万物的声音，触摸生命的温度。苏东坡欢喜各种各样的石头，美其名曰"雪浪石""仇池石""壶中九华"等。其诗作《雪浪石》云："得白石曲阳，为大盆以盛之，激水其上，名其室曰雪浪斋云。"在扬州，苏东坡曾得白、绿双石，并作《双石》一诗，其序云：

> 至扬州，获二石。其一绿色，冈峦迤逦，有穴达于背。其一玉白可鉴。渍以盆水，置几案间。忽忆在颍州日，梦人请住一官府，榜曰"仇池"。觉而诵杜子美诗曰："万古仇池穴，潜通小有天。"乃戏作小诗，为僚友一笑。[1]

东坡在扬州得绿、白双石，养在盆中，以水相激，置于几案间，旦暮相对。后来，念及仇池石"太孤绝"，欲以百金购买九华石，与之相伴，并作《壶中九华诗》曰："念我仇池太孤绝，百金归买碧玲珑。"并作引云："湖口人李正臣，蓄异石九峰，玲珑宛转，若窗棂然。予欲以百金买之，与仇池石为偶，方南迁，未暇也。名之曰'壶中九华'，且以诗记之。"[2] 无论是"壶中九华""袖中有东海"，还是"潜通小有天"，都表达了东坡对于天地万物、个体生命，以及自然与人类、自然与文化的关系的深度思考。米芾称石头为"石兄"，他则被时人称为"米颠"。顾瑛也在《拜石坛记》中记载：

> 瑛素有米颠之癖，见奇峰怪石，辄徘徊顾恋，不忍舍去，或百计求之，不得者必图写其形似，标诸草堂壁间，以为几格供。……独有一石似璧而失其左股，欹卧于高梧之下，上有老坡题识、筋咏之语。易之归而立诸中庭，左映右带，无非松竹、芭蕉、枇杷之属，多者书带草耳……于是砌石为坛，字曰"拜石"。[3]

---

[1] 苏轼：《苏轼诗集》，孔凡礼点校，中华书局，1982，第1880页。
[2] 苏轼：《苏轼诗集》，孔凡礼点校，中华书局，1982，第2047页。
[3] 王稼句：《苏州园林历代文钞》，上海三联书店，2008，第230页。

第五章 文人之趣

人与石之间的关系，既紧张又松弛，既庄严又随意，赏石中有拜，拜石中有玩，在赏玩中，人的主体性既丧失又扩充，弥漫的是人与物相遇相成生发的情趣与意味。米芾不仅收藏、赏玩各种天然奇石，还痴迷于收藏砚石。砚石，古时又称砚山，属于文房石类。米芾曾编写一部《砚史》，对于后人研究文房古砚的材质、形制、纹饰乃至制砚工艺都有着重要参考价值。后人根据米芾品石、藏石的风格，逐步总结出"四字相石法"，从"秀、瘦、雅、透"到清代郑板桥的"瘦、皱、漏、透"之说，都是对米芾品石的高度概括。李渔亦云：

> 言山石之美者，俱在透、漏、瘦三字。此通于彼，彼通于此，若有道路可行，所谓透也；石上有眼，四面玲珑，所谓漏也；壁立当空，孤峙无倚，所谓瘦也。然透、瘦二字在在宜然，漏则不应太甚。若处处有眼，则似窑内烧成之瓦器，有尺寸限在其中，一隙不容偶闭者矣。塞极而通，偶然一见，始与石性相符。[1]

石性是什么？"塞极而通，偶然一见"。"反者道之动"，塞与通，自然而然的生命历程，故才可以于"偶然"处"一见"。此完全摒弃了人为，毫无心机，毫无雕琢之意。这就是中国古代文人眷恋山石的深层原因。计成曰："片山块石，似有野致。"（《园冶》）面对片石，文人以诗眼、诗心去体味自然的生意、生命的苍古。

文人多喜怪石、顽石、丑石。白居易晚年偶得两石，作《双石》云："苍然两片石，厥状怪且丑。俗用无所堪，时人嫌不取。结从胚浑始，得自洞庭口。万古遗水滨，一朝入吾手。"对于时人来讲，无法实现"俗用"的功能，石就是丑的，被嫌弃的。在这里，石是被视为工具性的存在，它无法被规制、被使用，就会沦为无用之物。对于文人而言，石是知己。在千秋相对中，裹

---

[1] 李渔：《闲情偶寄》，江巨荣、卢寿荣校注，上海古籍出版社，2000，第223页。

挟着浩渺时空、历史尘烟的片石被唤醒，诉说着存在的真意，而"吾"也超越了世俗，与石共沉浮，一道化入大化流行的宇宙精神中。白居易以"丑"言石，意在消解人对石的功利态度。赵希鹄云："怪石小而起峰，多有岩岫耸秀窈窕之状，可登几案观玩，亦奇物也。"(《洞天清禄集·怪石辨》)赵希鹄并不是以"怪"为癖，而是在"怪"中看到了自然万物的盎然生意，体会了天地造化的生命精神。刘熙载在《艺概》中说："怪石以丑为美，丑到极处，便是美到极处。一'丑'字中，丘壑未易尽言。"[1]郑板桥亦云："得美石难，得顽石尤难，由美石转入顽石更难，美于中，顽于外，藏野人之庐，不入富贵之门也。"郑板桥的"顽"在于天然、野趣、质朴。

对于古代文人而言，石头的真性、生命的真意恰恰是在丑、朴、顽中显现出来的。苏东坡曰："梅寒而秀，竹瘦而寿，石丑而文，是为三益之友。"(《东坡志林》)石看似无所依傍，无秩序，无规则，它是怪奇的、拙朴的、野逸的，但确是石自身的生命状态。这是一个未被规训的自然、自在、自足世界。郑板桥画石而题文：

  米元章论石，曰瘦、曰绉、曰漏、曰透，可谓尽石之妙矣。东坡又曰："石文而丑。"（注：郑板桥错误引用）一"丑"字则石之千态万状，皆从此出。彼元章但知好之为好，而不知陋劣中有至好也。东坡胸次，造化之炉冶乎！燮画此石，丑石也。丑而雄，丑而秀。

中国古代文人就是要通过丑来彰显天机、天趣、生意，以区别那些充满匠气的、巧饰的、虚幻不实的人工之美。"中国人爱石的怪、顽、瘦、拙，不是爱它的表面形式感，而寄寓着一种精神追求，它表达了这样的思想：理性的约束会丧失真性，过分功利性的追求会伤害人的生命，依附性的生存是一种虚假的存在，过分的雕琢只会背离原初的真实。"[2]中国古代文人所欣赏

---

[1] 刘熙载：《艺概》，浙江人民美术出版社，2017，第174页。
[2] 朱良志：《真水无香》，北京大学出版社，2010，第195页。

的石，一般为玄色，混沌一片，不规整，少绚烂，却天然、质朴。这与道禅哲学有一定的关系。无论是老庄对"自然"的推崇，还是佛家讲究的"明心见性"，都是要超越天人、物我、美丑的分别，走向"道通为一"的自然而然的境界。

相比较形色多变的花草树木，石天然具有苍古、沉郁、默然之性。一石清供，千秋如对。古成为石的审美因子：

> 墙内有松，松欲古；松底有石，石欲怪。[1]
>
> 天地至精之气，结而为石。……物象宛然，得于仿佛，虽一拳之多，而能蕴千岩之秀。[2]

无言、寂寞的石言说着岁月的流转、隽永，它以无言之言道出了生命的永恒。当面对"一拳之石"时，内心顿时明亮起来，从寂寞中读出深情，从苍古中看到绚烂，从静默中品出浪漫。有限与永恒、苍凉与温暖，在石、我相对中氤氲升腾。很显然，石是一个鲜活的生命存在，而不是僵硬的物，它与人融为一体，化入天地宇宙中。人与石相对，似真如幻，回环往来，生意流转。这是一个生意盎然的生命世界！

正因为石兼具自然与人文精神，从而成为古典园林不可或缺的重要元素。沈复在《浮生六记·闲情记趣》中说道："掘地堆土成山，间以块石，杂以花草，篱用梅编，墙以藤引，则无山而成山矣。"[3]本为平地，却通过"掘"和"堆"的行为完成了山体的营造，再辅以花草、块石，一座植物丰茂、犬牙参差的"山"矗立于天地之间。在人的布置下，这座山勾连了生命个体与自然万物，山的情致、人的意趣，全在抬头、俯耳的相遇相成中。江南园林中多为太湖石。"太湖之石闻天下，自唐则然矣。牛奇章致天下之石，而独

---

[1] 陈继儒纂辑《小窗幽记》，成敏评注，中华书局，2013，第262页。

[2] 杜绾：《云林石谱》，中华书局，2012，第1页。

[3] 沈复：《浮生六记》卷二，江苏古籍出版社，2000，第23页。

以太湖为甲,贵可知也。"[1]而太湖石中,又尤以水中石为最。范成大在《吴郡志》中说太湖石"以生水中者为贵。石在水中,岁久为波涛所冲撞,皆成嵌空。石面鳞鳞作靥,名曰弹窝,亦水痕也"[2]。吴中所尚假山,皆用此石。我们可以从石中聆听云卷花落,草长虫鸣,如此,一片石便流溢着大化流行的自然生命精神。王耘曾说:

> 山石尤忌外显。当人们把太湖石从水底取出,置于园内、厅前、楼后、阁旁、窗下、池中,它收纳外物的本性并没有衰减;它甚至可以接受更多的在水中无缘接受的阳光、空气、雨露。所以,江南园中的石头不是建筑的附属品,它本身就是建筑。它是凹进的,它的观念、它的灵魂使它虚位以待、空空如也。[3]

园林中的"叠山"讲究山石的绵延、交错,讲究其与天地万物的有机联系,追求层层叠叠中对于自然山体形式的营造,在自由散漫中尽显万物之趣。苏东坡曾曰:"石丑而文。""文"之"理"在于"水","石"在"水"的包孕之中,有了"水"的轻柔、温润,更有着"水"的万千色彩。同时,"水"之无形,因物赋形,造化了"石"的瘦、漏、透、皱。苏东坡从"文"与"丑"中演绎出了外枯而中膏,似淡而实浓的艺术境界,也是古人的生命世界——从瘦淡中流溢出朴茂绚烂。文震亨曾说:

> 石令人古,水令人远。园林水石,最不可无。要须回环峭拔,安插得宜。一峰则太华千寻,一勺则江湖万里。又须修竹、老木、怪藤、丑树,交覆角立,苍崖碧涧,奔泉泚流,如入深岩绝壑之中,乃为名区胜地。[4]

---

[1] 金友理:《太湖备考》,薛正兴校点,江苏古籍出版社,1998,第557页。
[2] 杜绾等:《云林石谱(外七种)》,王云、朱学博、廖莲婷整理校点,上海书店出版社,2015,第39页。
[3] 王耘:《江南古代都会建筑与生态美学》,社会科学文献出版社,2012,第243页。
[4] 文震亨:《长物志校注》,陈植校注,江苏科学技术出版社,1984,第102页。

在这里，石，默然静立；水，流动不息。二者在"远""古"中诉说着时间的悠长和空间的幽深，彼此印证，相互观照，形成了一个水流花开、人我相照的圆融世界。自然万物固然天然自生，有着内在的自我价值，但对于渴盼融入自然的人来说，定然有着对山水万物的疏导、凿取、挪移，无论是"身"的参与，还是"心"的摄取，自然万物已然染上"吾"的色彩和温度。

对于石的态度，文人的精神指向非常明确，不在乎石的高大、威严，而在于石的灵气、奇趣，在于被水包孕、浸润、摩挲而生出的温情，水之柔与石之古相互映照、相互成全。石是坚韧的、不易消磨的，它历经岁月沧桑，见证人间悲喜；见石易起幽思、幽情，总会想起永恒、亘古这类字眼。而水则是灵动的、温柔的、明亮的，但凡灵性的石头，必然有弹窝，这是石与水的相互成全，更是刚强与柔弱的奇妙融合。我们可以从石中聆听云卷花落，草长虫鸣，如此，一块拳石流溢着大化流行的自然生命精神。在文人书房案头，石俨然已幻化为乐器，在墨、香氤氲中发出钟磬声响。赏玩石头，绝对不仅仅是"视"，更是"听"，聆听岁月长河中石与水的喁喁私语。文人士大夫之所以钟爱太湖石，就在于其"叩之有声"，诉说着悲欢离合、沧海桑田。石俨然成了富有灵性的存在。

天空、大地、山石、流水、草木、阳光、雨露，它们共同组成了生命的场域，万物殊异，而又彼此嵌合，全赖大化流行、生生不息的自然精神；它可以是气，是理，是性，但它首先是生，生命、生长、生动都是它的温度和色彩。天与人相遇，实乃人在天地之间展开的生命之旅，在与自然万物"耳鬓厮磨"中诉说、模拟、勾画着独特的生命体验。正如恽南田所说："意贵乎远，不静不远也；境贵乎深，不曲不深也。一勺水亦有曲处，一片石亦有深处。"(《南田画跋》)因为"一"就是"全"，"小"就是"大"。古代文人善于在一竿竹、一枝梅、一拳石、一曲水中彰显无尽的能量，"小""少"中蕴含着"大""多"，一花一世界，一草一天国。微小的世界可以破除世人对纷繁万象的执迷，反而更易于使世人在拳石、曲水中抵达自在圆满的天地境界。苏东坡在刘敞家中看到唐苑中石，作诗云：

> 都城日荒废，往事不可还。惟余古苑石，漂散尚人间。
> 公来始购蓄，不惮道里艰。忽从尘埃中，来对冰雪颜。
> 瘦骨拔凛凛，苍根漱潺潺。唐人惟奇章，好石古莫攀。
> 尽令属牛氏，刻凿纷斑斑。嗟此本何常，聚散实循环。
> 人失亦人得，要不出区寰。君看刘李末，不能保河关。
> 况此百株石，鸿毛于泰山。但当对石饮，万事付等闲。

都城荒废，往事已了，聚散离合，得失轻重，都付于笑谈中。只有片石苍然，瘦骨嶙嶙。石在时间之中，亦在四时之外。石打量着斗转星移，世事变幻，同时又承载着文人独特的生命体验。这样的石既在世，又出世；既有限，又永恒。山石之思，深蕴着古代文人的人生态度和审美趣味，无论是园林中的叠山理水，还是案头的拳石勺水，都是文人心灵的创造性表现，即通过一种独特的形式彰显大化流行的自然精神。朱良志曾说：

> 赏石，如沿着一条苍莽的古道，直达宇宙洪荒，直探生命之源。石是枯的，无生感。正以其无生，故而无死，是一个真正的"不生不死"者。至生者无生，因其"生生之厚"，所以没有一物不被无常吞。一团顽石，冷然掷于世界，无生生之厚。因为无生生之厚，所以长生。正因如此，石虽枯而犹润，在枯燥中见润——充盈的生命展现、无边的生命活力。[1]

文人与山石相对，彼此照亮，相互澄明。山石乃生生不息的宇宙精神的显现，文人赏玩山石就是要以生命之真直面自然山水，祛除理性、知识的迷障，摆脱是非、美丑的羁绊，以道观物，以物观物，"直探生命之源"。古代文人善于超越存在的有限，将自我没入自然中，尽享天机、天趣，从而抵达有无、虚实、真幻融通的天地境界。

---

[1] 朱良志：《真水无香》，北京大学出版社，2010，第212页。

第四节　书房清赏

北宋文人进一步发展出文房雅趣。宋代《洞天清禄集》里所提及的大多为古物，诸如古琴、古砚、古钟鼎彝器、怪石、砚屏、笔格、水滴、古翰墨真迹、古今石刻、古画等，古物具有杳渺的"历史"印迹，它们承载着遥远时代的烽火烟云、幽思情致。北宋时期城市经济发达，政治清明，书院盛行，文人士大夫普遍具有极高的文化素养与审美鉴赏力，他们待遇优厚，闲暇时日多，故对于古器物的赏玩达到了极高的境界，远非汉唐和元明时代的人所比。金石学形成于北宋时期，欧阳修是金石学的开创者，曾巩的《金石录》是代表作，代表人物是李清照、赵明诚。王国维曾高度评价宋人对古器物的赏鉴与研究，他说：

> 金石之学，创自宋代，不及百年，已达完成之域。原其进步所以如是速者，缘宋自仁宗以后，海内无事，士大夫政事之暇，得以肆力学问。其时哲学、科学、史学、美术，各有相当之进步，士大夫亦各有相当之素养，赏鉴之趣味与研究之趣味，思古之情与求新之念，互相错综。此种精神于当时之代表人物苏（轼）、沈（括）、黄（庭坚）、黄（伯思）诸人著述中，在在可以遇之。其对古金石之兴味，亦如其对书画之兴味，一面赏鉴的，一面研究的也。汉、唐、元、明时人之于古器物，绝不能有宋人之兴味，故宋人于金石书画之学，乃陵跨百代。近世金石之学复兴，然于著录考订皆本宋人成法，而于宋人多方面之兴味，反有所不逮。故虽谓金石学为有宋一代之学，无不可也。[1]

王国维认为，宋人对于金石既有"赏鉴之趣味"，亦有"研究之趣味"，

---

[1] 王国维：《王国维遗书》第3册，上海书店出版社，2011，第718页。

是因为宋代社会文化进步，士大夫具有较高的综合素养。当时的代表人物如苏轼、黄庭坚、沈括、黄伯思都是学养丰厚、精通琴棋书画，具有极高鉴赏力的大家。欣赏高古之物的基本要求是"人格诚高，学问诚博"。欧阳修在《集古录目序》中呈现了自己沉醉于古物中的欣喜之情："汤盘，孔鼎，岐阳之鼓，岱山、邹峄、会稽之刻石，与夫汉、魏已来圣君贤士桓碑、彝器、铭诗、序记，下至古文、籀篆、分隶诸家之字书，皆三代以来至宝，怪奇伟丽、工妙可喜之物，其去人不远，其取之无祸。"[1]欧阳修沉浸于"怪奇伟丽、工妙可喜"的古物之中。在仁宗时期，形成了以刘敞、欧阳修、梅尧臣、蔡襄为核心的鉴古士人群体。

苏东坡对古器颇有研究，但并不热衷于收藏古器。他对"物"抱有一定的警惕之心，采取一种远观或疏离的态度赏玩。他会淡去古器物所承载的政治、伦理之"用"，与之在当下相对中一起沉浮，体味生命的真意。苏东坡总会以一种超然的审美态度来直面"物"，荡去厚重的历史尘烟，摒弃人为的知识判断，将真实的生命引入"物"中，与物共俯仰。他可以用春秋时期的礼器来烹茶，也可以用汉代的古铜盆来供白石，一切皆宛转流行，自在自得。面对古器物，苏东坡属意的不是其承载的种种外在价值，诸如权力、地位、功名等，而是物自身的当下状态。当以名来规定物时，物就成了人的附庸存在，被限制、被局限，遮蔽了其自身的真实存在。只有解除种种羁绊，物才能走向澄明，在每一个真实的生命瞬间，与人相遇相成。在《后怪石供》中，苏东坡说道："供者，幻也。受者，亦幻也。刻其言者，亦幻也。夫幻何适而不可。"如此，古物可以为国之重器，亦可以为凡常日用。其实"自元祐文人始，古器不再只是人们追捧的对象和复原古礼的参照，它们融会于一个亲在的生活世界之中，从此开启了与文人相伴的岁月"。[2]宋代文人将古器安放于孤松、芭蕉、翠竹、怪石之中，烹茶、焚香、静思、作画、抚琴，流溢出闲适、古雅的宋人意趣。日常性淡化了古器的历史痕迹，而古意又渲

---

[1] 欧阳修：《集古录跋尾》，邓宝剑、王怡林笺注，人民美术出版社，2010，第1页。
[2] 李溪：《清物十志：文人之物的意义世界》，北京大学出版社，2022，第236页。

染着文人的诗意空间,从而氤氲出脱略四时、超越流俗的沉静、高古之美。宋代文人追求"真",推崇"敦朴古雅"之趣。相较于浩渺的宇宙,即使古器散发着因穿越历史尘烟而具有的永恒感,它也只是有限的存在,想要抵达不朽的理想境界,最好的办法就是取消时间,忘却古意,在手即得,当下完成。

相较于古器,"砚"是文人的日常器物。苏东坡谪居黄州时,曾在写给鄂州太守的尺牍中写道:"屏赞、砚铭,无用之物,公好事之过,不敢不写,装成送去,乞一览。"(《与朱康叔二十首》其十四)从文字中可以看出,东坡将砚铭视为一种"无用之物"。对于"砚",东坡有着怎样的审美态度?东坡在《丹石砚铭》中写道:"彤池紫渊,出日所浴。蒸为赤霓,以贯旸谷。是生斯珍,非石非玉。因材制用,璧水环复。耕予中洲,艺我玄粟。投种则获,不炊而熟。"东坡用诗一般的语言写出了石砚之美。他在序言中写道:"唐林父遗予丹石砚,粲然如芙蕖之出水,杀墨而宜笔,尽砚之美。"对于石砚,东坡有着多重审美观照的视角。石砚之"美",一则在于其"粲然如芙蕖之出水";二则在于"杀墨而宜笔"。前者是从石之形来看的,此石秉承天地之气,天然具有愉悦心灵的审美因子;后者是从石之用来看的,此石性能良好,好发墨,又利于书写,具有潜在的实用功能。东坡认为,此石极好地平衡了自然与人文、功利与非功利之间的关系,在保存石之真性的同时,又能为人所用。东坡在《天石砚铭》中写道:"一受其成,而不可更。或主于德,或全于形。均是二者,顾予安取。仰唇俯足,世固多有。"东坡从"德"与"形"两个维度来看石,认为,石乃天地造化之物,一旦"成",而"不可更",无论是"主于德",还是"全于形",都是石与人相遇相成,彼此成全。东坡拒绝从"用"的角度对石进行雕琢,而是尽可能尊重石形、保全石性。

砚与人永远是"非相待"的关系,它不需要等待人的发掘,更无需人赋予的各种价值,它只是氤氲着天地日月精华的块石,有着自我的生存状态与生命历程,它自在、自成、自得,它自身就是一个圆满世界,不为他者而生,却已生出一个生机盎然、生生不息的意义世界。苏东坡对于"砚"的思考,实则是对"石"的思考。石是坚硬的、沉默的,透着历经岁月的沧桑感,甚至因风雨侵袭而丑陋、怪异，但正是这些顽石、怪石、块石、片石见证着四季轮回、尘世烟云。它似乎一直在等待，等待与之心意相通之人，互诉衷曲，言说着关于自然、关于人类的一切；它又好像从未等待，其本身就是一个不断涌现、自我澄明的生命场域，拒绝任何政治、道德、知识的嵌入，保存真性、真意。金农曾说："石不能言，惟俟有道者定之耳。"[1]石的天性决定了砚的本性。苏东坡说石砚"厚而坚，足以阅人于古今。朴而重，不能随人以南北"（《孔毅甫龙尾砚铭》）。

  对于文人而言，石砚具有双重性：它来自天地自然，不附属于人类，它是自在、自足的生命体，一定程度上象征着不朽、永恒，见证着春华秋实、沧海桑田，具有天然的质朴性、稳定性；同时，它又与人共在，彼此照亮，与旦暮相对的文人一起生长。人类通过文字记载一个朝代的盛衰沉浮、无数生命体的荣辱悲喜，这些文字不会因书写者逝去而消亡，它得以保存、传承，照彻宇宙，贯通古今，而石砚也在人们的阅读中对抗了时光的消磨，具有极强的绵延性、流动性。苏东坡对石砚的咏叹，实则对个体存在的思考。作为文学艺术家，东坡笔耕不辍，借一方石砚耕耘着生命的田地，用笔墨书写着生命的华章。后来者在石砚、文字中仿佛亲历了远去的历史场景，亲验了湮灭在历史尘烟中的悲欢离合。石砚与书写者、书写者与阅读者，构成了一个不断涌现、澄明的意义世界。在这个世界里，生命的真意得以彰显。对于文人而言，石砚与人已结为一体。石砚经由文人独特生命体验的浸染已具有极强的人文精神，它彰显着文人的理想信念、价值追求、人生境界，这样的石砚历经岁月淘洗，等待着心意相通的知己。

  除了坚硬、厚重的古器、古砚，轻盈、缥缈的"香"也成为宋人书房不可缺少的清赏之物。文人赏香，早在唐代就已萌芽，至宋代蔚为大观。在北宋，焚香成为文人日常生活不可或缺的重要内容，即使贫寒之士也"必焚香，必啜茗，必置玩好"。宋洪刍在《香谱·香之事》卷下"百刻香"条中说："近

---

[1] 金农：《冬心先生集》，侯辉点校，西泠印社出版社，2012，第161页。

世尚奇者,作香篆,其文准十二辰,分一百刻,凡燃一昼夜乃已。"[1]篆香是古人一种计时器,最初在寺院中流行。唐宋诗词中常见的百刻香,就是这种篆香。何为"篆香"?就是"将香料盘成篆字的样子,一般是用榆树皮粉作糊,加入檀香等香料,用金属格印制成盘旋状的线香,从一端点起,香灰留下篆形印迹,人们凭借香上的刻度和均匀的燃烧速度来计算时辰"[2]。古人对于时间的感受是通过天然植物做成的篆香来实现的。唐王建在《香印》一诗中写道:"闲坐烧印香,满户松柏气。"可知,此香乃天然松柏制成。晁补之《生查子·夏日即事》词云:"却挂小帘钩,一缕炉烟衷。"秦观在《减字木兰花》词中写道:"欲见回肠,断尽金炉小篆香。"宋代文人喜欢"焚香读易"。欧阳修在《读易》一诗中写道:"饮酒横琴销永日,焚香读《易》过残春。"香与佛有着天然的渊源,文人喜欢在袅袅轻烟中参禅悟道。《楞严经》云:

> 香严童子即从座起,顶礼佛足而白佛言:"我闻如来教我谛观诸有为相,我时辞佛,宴晦清斋,见诸比丘烧沉水香,香气寂然,来入鼻中。我观此气,非木非空,非烟非火,去无所著,来无所从,由是意销,发明无漏。"

佛讲六境,即人之眼、耳、鼻、舌、身、意分别与物相接而生成的色境、声境、香境、味境、触境、法境。从色、香、味三境入手,警醒世人一切分别法的虚幻不实。似有非有、若有若无,时空皆消弭于无时空中。宋惠洪《寄岳麓禅师三首》其一云:"数笔湘山衰眼力,一犁春雨隔清谈。遥知稳靠蒲团处,碧篆香消柏子庵。"香总会让人想起岁月悠长、人事推移、清虚淡雅诸如此类的字眼。陆游在《焚香赋》中写道:"厌喧哗,事幽屏。却文移,谢造请。闭阁垂帷,自放于宴寂之境。时则有二趾之几,两耳之鼎。爇明窗

---

[1] 刘幼生编校《香学汇典》,三晋出版社,2014,第33页。
[2] 朱良志:《四时之外》,北京大学出版社,2023,第44页。

之宝炷，消昼漏之方永。"[1] 宋徽宗《听琴图》也呈现出来香烟袅袅、琴声悠远的清雅世界。明李日华有一首著名的题画诗，云："霜落蒹葭水国寒，浪花云影上渔竿。画成未拟将人去，茶熟香温且自看。"[2] 整首诗呈现出香气缭绕、岁月静长的审美境界。陈洪绶的《暂息》云："不坐小窗香一炷，那知暂息百年身。"被世事缠绕的"百年身"在一炷清香中获得安宁。古人焚香不只是日常行为，而是直抵生命的真实。在焚香中，澡雪精神，洗涤性灵，体会静寂的玄妙，进入非时空的生命体验中。

陈继儒在《太平清话》中写道：

> 香令人幽，酒令人远，石令人隽，琴令人寂，茶令人爽，竹令人冷，月令人孤，棋令人闲，杖令人轻，水令人空，雪令人旷，剑令人悲，蒲团令人枯，美人令人怜，僧令人淡，花令人韵，金石鼎彝令人古。

在文人的世界里，花、香、石、蒲团、金石等都是清雅之物，它们令人幽、远、隽、古。苏东坡深切地热爱着这个尘世，尽情舒展生命的触角，拥抱世间万物，在花、竹、石、香中畅饮生命的甘醇。问题在于，"玩物"是一种健康的审美情趣吗？如果是，又如何提升为一种"审美"？物、人之间的审美关系如何确立？苏东坡曾说：

> 始吾少时，尝好此二者。家之所有，唯恐其失之；人之所有，唯恐其不吾予也。既而自笑曰：吾薄富贵而厚于书，轻死生而重于画，岂不颠倒错谬失其本心也哉？自是不复好。见可喜者虽时复蓄之，然为人取去，亦不复惜也。譬之烟云之过眼，百鸟之感耳，岂不欣然接之？然去

---

[1] 曾枣庄、刘琳主编《全宋文》卷四九二三，上海辞书出版社、安徽教育出版社，2006，第168页。

[2] 朱天曙编校整理《周亮工全集》第5册，凤凰出版社，2008，第23页。

而不复念也。于是乎二物者常为吾乐而不能为吾病。[1]

苏东坡一生喜爱文学艺术，珍爱琴棋书画，同时又认为，任何对"物"的占有，包括文学艺术品，都有违高尚的人格。在《美的焦虑》一书中，艾朗诺详述了苏东坡对收藏品的态度。他认为，苏东坡对待艺术品总是乐于欣赏，而非汲汲于占有，"所甚爱与所不忍者"，对于一切外物，苏东坡总是持一种既乐于其中又游于其外的双重态度，这是其非常鲜明的思想特征。苏东坡拒绝沉溺于艺术品，实际上就是拒绝"役于外物"。对待艺术珍品尚且如此，更何况名利、地位、声色、器物呢？他在《宝绘堂记》态度鲜明地阐述了要"寓意于物"，而非"留意于物"：

> 君子可以寓意于物，而不可以留意于物。寓意于物，虽微物足以为乐，虽尤物不足以为病。留意于物，虽微物足以为病，虽尤物不足以为乐。老子曰："五色令人目盲，五音令人耳聋，五味令人口爽，驰骋畋猎令人心发狂。"然圣人未尝废此四者，亦聊以寓意焉耳。刘备之雄才也，而好结髦。嵇康之达也，而好锻炼。阮孚之放也，而好蜡屐。此岂有声色臭味也哉，而乐之终身不厌。[2]

"寓意于物"就是超然物外，忘怀得失。在东坡的世界中，琴棋书画、文玩古器、竹石花香都是"得道"之径，没有一种"得道"是可以完全通过内省达成的。一颗"开悟"的心不会执着于"物"，也不会执着于"无物"。苏舜钦曾说："噫，人固动物耳，情横于内而性伏，必外寓于物而后迁，寓久则溺，以为当然，非胜是而易之，则窒而不开，唯仕宦溺人为至深。古之才哲君子，有一失而至于死者多矣，是未知所以自胜之道。"[3] 人的情绪、情

---

[1] 苏轼：《苏轼文集》，孔凡礼点校，中华书局，1986，第356页。
[2] 苏轼：《苏轼文集》，孔凡礼点校，中华书局，1986，第356页。
[3] 祝穆撰、祝洙增订《方舆胜览》卷二，施和金点校，中华书局，2003，第36页。

感、情意需要借助外物得以抒发,但若溺于物,就会为物所困,丧失了自我,故需要"自胜",深悟自我与外物寓与被寓的关系,更要具备超越这种关系的明觉,在与外物不即不离的相遇中自我生成,各自完满,要以一颗自足、自适的强大内心去经历、去体验。

关于当时风靡天下的赏石、赏花等社会风气,欧阳修、苏东坡、苏辙等都进行过规劝与批评。欧阳修曾撰文批评当时的赏石之风,他在文中写道:"夫物之奇者,弃没于幽远则可惜,置之耳目,则爱者不免取之而去。"[1]对石的恰当态度应是"赏"而不"取",借着"爱"的名义强"取",容易为物所累。赏花亦然。苏东坡生活的时代,花满足了文人士大夫日常生活诸多需要,食花、赏花、种花、插花,还以花酿酒、以花作蜜、以花制香,男子还簪花。在宋代,赏花赋诗起自太宗朝,具有政通人和、与民同乐的文化内涵,"使威令德泽,洽于人心,政事大小,无一物之失,而寄乐于山川草木、虚闲旷快之间,人知得此足以为乐,而不知其致此之为难也。"(沈括《平山堂记》)在北宋,全民性赏花彰显了治下无事、官民同乐的良好社会风气。王夫之在《宋论》中对此写道,太祖能"以忠厚养前代之子孙,以宽大养士人之正气,以节制养百姓之生理",北宋时期政治清明,士风高涨,百姓安居乐业,这都为全民性赏花活动提供了社会基础。"今天下一统,……人皆安生乐业,不知有兵革之患。民间及春之月,惟以治花木、饰亭榭,以往来游乐为事。"(欧阳修《洛阳牡丹记》)

欧阳修自许"曾是洛阳花下客",他一生创作了大量与花有关的诗文,不仅彰显其独特的生活情趣,也折射出北宋赏花、咏花的社会风气。在《洛阳牡丹记》第三部分"风俗"中,欧阳修写道:

> 洛阳之俗,大抵好花。春时,城中无贵贱,皆插花,虽负担者亦然。花开时,士庶竞为游遨,往往于古寺废宅有池台处,为市井,张幄帟,笙歌之声相闻,最盛于月陂堤、张家园、棠棣坊、长寿寺东街与郭令宅,

---

[1] 欧阳修:《菱溪石记》,载《欧阳修全集》,中华书局,2001,第579页。

至花落乃罢。

欧阳修对花事的吟咏,真实呈现了宋代全民赏花的社会风俗,尤其是在京都、洛阳、扬州、杭州等富庶之地。隋唐时期,赏花之风日盛,但只有到了北宋才发展为全民性的赏游活动。孟元老在《东京梦华录》中记载了"都城人争先出城探春"的盛况:

次第春容满野,暖律暄晴。万花争出粉墙,细柳斜笼绮陌。香轮暖辗,芳草如茵;骏骑骄嘶,杏花如绣。莺啼芳树,燕舞晴空。红妆按乐于宝榭层楼,白面行歌近画桥流水。举目则秋千巧笑,触处则蹴鞠疏狂。寻芳选胜,花絮时坠金樽;折翠簪红,蜂蝶暗随归骑。于是相继清明节矣。[1]

孟元老浓墨重彩地描绘了宋人寻访春日胜景的热闹景象,充分展现了意趣盎然的宋人审美风尚。他们不仅赏花,还喜欢簪花。《东京梦华录》记载了圣驾回宫时的场景:君主"簪花乘马",还对"百司仪卫,悉赐花",使得"锦绣盈都,花光满目,御香拂路"。好一派诗意盎然、君民同乐的盛世光景。而那些显贵人家的女子,游玩归来,则"小娇插花,不垂帘幕"。苏东坡也曾记载其簪花的生动场景:"人老簪花不自羞,花应羞上老人头。醉归扶路人应笑,十里珠帘半上钩。"(《吉祥寺赏牡丹》)当时东坡通判杭州,与太守沈立前往吉祥寺观赏牡丹。花成为文人士大夫交游的最好媒介,他们或以花为媒聚赏宴饮,或以花为礼馈赠亲朋,或以花为用酬唱应和。宋人在赏花、品花、簪花中,形成了颇富审美意味的生活方式,彰显出宋人特有的浪漫与诗意。

爱花、赏花,本无可厚非,但沉溺于物,甚至戕害万物,这都不是恰当的审美态度。欧阳修在《洛阳牡丹图》诗文中写道:"又疑人心愈巧伪,天欲斗巧穷精微。不然元化朴散久,岂特近岁尤浇漓。争新斗丽若不已,更后

---

[1] 孟元老:《东京梦华录》,中华书局,1982,第613页。

百载知何为。"对于愈演愈烈的人工培育各种花木的风气，欧阳修表达了深切担忧："争新斗丽"不仅会滋长人的贪婪与欲望，还会丧失人性的素朴与纯粹。苏东坡曾对当时因赏花而引发的智巧行为进行批评，他在《牡丹记叙》中写道："盖此花见重于世三百余年，穷妖极丽，以擅天下之观美，而近岁尤复变态百出，务为新奇，以追逐时好者，不可胜纪。此草木之智巧便佞者也。"苏东坡更是极力反对因花伤民之事。蔡京知扬州时，效仿洛阳作"万花会"。苏东坡赴任时正值花会，发现花会需要"用花十余万枝，吏缘为奸"，他说不能"以一笑乐为穷民之害"，立即宣布取消花会，百姓闻之莫不欣喜。欧阳修也曾记载地方官员送花至京都的场景："洛阳至东京（开封）六驿，旧不进花，自今徐州李相迪为留守时始进御，岁遣衙校一员，乘驿马，一日一夕至京师。所进不过姚黄、魏花三数朵，以菜叶实竹笼子藉覆之，使马上不动摇，以蜡封花蒂，乃数日不落。"洛阳牡丹开放时，衙役乘快马送至开封。宋人的"鲜花快递"不由得让人想起"一骑红尘妃子笑，无人知是荔枝来"的历史尘烟。这样的"快递""飞骑"不要也罢。

  对物恰当的态度应该是"一赏而足"吧，正如苏东坡所说"造物者之无尽藏也"，我们只需"耳得之而为声，目遇之而成色"即可，如此"取之无禁，用之不竭"，与天地万物相悠游，自得、自适、自在。故面对古器、文玩，苏东坡一直在思考物与我、德与形的关系。他在铭文中写道："其色马肝，其声磬，其文水中月，真宝石也。而其德则正，其形天合。其于人也略是，故可使而不可役也。"（《故人王颐有自然端砚砚之成于片石上稍稍加磨治而已铭曰》）东坡认为，万物首先是一个合乎自然之道的有机生命体，它们是阴阳氤氲、天地化生的产物，无论其形、德如何，被使用或遭弃置，都应无损于其生命的完整性、真实性。物如人，人如物。作为文人士大夫，苏东坡始终保有淑世精神，为生民计，充分发挥"为用"的人生价值，拒绝被驱遣、被役使，无法容忍生命真性的损害，以及生命完整性的丧失。

第六章 养生之道

扫码查看
- AI东坡先生
- 品大宋风雅
- 享东坡食谱
- 观风流人生

出处和生死，一直是中国古代文人士大夫面临的两大人生课题，"前者是人对政治的社会关系，后者是人对宇宙的自然关系，两者属于不同范围和层次，却又密切关联，相互渗透，都涉及对人生价值判断。"[1]对于苏东坡而言，生死自然也是一个必须面对的问题。对于生死的言说，实际上就是对于"身"的思考。人的生命就是以"身"的形式而存在的。苏东坡一生创作了数量巨大、成就斐然的诗词文赋，其中，关于身体方面的言说颇为奇特。他不仅通过身体展现丰富多彩的世界，而且身体本身就是直接观照的存在，诸如发、目、齿、膝、心等在其诗词中频频出现："理发千梳净，风晞胜汤沐。""一洗耳目明，习习万窍通。""蒲团盘两膝，竹几阁双肘。""身心两不见，息息安且久。""神凝疑夜禅，体适剧卯酒。"可以看出，苏东坡尤为关切自己的身体。明代王如锡编写了《东坡养生集》，全面展现了东坡生意盎然的养生图景，包括饮食、方药、居止、游览、服御、翰墨、调摄等12类。毫无疑问，苏东坡对于"生"是热爱的、珍惜的，对"身"存在的价值是充分肯定的。全面考察苏东坡关于"身"的思索与追问，可能是一件费力而不讨好的事情。因为，在中国传统文化中，"身"是一个以肉体为基础、灵肉合一的有机整体，既不是形而上的，也不是形而下的。在苏东坡的生命中，"形"的游走性、有限性与"神"的自由性、超越性盘根交错，互为一体。形神合一的"身"既是坚实可靠的，又是脆弱易逝的；既有着生命创造的自由性，又有着生如浮蓬的无力感；终将走向衰朽与灭亡，却偏偏开出最绚烂

---

[1] 王水照：《苏轼研究》，河北教育出版社，1999，第71页。

的生命之花。苏东坡之"身"必然成为多维度的复杂有机体,于斑驳陆离的存在中摇曳出丰富、饱满、亮丽之景,终使生命绽放出原初的澄澈、质朴、自然。

第一节　吾生如寄耳

作为有机生命体,人的肉身性存在是不容置疑的事实。在甲骨文中,"身"表示有"身孕",即隆起的腹部,后引申为人之全体。许慎在《说文解字》中释曰:"身,躯也。象人之身。"以"腹"指"身",这是以部分代整体,后由具体到抽象,即由"身"代指生命整体,是自身、自我的代名词。《说文解字》又曰:"心,人心,土藏,在身之中。象形。""心"与五官各司其职,构成了完整的身体。"一人之身,居要者心也。而心之神明,散寄于五藏,待感于五官。"[1]"人"通过"身"而存在,"身"中最"灵"者为"心"。对于中国文化来讲,"身""心"是有机的、联系的、整体的。《淮南子》一书认为"身"包括形、神、志、气四个方面,如果说,毛发、肌肤、筋骨、血肉组成了可见、可感的形,充盈其中的精、气、神则构成了生命力。生命本身是形神、身心并举,身体的存在与生命的存在是一体的:

> 中国人所说的身体,一方面建基于肉体的坚实性,另一方面则是人关于自我认知的集合。或者说,身体这一概念既包括生命、情感、思想和精神,又以形体的方式显现为可以目视眼观的感性对象。这是一种构成性的全能身体。[2]

皮肤、筋肉、骨骼、血脉等构成了肉身性存在,感觉、意识、情绪、情感、

---

[1]　王夫之:《船山全书》第2册,岳麓书社,1996,第412页。
[2]　刘成纪:《中国古典美学中的身体及其映像》,《文艺研究》2007年第4期。

思想等构成了精神性存在，但人之形与人之神是一体的，须臾不可分离，精神须通过肉身得以显现。真实而鲜活的生命是精神与肉身合一的有机体，它既不是形而上的，也不是形而下的。对于中国古人而言，"身"一方面呈现为具体可感的外在形象，另一方面又具有内在的精神向度，既不存在高蹈于"身"的"灵"，也不存在可以脱离"身"的"心"。"我们通过我们的身体在世界中存在"[1]，人只能通过肉身存在于天地之间，生命与身体是同一的，生命与自然是同在的。

"身"是生命存在的家园，而"身"又不具有不朽性，生命的有限性就成为必须直面的重大问题。据王水照、朱刚统计，在东坡诗集中，"吾生如寄耳"共出现九处，依作年排列如下：

> 吾生如寄耳，归计失不早。故山岂敢忘，但恐迫华皓。
> 吾生如寄耳，宁独为此别？别离随处有，悲恼缘爱结。
> 吾生如寄耳，初不择所适。但有鱼与稻，生理已自毕。
> 吾生如寄耳，何者为祸福？不如两相忘，昨梦那可逐。
> 吾生如寄耳，寸晷轻尺玉。
> 吾生如寄耳，出处谁能必。
> 吾生如寄耳，送老天一方。
> 吾生如寄耳，何者为吾庐？
> 吾生如寄耳，岭海亦闲游。

苏东坡一生都在发出"人生如寄"的慨叹，耐人寻味的是，在最辉煌的元祐时期，竟然出现了四处。东坡的寄寓思想包含着丰富而深刻的存在之思。对于整个人类来说，人与万物都是自然造化的产物，共同组成一个大化流行、生生不息的生命整体，天地万物都"寄寓"于自然之中。对于个体生命而言，人的一生就是行走在天地之间的一段旅程，"在路上"成了生命个体存在的

---

[1] 莫里斯·梅洛-庞蒂：《知觉现象学》，商务印书馆，2001，第265页。

真实状态，每个人的最终归宿就是回归自然，化入自然。更令人唏嘘的是，有限的肉身还沉浮于纷繁世事之中，命运的偶然性、未知性生发出悲欢离合、爱恨情仇。这样的人生怎不令人感慨！面对人生如寄的处境，苏东坡常说"人生如梦"：

> 世事一场大梦，人生几度秋凉。
> 梦中了了醉中醒。只渊明。是前生。
> 笑劳生一梦，羁旅三年，又还重九。

"人生如梦"成了东坡经常吟咏的内容。凭着先天的慧根与早熟的心智，苏东坡对生命有着清醒而透彻的认知，他看到了个体存在的有限性，在他看来，生命就如梦一场，醒来了无痕迹，个体生命最终化入亘古不变的自然中。如梦的人生迫使东坡直面生命的无情与残酷，"人生天地之间，若白驹之过郤，忽然而已"（《庄子·知北游》）。人寄寓在大化流行的自然之中，如天地间的匆匆过客，终将消失于苍茫宇宙之中。个体生命的有限、短暂与天地自然的无限、永恒形成了鲜明的对比，人生的虚无、存在的荒诞构成了人类永恒的苦痛。苏东坡曾以"梦斋"称谓自己的居所，他在《梦斋铭》中写道：

> 法身充满，处处皆一。幻身虚妄，所至非实。我观世人，生非实中。以寤为正，以寐为梦。忽寐所遇，执寤所遭。积执成坚，如丘山高。若见法身，寤寐皆非。知其皆非，寤寐无为。遨游四方，斋则不迁。南北东西，法身本然。

对于东坡而言，宇宙皆"一"，诸如虚实、是非等区别都是人有所"执"的结果，生命的价值就在于生命本身，而生命本身是一个充满不确定性、未完成的状态。生命的短暂、个体的有限常会使人生出浓重的空幻之感。李泽厚曾说："苏轼一生并未退隐，也从未真正'归田'，但他通过诗文所表达出来的那种人生空漠之感，却比前人任何口头上或事实上的'退隐'、'归田'、

'遁世'要更深刻更沉重"。[1] 1057年，意气风发的东坡尚沉浸在科考及第的喜悦中，忽闻母亲的死讯，顿时恍如梦境。苏东坡被浓重的虚幻感所缠绕，他第一次深切感受到人生无常，以及生命自身的悲剧性。初入仕途就发出了"雪泥鸿爪"的悲怆之音：

> 人生到处知何似？应似飞鸿踏雪泥。泥上偶然留指爪，鸿飞那复计东西。

应该说，青年时期的东坡有着深沉的悲剧意识。人的肉身本就不具有不朽的特质，更兼风吹雨打、日夜兼程。"知君非金石，安得长托附"，对于真实鲜活的生命个体而言，形体消亡就意味着现实生命的结束。"人的死亡，既是一个生命归于虚无的事实，又是生命从身体中逐渐消失的过程。身体使死亡变得直观，使抽象的生命获得了感性形式，也使关于死亡的情伤与哲思具有了实指对象。"[2] 从浩渺的宇宙来看，人与天地万物都是大自然有机整体中的一分子；从生命存在的本质来看，人的生命与其他生命并无质的区别，甚至存在与消亡本身都微不足道。这在一定程度上消解了个体生命的重要性，可能会导致价值的虚无、意义的丧失。

面对如此虚幻不实的生命，苏东坡会怎样？最终走向消极、悲观、绝望，还是完成对虚无的超越，在具体、当下的生命中感知存在的真实，寻找生命延续的内在支撑？很显然，苏东坡选择了后者。既然人终将一死，就更要努力地活着。相比较死亡的宿命及死后的世界，苏东坡更加关心生命本身徐徐展开的过程。他一生讲究性命双修，既践行服食丹药、调摄身心的养生之术，又注重情以养性、静以养心的养生之道，尽可能以长寿对抗人身的毁灭。但当死亡来临时，他也能坦然接受。在即将走到生命的终点时，苏东坡作书答方外好友维琳曰：

---

[1] 李泽厚：《美的历程》，天津社会科学院出版社，2001，第263页。
[2] 刘成纪：《汉代美学中的身体》，博士学位论文，武汉大学，2005。

第六章　养生之道

　　某岭海万里不死，而归宿田里，遂有不起之忧，岂非命也夫！然死生亦细故尔，无足道者。[1]

面对死亡，东坡并不畏怖，反而认为死生乃自然而然的生命历程，临死之际，拒绝强力皈依天界。据傅藻《东坡纪年录》载：

　　将属纩，而闻、观先离。琳叩耳大声曰："端明宜勿忘。""西方不无，但个里著（力）不得。"世雄云："固先生平时履践，至此更须著力。"曰："著力即差。"语绝而逝。[2]

又据惠洪《石门文字禅》卷二十七所记：

　　钱济明侍其傍，白曰："端明平生学佛，此日如何？"坡曰："此语亦不受。"遂化。[3]

苏东坡可谓深谙自然之道、生命之道，真正做到了生死化一。生时，尽力拓展、深化个体的生命力，但当死亡真正来临，也能坦然应对。只有对生命有着透彻的领悟，才懂得：生，源于自然；死，归于自然。东坡生前嘱咐苏辙将其葬于普通场地，无须花费钱财择"良地"。对于东坡而言，人的一生就是来自自然、回归自然的生命历程，"故善吾生者，乃所以善吾死也"（《庄子·大宗师》）。人类是大化流行、生生不息的大自然中的一员，从生命的意义上来说，与草木虫鱼一样，有着萌发、繁盛、凋零、衰亡的生命历程。

---

[1]　苏轼：《苏轼文集》，孔凡礼点校，中华书局，1986，第1885页。
[2]　孔凡礼：《三苏年谱》卷五十六，北京古籍出版社，2005，第3012页。
[3]　释惠洪：《石门文字禅》，载四部丛刊初编本卷五十六，上海商务印书馆，1936，第305页。

苏东坡的生死观深受庄子影响。庄子曾说："人之生，气之聚也；聚则为生，散则为死。"（《庄子·知北游》）还说："夫大块载我以形，劳我以生，佚我以老，息我以死。"（《庄子·大宗师》）庄子认为整个自然都是气的大化流行，万事万物都在气的聚散中生长、死亡，人类也不例外。"察其始而本无生，非徒无生也而本无形，非徒无形也而本无气。杂乎芒芴之间，变而有气，气变而有形，形变而有生，今又变而之死，是相与为春秋冬夏四时行也。"（《庄子·至乐》）从生命的根源处来看，人与草木虫鱼、山川河流一样，都是气聚气散的结果。人之生死如花之开落、草之枯荣一样自然而然。庄子对生命的参悟是最彻底的自然主义。《养生主》曾记载这样一则故事：

老聃死，秦失吊之，三号而出。弟子曰："非夫子之友邪？"曰："然。""然则吊焉若此，可乎？"曰："然。始也吾以为至人也，而今非也。向吾入而吊焉，有老者哭之，如哭其子；少者哭之，如哭其母。彼其所以会之，必有不蕲言而言，不蕲哭而哭者。是遁天倍情，忘其所受，古者谓之遁天之刑。适来，夫子时也；适去，夫子顺也。安时而处顺，哀乐不能入也，古者谓是帝之县解。"

生命源于自然，终归要回归泥土，回归大地。在庄子看来，生死乃一"化"也。中国人欢喜称造物为"造化"，万物为"万化"。天地万物就是一个大化流行的有机生命整体，草木荣枯、四季流转都是大自然不同的生命样态。人类也一样，生与死，有时就如庄生梦蝶。人类无法避免的死亡亦是一种回归，重新回到自然的母体里，参与新一轮的生命历程，从这个意义上讲，生即为死，死即为生。庄子在梦与醒、生与死之间完成了精神上的超越，摆脱了现实存在的束缚，获得了绝对的精神自由，与整个自然合而为一，深切体验到真正的生命精神。

庄子从形而上的高度将人类个体生命与大化流行的自然精神融为一体。"如果人仅仅把自己有限的生命存在看成'意义的核心'而与万物对立起来，那就远离了生命的本性。只有因顺自然'藏天下于天下'，才能体现'道'

作为万物生命本真之境的自然性、绝对性。"[1]对于人类而言，天地万物皆为"道"所生，应该将自我生命自觉融入整个自然精神之中，"安时而处顺"，超越生死相待的执着，参与到天地万物的荣枯之中，从而抵达随缘放旷、生死化一的人生境界。故东晋陶渊明可以"托体同山阿"；嵇康也可以"广陵散"应对死亡；张载可以"存，吾顺事；没，吾宁也"。这就是一种生命精神与生存智慧：生时努力活出生命的精彩，死则安然而去，无所畏怖。

天地万物都有生长、成熟、凋零、衰落的生命历程，大自然周流不息的生命精神就体现为天地万物的盛衰荣枯。生命的终结，同时意味着新一轮生命历程的开始，从这个意义上讲，生即为死，死即为生。万物在周流不息、循环往复中生成变化，"万物回到本根处，获得新的生命力后，重又聚集了能量，再次投入到新的一轮循环。这种终而复始的循环运动生生不已，永不止息，这就是宇宙大化的真谛"[2]。天地万物源于自然，终要化归自然，生生不息，周行不殆。这与苏东坡的自然哲学精神是契合的。苏东坡认为，"道"是天地万物的总根源，它创生日月星辰、山河大地、植物动物（包括人类），物物秉承"道"，而又各具其"性"；对于人类而言，有限的肉身与不朽的精神是一体的，故东坡的"寄寓"思想既涵盖了肉身寄寓自然之中，又包括了精神寄寓形体之中。如此，苏东坡从形而上的高度贯通了有限与永恒、真实与空幻，实现了身心统一、天人合一的至高境界。对于生命的价值、存在的真意，东坡有着彻底的觉悟，能够将短暂而悲剧性的人生点化为生机盎然的生命图景。也许，正因为懂得了生命的最终归处，才更加热切地想要领略人生的乐趣。

---

[1] 李振纲：《生命哲学——〈庄子〉文本的另一种解读》，中华书局，2009，第93页。
[2] 陈鼓应、白奚：《老子评传》，南京大学出版社，2001，第181页。

第二节　养生是个审美事件

苏东坡曾说："长恨此身非我有，何时忘却营营。""尚有此身付与造物，听其运转。"面对纷繁复杂的世事，东坡常常有着身不由己、不得自由的慨叹。如果说，命运常与不可知、不可控的外物纠缠在一起，"身"之苦痛则是自我的、真实的、具体的。肉身的局限性非常明显：唯一性、短暂性、衰朽性、不可逆性。既然生命寄寓在身体之中，身体的病、老、衰、弱与生命的温度、色彩、质感就密切相关。人之"身"具有二重性：一方面它可以感知自然万物；另一方面，它还可以深切地感知身体自身，任何微小的疾病都会带给生命个体最显在、最直接的感受。

苏东坡对自我身体有着细微的感知，诸如"两目昏暗，左臂不仁""尔来又衰病，过午食辄噎""旧苦痔疾，至是大作。呻呼几百日"等诗文书写了麻、酸、疼、痛等生命体验。身体非金石，它会生病，会衰老，会腐朽，这些都会影响正常的日常生活，甚至会带来苦痛，"登临病眼怯秋光""两日疮痛殊甚，不果见""偶患一疮，腿上甚痛，行坐皆废""春夏多苦疮疖、赤目，因此杜门省事""某卧病半年，终未清快。近复以风毒攻右目，几至失明"等，这使得东坡更加关注自己的身体状况，对于白发、目昏、嗜睡等一些细微的身体变化都极为敏感。病痛中的身体似乎对晦暗、萧瑟、衰败等异常敏感，它会自觉或不自觉放大生如浮蓬之感，逼迫东坡生出寂寥、枯寂、荒凉的生命感受："惟有病相寻，空斋为老伴。萧条灯火冷，寒夜何时旦""我生孤僻本无邻，老病年来益自珍""愁肠别后能消酒，白发秋来已上簪"。身体的不适极大影响着东坡对自然万物的感知，以及对自我生命的体验，加重了其生命无常、人生如梦的虚无感、幻灭感。

如果说，精神可以脱离形体而存在，肉体的存在与毁灭、欢欣与痛苦就变得毫无意义。但反过来，肉体一旦沉溺于自我的生老病死等困境中，精神也就丧失了引领与超越的作用。形神、身心应该是相辅相成、彼此照应、富有张力的存在，偏执任何一方都会带来生命的残缺、干瘪。也许生命的美丽恰恰就在于生与死、苦痛与醇美的纠缠中。苏东坡一生仕宦沉浮，屡遭贬谪，几经困境，身患眼疾、痔疮等多种疾病，于六十高龄远谪海南，在"病无药，居无室""冬无炭，夏无寒冰"的蛮荒之地，他将他人视为"地狱"般的荒境变成了"乐土"，这是苏东坡的伟大！疾病、苦痛挤压着东坡的身体，同时也激发出他顽强的生命力，这力量足以对抗生老病死、人生无常带来的幻灭感，在逼仄、困顿之中开出绚烂的生命之花。

在当今生态文明时代，探索强身健体之道显得尤为迫切。工业文明创造了辉煌的物质成果，却也带来了一系列问题，诸如淡水资源短缺、环境污染、气候变暖等全球性问题，同时，肥胖病、尘肺病、抑郁症、亚健康、精神污染等身心方面的疾患也严重影响着人类的生存健康，而现代医学模式又有着致命的缺陷，"因为人不是机器，按整体主义的生态世界观，人是活的系统，以'人——社会——自然'复合生态系统整体性的观点，只有把疾病的生物学研究与人的躯体，以及与社会、环境、心理因素联系起来，疾病才能得到科学的说明和医治，医学需要超越笛卡尔模式，从它的生物学模式，走向'生物——社会——心理——环境'统一的整体性模式"[1]。当代统一的整体性模式与苏东坡的养生之道颇契合。对于东坡而言，生命是身心合一的有机整体，真正的养生之道不仅讲究日常饮食起居，更注重生存环境的生态良好，以及自身精神生态的和谐。只有生理、心理、精神构成一个和谐统一的系统整体，才能最大限度保障个体生命的身心健康。

一、养生者，慎起居饮食

苏东坡对于"生"是热爱的，对"身"的存在是充分肯定的。虽然人身早晚会化入自然，但起码可以通过修炼，延缓衰老，延长寿命，这不仅是生命的本能，更是一种生命的精神：

---

[1] 余谋昌：《环境哲学：生态文明的理论基础》，中国环境科学出版社，2010，第173页。

> 凡属生命，必然有这番精神，总是好生爱己，只要能生便欢喜，觉得快乐。[1]
>
> 活长寿，这是生命的内在要求，没有这种要求，就没有这个生命。此种生存的要求和欲望，我们亦称之曰"生命的精神"。[2]

生命的本能就是活着，存在就是要最大限度开掘生命力。按照现代生态学观点，山川河流、花草树木及人类构成了彼此联系、相互影响的生态系统，人的存在是在自然——人——社会复合生态系统中展开的。古人相信天地之间充塞着化育万物的生命力，它是一切生命的源泉。此生命力为"气"。大自然是一个生机活泼、大化流行的生命体，春夏秋冬、日月晨昏，乃自然生命精神的本然呈现，人类，作为大自然中的一员，其毛发、筋骨、血肉、气息、精神构成了彼此联系、相互生发的小周天，同时又与由天地日月、山河草木构成的大周天彼此应和，周流不息。人类生命个体呼吸、脉搏是与整个自然相通的，天地、四时、万物对人的生命活动都会产生影响，欲求得身心康健，须将生命安置于大化流行的宇宙之中，与天地万物相契合。

古人的养生之道，就是遵循自然之道，讲究天人合一。《黄帝内经·素问》曰："生而勿杀，长而勿罚，化而勿制，收而勿害，藏而勿抑，是谓平气。"自然节律中有生、长、化、收、藏，人也须相应地做到"勿杀、勿罚、勿制、勿害、勿抑"，才能使生命有机体顺应自然节律，生命力得以萌发、生长，从而保全生命。《黄帝内经》主张，个体生命要顺应自然节律，遵循自然之道，如此，不仅达到养生、卫生、护生的目的，还维护了良好的生态环境，保全了自然万物的生长。反之，人与万物则走向衰败、死亡。在《黄帝内经》中，长寿之人被称为真人、至人，即与道合一、与天合一之人。从一定程度上说，"《黄帝内经》最终印证的中心不仅仅是一医学命题，而且同时也是一生

---

[1] 钱穆：《中国文化精神》，九州出版社，2012，第10页。
[2] 钱穆：《中国文化精神》，九州出版社，2012，第10页。

态命题，它集中地体现了人与自然协调存在的得失利弊，堪称中国古代生态文化的典范"[1]。曾繁仁在《中国古代生命论美学及其当代价值》一文中，将《黄帝内经》的养生要旨高度概括为"天人合一之整体论""阴阳相和之均衡论""形神统一论"与"合于四时之现实性"四个要点，充分说明了中国古人养生合乎自然之道，强调个体身心健康与自然生命节奏之间的关系。这是一种有机整体养生观，富有浓郁的生态学色彩与深刻的生存智慧。

《黄帝内经》云："人以天地之气生，四时之法成。"孙思邈也指出："善摄生者，卧起有四时之早晚，兴居有至和之常制。"健康的饮食起居宜顺应自然，根据四时变化而调整，从而调养身体，维护健康。"上古之人，知其道者，法于阴阳，和于术数，食饮有节，起居有常，不妄劳作，故能形与神俱，而尽其天年，度百岁乃去。"（《黄帝内经·素问》）人的生命是在天地之中展开的，饮食起居应与自然生命节奏相契合。在各种养生之道中，饮食历来被高度重视。苏东坡提倡亲近自然、素朴简淡的饮食方式，将"甘脆肥浓"之物视为养生大忌。东坡喜食天然时令蔬菜：

煮蔓菁、芦菔、苦荠而食之。
以山芋作玉糁羹，色香味皆奇绝。
以杞为粮，以菊为糗。春食苗，夏食叶，秋食花实，而冬食根。庶几乎西河、南阳之寿。

在东坡诗文中，随处可见许多各地时令蔬菜，如枸杞、菊花、蔓菁、荠菜、桃花等，"味含土膏，气饱风露，虽粱肉不能及也"。苏东坡讲究原生态饮食，多以煮、蒸、生食为主，尽量保持食物的原有味道与特性。熙宁七年（1074），苏东坡被任命为密州知州，"斋厨索然，日食杞菊。人固疑余之不乐也。处之期年，而貌加丰，发之白者，日以反黑。""日食杞菊"反而"貌加丰，发之白者，日以反黑"。亲近自然、素朴简淡的饮食方式可以延年益寿。

---

[1] 王耘：《复杂性生态哲学》，社会科学文献出版社，2008，第67页。

在中国神话系统中，那些长生不老的"仙人"都居住在"仙境"之中，服食花果、菜蔬，清心寡欲、冥想沉思，让生命在天地万物之中流转，从而实现生命的安顿与超越。

如果仅仅通过服食就可以实现身心康健，事情就简单许多。但事实并非如此。苏东坡曾说："人之生也，以气为主，食为辅。"如果说，毛发、肌肤、筋骨、血肉组成了可见、可触的形，充盈其中的精、气、神则构成了生命力，其中，以"气"周流全身，沟通内外。古人相信，人体之气与自然之气是贯通的，生命存在需要内外之气的交换、流转，人若合阴阳之气而呼吸、吐纳，就可以护持生命，故养生实则养气。

如何养气？苏东坡主张"早寝以当富""安步以当车"，按时就寝，劳逸结合，运动养生。正如东坡所说："是故善养身者，使之能逸而能劳，步趋动作，使其四体狃于寒暑之变，然后可以刚健强力，涉险而不伤。"[1] 在《谪居三适》中，苏东坡谈及旦起理发、午窗坐睡、夜卧濯足这三件乐事，虽有着诙谐自嘲之意，但此三事确实是有利于身体康健的养生行为。人与时辰、节气、物候紧密相连，尊重自然之道就是护持个体生命。苏东坡注重"养生术"。"养生术"是在吸收黄、老思想的基础上形成的独具特色的延年益寿之术，主要包括行气、导引、按摩等诸多修炼方术。苏东坡在《养生诀上张安道》一文中谈及养生之法：

> 每夜以子后，披衣起，面东或南，盘足，叩齿三十六通，握固，闭息，内观五脏，肺白、肝青、脾黄、心赤、肾黑。次想心为炎火，光明洞彻，入下丹田中，待腹满气极，即徐出气，候出入息匀调，即以舌接唇齿内外，漱炼津液，未得咽下。复前法。闭息内观，纳心丹田，调息漱津，皆依前法。如此者三，津液满口，即低头咽下，以气送入丹田。须用意精猛，令津与气谷谷然有声，径入丹田。又依前法为之。凡九闭息，三咽津而止。然后以左右手热摩两脚心，次以两手摩熨眼、面、耳、

---

[1] 苏轼：《苏轼文集》，孔凡礼点校，中华书局，1986，第264页。

项,皆令极热。仍按捏鼻梁左右五七下,梳头百余梳而卧,熟寝至明。

大自然是一个四时有节、秩序井然的有机生命整体,寄寓在自然之中的生命个体也必然是整体的,这样才能保证气血通畅、身体康健。人的各项身体机能需要在"心"的统一协调下形成一个整体,从而以贯通全身的生命力量实现与大自然的契合。苏东坡尤为推崇"胎息法",云:"养生之法,以胎息为本。""世外之道,金丹为上,仪邻次之,服食草木又次之,而胎息三住为本。"此法须"密室闭户,安床暖席,枕高二寸半,正身偃卧,瞑目闭气于胸膈间,以鸿毛着鼻上而不动。经三百息,耳无所闻,目无所见,心无所思"。"胎息法"对时辰、方位、体势、心境都有着极为严格的要求,通过调摄气息,使生命个体的精、气、神合一,与自然节律相谐和,达到物我两忘、无思无待的境界,从而保养身心。苏东坡还通过守一、行气、导引等保养身心,"守之以一,养之以和,和理日济,同乎大顺"。生命个体须使保持"内气"与"外气"的平衡,实现自我生命能量与自然生命精神的契合,从而身心康健、延年益寿。

梁漱溟曾指出:"大概中国种种学术——尤其医学与拳术,往深处追求,都可发现其根本方法眼光是归根于道家。"[1]中国传统文化中两个重要的学派——儒家和道家,差不多都是以生命为其根本。道家讲究虚静、无为,后逐渐形成行气、导引等诸多修炼方术,自中晚唐以来,多侧重于内丹。到了北宋,大部分人不再相信炼丹成仙,开始更多地关注自我生命,以练内丹为主。内丹既为修炼之术,又为心性修养之道,主要汲取老庄的清静无为、见素抱朴、坐忘守一等修道方法,使生命个体的精、气、神合一。

对于生命,苏东坡是积极守护的,但绝不是为了成仙成神,而是通过一种返朴归真,恬淡自适,安贫乐道的生存方式,抵达生命的自由境界。他一生贵生、护生,讲究性命双修,既践行服食丹药、调摄身心的养生之术,注重情以养性、静以养心的养生之道,喜食花果、蔬菜,慎起居,节声色,戒

---

[1] 梁漱溟:《中国文化的命运》,中信出版社,2013,第17页。

忿躁，倡素朴，贵道德，以求"和"与"安"。苏东坡将自我生命融入大化流行的自然精神中，在养护身体的同时尊生、惜生，不仅获得了个体生命的康健，又使个体与周围环境保持平衡，完成了对大千生命的护持。苏东坡的养生之道充分彰显了古人顺应自然的生存智慧。

在苏东坡生活的时代，人类活动主要是在天然的自然生态系统中进行，是和自然生命过程异质同构的生态过程。正如鲁枢元所说，那个时候的人们喝的是井水、河水、泉水，住的是瓦房、茅屋、窑洞，穿的是棉、麻、丝、绸，吃的是豆、薯、米、面，行走代步的是驴、骡、马、牛。这样一种生活方式使得人类一切活动都遵循自然之道，形成了健康、绿色的生活方式。而如今，现代工业主要是在远离自然生态系统的城市中进行，又不同于农业时代的无机生产过程，人类越来越脱离自然，失去了与自然亲近的机会，逐渐形成了饮食不当、起居失常的生活方式，空调病、富贵病、无力症、迟钝症等影响人类身心健康的疾病层出不穷。从生命的意义上讲，自然是人类的根系。人类只有贴近大地，应合自然之道，才能休养生息，成为一个身心康健的人。

二、养生者，应俯仰山林

苏东坡一生历尽坎坷，仕途沉浮，始终保持健康的身体和乐观的心态，与自然山水的滋养有一定的关系。"俯仰山林之下，于以养生治性""醉行堤上散吾愁"，在深山幽林、溪流飞瀑、庙宇亭台中，感受着春华秋实的生命律动，体悟着生命存在的神奇与玄妙。宋人非常重视居住环境与身心健康之间的关系，他们认为，良好的地势须背山临水，气候高爽，土地良沃，泉水清美，如此居者乃安。可见，宋人有着择地而居、美化家园的养生意识。在中国古代神话系统中，仙境是人类理想的居住场所，这里满布奇花异草、珍禽异兽，仙人皆以花果、蔬菜为食。佛教中的净土世界也德水流布，鸟语花香。人类无论是对"仙境"的向往，还是对"净土"的渴慕，都是对于良好生存环境的期许。如果说仙境、净土是人类永远无法企及的彼岸，寺院就成了人与自然和谐共生的此岸。大凡名刹古寺，多建在自然环境优越的名山大川，有着独特的山岩、溪涧、潭瀑、奇石、珍木等，如道家推崇的"十大洞天""三十六小洞天""七十二福地"，即使身处闹市，也无不古木参天，鸟语花香。葛洪在仙境一般的罗浮山勤加修炼，终年八十一岁，被后人称为"葛仙"。事实证明，氧饱和度充沛的自然山水不仅有助于修道者静心修炼，更有助于身体康健，"飞升成仙"。

常和大自然为伍，有利于身体康健，不仅仅是因为山青、水绿，更重要的是良好的精神状态。欧阳修在《浮槎山水记》中谈到了"富贵者之乐"与"山林者之乐"两种快乐：

> 夫穷天下之物，无不得其欲者，富贵者之乐也；至于荫长松，藉丰草，听山溜之潺湲，饮石泉之滴沥，此山林者之乐也。而山林之士视天下之乐，不一动其心；或有欲于心，顾力不可得而止者，乃能退而获乐于斯。彼富贵者之能致物矣，而其不可兼者，惟山林之乐尔。惟富贵者而不得兼，然后贫贱之士有以自足而高世。其不能两得，亦其理与势之然欤！

对于欧阳修而言，"荫长松""藉丰草""听山溜"是至乐，非"富贵者之乐"可比也。欧阳修在《有美堂记》中再次提出：

> 夫举天下之至美与其乐，有不得而兼焉者多矣。故穷山水登临之美者，必之乎宽闲之野、寂寞之乡而后得焉；览人物之盛丽，夸都邑之雄富者，必据乎四达之冲、舟车之会而后足焉。盖彼放心于物外，而此娱意于繁华，二者各有适焉。然其为乐不得而兼也。

欧阳修所说的"山林者之乐"就是悠游于天地之间的快乐。这种快乐，一直是古代文人追求的人生境界。安于"山林者之乐"的人较少依赖外在事物以获取满足感、愉悦感，更注重内心的安宁与自适。孔子和门生谈论人生理想时，明确表示"吾与点也"，而曾点的人生理想就是"莫春者，春服既成,冠者五六人,童子六七人,浴乎沂,风乎舞雩,咏而归"。[1]孔子赞同曾点的这段话,生动体现了孔子的社会生活理想:亲近自然,在山水之间中体会人生的快乐。相较于物质至上的生活追求,这其实是一种高品位的生活,即一种有情、有思、有艺术感受、有哲学思考的生活。寄情山水的人多淡泊名利,追求生命的自由和诗意。"以见夫群山之相环,云烟之相滋,旷野之无穷,草树众而泉石嘉,使目新乎其所睹,耳新乎其所闻,则其心洒然而醒,更欲久而忘归也。"[2]"夫山水之与人交相待者也,人不得山水亡以畅,山水不得人无以著而广。"[3]"夫人不得山水,无以畅其机,山水不得人,无以显其奇。"[4]人与山水终会相遇。郭熙以诗一般的语言书写了山水带给人极大审美愉悦的原因,他在《林泉高致》一书中写道:

> 君子之所以爱夫山水者,其旨安在?丘园养素,所常处也;泉石啸傲,所常乐也;渔樵隐逸,所常适也;猿鹤飞鸣,所常观也;尘嚣缰锁,此人情所常厌也;烟霞仙圣,此人情所常愿而不得见也。[5]

相较于宗炳的《画山水序》、王微的《叙画》、荆浩的《山水诀》,郭熙的《林泉高致》在深度和广度上都达到了新的高度。郭熙认为,爱好山水乃人之本性,只不过,由于社会事务的牵绊,不可能时时与泉石、烟霞相伴,于是,将云烟、虫草、花鸟引入"画"中,可随时随地观看、聆听、体悟,正所谓"不下堂筵,坐穷泉壑;猿声鸟啼,依约在耳;山光水色,滉漾夺目"。郭熙为山水画设计了一个可行、可望、可游、可居的生态图景。当生命陷入紧张状态时,文人士大夫需要寻找自然山水的灵动、活力、自由、永恒,用以抵抗人生无常、生命脆弱带来的荒诞感和虚无感,重新找到生命的支点和

---

[1] 杨伯峻:《论语译注》,中华书局,2015,第135页。
[2] 祝穆撰、祝洙增订《方舆胜览》卷四十七,施和金点校,中华书局,2003,第837页。
[3] 王稼句编注《苏州园林历代文钞》,上海三联书店,2008,第139页。
[4] 王稼句编注《苏州园林历代文钞》,上海三联书店,2008,第181页。
[5] 陈望衡:《中国古典美学史》,江苏人民出版社,2019,第627页。

精神的家园。自然山水不是被观照的对象,而是人与自然的相互映照,相遇相成,代表着更本真的生命和存在。

苏东坡的养生之道与当代"场所意识"颇为契合。海德格尔相信,在人的具体生存状态中,周围的存在与人发生着某种因缘性关系,从而成为"上手的东西",但"上手"未必"称手","因缘"未必"好因缘"。只有山清水秀、天朗气清的自然存在才会和人类生命个体发生"好的因缘";反之,毒气漫漫的天空、污水满溢的大地,这样的家园极不"称手",也不是"好的因缘",是一种不利于人类生存的"场所"。人在世界之中生存,如果自然对于人类而言,是一种"称手"的关系,人类就可以诗意地栖居。在苏东坡生活的前现代,有着较为优良的荒山、寒水、林莽、沧海,自许为"野人"的东坡常常没入山林,化入自然,与万物同呼吸,共吐纳,分享着日日新的生命之流,为自身康健注入新鲜的活力。

大自然中有一种不可思议的活力,这个活力是一切生命的源泉,它是人类保持身心健康的最佳途径。人类文明发展的偏颇,在很大程度上源于对自然的漠视和遗忘。进入工业文明以来,人类肆意开发自然、漠视自然的做法已经导致全球环境恶化,气候变暖,沙漠肆虐,酸雨、泥雨严重威胁到人类自身的生存和发展。天空中飘荡的不再是自然本身的清气和浊气,而是人类运用先进科技手段制造出来的各种"气",严重影响着人类的健康。蕾切尔·卡逊曾明确指出,现代社会的生态污染已经导致地球生态系统从"生命之网"蜕变成了"死亡之网"。自然环境的恶劣导致人类逃向自我营构的蓝天白云的理想世界中,而理想世界的建造,有时又以人类变本加厉地对自然进行掠夺为代价,这样的行为终有一天会拖垮人类社会,会摧毁整个自然。

大自然不仅有着大化流行、生生不息的生命精神,而且有着内在的秩序与圆满。一个人徜徉于山水之间,深入和亲近大自然,不仅可以获得天地万物的滋养,还会发现自然在某些方面的完整性,从而参与到大化流行的自然生命历程中,获得身心的安宁和幸福。塞尔日·莫斯科维奇提出"还自然之魅"的观念,倡导人类恢复对自然生命的敬畏,把自然的生命属性还给大自然。因为大自然是一个普遍联系、相互作用的有机生命整体,天地万物都有着自我存在的权利，人类应该尊重自然、善待生命。大自然，由山川草木、云雨风雷共同组成的普遍联系的生态系统，是人类永远的"家"。人类终将重新走入自然，回归自然，在生生不息的生命精神中敞开身心，感受自然万物的荣枯盛衰、寒来暑往，完成自我生命与自然精神的契合，从而抵达与天合一的生存至境。只有在良好的自然山水中，人类才能获得"在家感"，保有身体的康健和心灵的丰盈。

三、养生者，宜节俭养德

苏东坡一生抱持物质简朴、精神丰赡的养生理念，无论贫富、穷达，都过着一种简单、自然、平和的日子。其实，人类维持基本生存所需的物质和能量并不多，正如梭罗所说："大多数的奢华生活根本就没有太大的必要，反而成为了人类向前发展的障碍。谈到奢华与舒适，聪明人实际上过着一种比穷人更简单朴素的生活。中国、印度、波斯、希腊的古老的哲学家都属于此列，他们的物质生活往往贫困不堪，但精神上却很富足。"[1]从一定意义上说，简朴生活是对人类贪欲的节制。简单朴素的生活不仅节约自然资源，还有利于养成清虚寥落的人格精神。因此，中国传统文化中的学问道德，大多旨在引领人裁抑物质生活，抵达精神生活的绝对自由，守"贫"抱"清"成为中国人理想的生存境界。"在中国古代，陶渊明式的清贫、王冕式的清贫、曹雪芹式的清贫都是靠他们高雅的审美情趣、高尚的艺术追求支撑的。'有书真富贵，无事小神仙'，这也是中华民族文人学士的一个悠久的传统。"[2]真正惜生、爱生的人，更乐于"山林之乐"，而非"富贵之乐"。

苏东坡一生对财富、物质需求甚少，以追求精神的富足、满足为乐趣，漫步山林、读书品茗、作诗绘画、酿制美酒、烹调美食，可谓悠游自在，尽享人生清欢。谪居期间，东坡更是收获了人生最丰盛的精神食粮，得以滋养身心。物质越是简单，个体似乎越能获得巨大的奇特幸福，从而抵达与天地

---

[1] 亨利·梭罗：《瓦尔登湖》，田伟华译，中国三峡出版社，2010，第9页。
[2] 鲁枢元：《生态文艺学》，陕西人民教育出版社，2000，第351页。

同流的自由境界。反观今日高消费的生活方式，不仅极大消耗了自然资源，也未带给人类期盼的健康与幸福。余谋昌在《环境哲学：生态文明的理论基础》一书中指出，当代高消费的生活方式使得美国65%的人患有肥胖症，严重影响个体身心健康，已成为美国第二杀手，每年因肥胖死亡30万人。过于奢侈的生活既不利于身体康健，也造成自然资源的巨大浪费与生态环境的恶化。当代社会亟须提倡"低物质能量的高层次运转"的生活方式，绿色消费，简朴生活。这样一种生活方式，既有利于节约资源，保护环境，也有利于身体健康，精神愉悦。其实，幸福，作为存在个体的深层生命体验，和物质没有直接关系。

苏东坡在《问养生》中谈道："余问养生于吴子，得二言焉。曰和。曰安。……安则物之感我者轻，和则我之应物者顺。外轻内顺，而生理备矣。"养生贵在"和"与"安"。"和"，即顺，顺应万千世界的变化，随缘自适，放旷超然；"安"，即静，保持内心的安定，不受外物干扰。只有将个体生命放置于广大的生态系统中，顺应自然，虚空万物，和合共生，才能保有身心的康健。《黄帝内经》认为，影响个体生命的四大要素为精、气、神、经络，它们协调互动，缺一不可。如果说，精是生命的物质基础，气是生命的能量，神则是生命的主宰，它包括魂、魄、意、志、思、虑等，人体一切生命活动都依赖"神"正常运转。因此，中国古人养生的重要原则之一就是守神，即无论外界环境如何变化，始终保持恬淡虚无的心境、平和舒畅的情志，如此，才能确保身心康健。

人只有保有恬淡虚无的心境，才能真气从之，精神内守，如此则形劳而不倦，气从以顺，身心康健。因为，过于激烈的七情会影响人的生理机能，使气血运行紊乱，从而导致疾病的发生。苏东坡曾说："神仙至术，有不可学者：一忿躁，二阴险，三贪欲。"[1] 人类的欲望名目繁多，无穷无尽，有口体之欲，声色之欲；有名利之欲，钱权之欲，外在于个体生命的诸多欲望，

---

[1] 苏轼撰、王如锡编《东坡养生集》，吴文清、张志斌校点，福建科学技术出版社，2013，第232页。

遮蔽了人类纯粹、质朴的本真之心。于是，人们纷纷以一己之私评判世间万物，得之则喜，失之则忧，顺己则喜，逆己则忧，情志纷披，严重侵袭身心健康。因此，"惟尽绝欲念，为万金之良药"[1]。"去欲"的过程即为"养生"的过程，而"去欲"恰恰又是极难的，但一旦超越了行迹和物累之后，便能淡泊自持，亦便安康。"先生心平而气和，故虽老而体胖……忘口腹之为累，似不杀而成仁。窃比子于谁与？葛天氏之遗民。"[2]苏东坡曾说：

> 夫人之动，以静为主。神以静舍，心以静充，志以静宁，虑以静明。其静有道，得己则静，逐物则动。以一人之身，昼夜之气，呼吸出入，未尝异也。然而或存或亡者，是其动静殊也。[3]

"静"乃养生之本。静则神藏，躁则神亡。内心静默恬淡，则神安；精神内守，精气自然旺盛，邪气无法侵犯，自然就不会患病。因此，静为躁之君，清静养神，乃养生之要旨。苏东坡曾说："无事此静坐，一日似两日。若活七十年，便是百四十。"[4]守住静，内心就会安定，人就会透彻通明，回到生命的本源，进入无待、自由的境界。苏东坡一生历经贬谪，却始终以一颗超绝、旷达的心直面生命中的风雨阴晴，少了些许怨愤、悲观、刻板，显得温和、可爱、自然。这也许就是苏东坡的生存智慧。

人类的健康，不仅仅指向生命机能的正常，更包括心灵的健康与道德的完善。在《黄帝内经》中，通达于道的至人具有醇厚的道德，积蓄精气，永远保持最佳的精神状态，从而寿而不夭。老子认为，人类最高的德行就是护生、爱生，不仅保养自我的身心，还要保全他人、自然万物的生命。这样的德行不仅有益身心，还可以延年益寿。注重养生之道的人都会自觉规范个人

---

[1] 苏轼：《苏轼文集》，孔凡礼点校，中华书局，1986，第1456页。
[2] 苏轼：《苏轼文集》，孔凡礼点校，中华书局，1986，第17页。
[3] 苏轼：《苏轼文集》，孔凡礼点校，中华书局，1986，第332页。
[4] 苏轼：《苏轼诗集》，孔凡礼点校，中华书局，1982，第2352页。

的言谈举止，在日常生活中，将"不得好杀物命""不得烧野山林""不得杀生淫祀""不得不忠不孝不仁不信"等信条奉为圭臬，以安养身心。因为，"道设生以赏善，设死以威恶。死是人之所畏也，仙王士与俗人同知畏死乐生，但所行异耳。俗人莽莽，未央脱死也，俗人虽畏死，端不信道，好为恶事，奈何未央脱死乎。仙士畏死，信道守诫，故与生合也"[1]。人多多行善，从而可以寿而仙。贵生、利生是人内在的道德诉求，人类要秉承自然之道，修行得道须在事上磨。只不过，在纷繁复杂的世事中，人类被各种欲望迷惑，渐失本心，杀生恶生，导致其生命受到摧残，不能尽天年。

苏东坡相信，泛爱万物、体恤他人，可以怡情养性，延年益寿。这是一种更高层次的休养之道，它更加注重精神修炼。一生积善修德，可谓东坡最素朴的养生理念。苏东坡一生德及草木、恩施动物，有着民胞物与的生态情怀与宇宙风度，蕴含着对天地万物的生态责任与道德关怀。作为政府官员，苏东坡无论知凤翔、杭州、密州，抑或居京在朝，始终践行"修身、齐家、治国、平天下"的人生信念，坚守"以民为本"的仁政主张，为官一方，造福人民。在凤翔，修改役法，疏浚东湖；知杭州，疏浚钱塘六井、杭州西湖，还创建了第一所官办医院——安乐坊；知密州，收养孤儿，治理蝗灾；知徐州，与民同甘共苦，抗洪救灾……即使遭贬期间，依然尽其所能，为国计民生积极奔走。谪居黄州时，提出拯救女婴、革除陋习的具体办法，自此，黄州溺杀女婴的陋习逐渐消除。谪居惠州时，引山水入广州，以解百姓缺水之虞，还促成了惠州西湖东新桥和西新桥的改造工程。他只为惠州父老"喜笑争攀跻"而感到由衷的满足与快慰。无论在朝还是在野，苏东坡都始终胸怀天下，不为功名，不计利害，一心为民，广做善事。对于中国古人来讲，"贵生"等同于"贵身"，"修德"等同于"修身"。

对于生命，苏东坡是积极守护的。他一生贵生、护生，讲究性命双修。其实，苏东坡慕道贵生，无意于飞升成仙，而是站在自然的视点反观人类文明，倡导返朴归真、恬淡自适、安贫乐道的生存方式；他将自我生命融入大

---

[1] 饶宗颐：《老子想尔注校笺》，敦煌六朝写本，1956，第27页。

化流行的自然精神中，使人的生命法则同于自然法则，不仅获得了个体生命的康健，又使个体与周围环境保持平衡，在养护身体的同时尊生、惜生，完成了对大千生命的护持。苏东坡对于身体的护持充分彰显了中国古人的养生之道，其顺应自然的生活方式、抱朴守真的养生理念、亲近山林的绿色养生及遵道贵德的养生伦理不仅保养了自我个体生命，又最大限度保全了自然万物，蕴含着浓郁的自然精神与生态智慧，对于疗救当代人的身心疾病有积极的启示意义。

第七章 东坡生活美学的当代价值

扫码查看
- AI东坡先生
- 品大宋风雅
- 享东坡食谱
- 观风流人生

人类社会的变迁、科学技术的发展、文学艺术的变化，都深刻地影响着我们的生活方式与生活态度。当今社会物质品种丰富，人们日常生活多姿多彩，已不完全同于古代文人的日常生活，但在根源处是前后承接、彼此贯通的。中华民族有着悠久而灿烂的农业文明，道法自然、与时推移、安土重迁、爱物节用、贵身乐生等思想早已融入中国人的血脉之中，成为中华民族独特的审美精神、文化精神，这在当代仍然具有极强的现实意义，可以纠正消费时代过于物质化、同质化的偏颇，从而建设真正的美好生活。"如果我们在世界里有了知识而不能了解，有了批评而不能欣赏，有了美而没有爱，有了真理而缺少热情，有了公义而缺乏慈悲，有了礼貌而一无温暖的心，这种世界将成为一个多么可怜的世界啊！"[1] 美好生活应是万物并育、美美与共的生命图景，这就需要我们懂得欣赏、学会关爱、热爱生活、心怀慈悲，从而诗意地栖居在这个蔚蓝色的星球上。何为"诗意地栖居"？凌继尧在《美学十五讲》一书中进行了阐释，他说：

  就是通过人生艺术化、诗意化，来抵制科学技术所带来的个性泯灭、生活刻板化和碎片化的危险。"刻板化"指现代技术为了生产和使用的方便，把一切变得千篇一律。"碎片化"指人和自然脱节，感性和理性脱节。人成为被计算使用的物质，成为物化的存在和机械生活整体的一

---

[1] 林语堂：《生活的艺术》，湖南文艺出版社，赵裔汉译，2012，第141页。

个碎片。[1]

人的存在应是主动、积极的,正如雅斯贝尔斯认为的,"人的存在,不仅是存在而已,而且是人对存在意义有选择与界定的自由"[2]。作为存在者,每个生命体都生活在一定的环境之中,受限于各种客观现实,但同时又拥有超越现实的生命能量,能够更好地对自我进行规划,从而抵达自由的生存境界。也许最理想的生存状态就是,既执着于现实生活,又能超越具体存在,与天地万物同呼吸、共沉浮,最终抵达天人合一的审美境界。苏东坡日常生活审美范式既有着鲜明的时代性、个体性,又有着极强的超越性、普遍性,对于当今建设高质量、高品位的美好生活具有一定的借鉴意义。

一、过一种"素朴"的生活

如果说,前现代的人生目标是一个恒定、潜在的生活目的,进入消费时代的我们则需要"持续不断的刺激",将审美、价值、理想与消费捆绑在一起,诸如"一生一世""一座城,一双人"等诗意盎然的词汇成为刺激消费的手段,人类也在持续过度消费、耗尽地球资源的道路上一路狂歌。鲍德里亚认为,这是一个物质至上、娱乐至死的时代。"消费纯粹成了为资本开发市场、赚取利润的工具。人们不是为了需要而消费,而是为了消费而消费;不是为了消费而生产,而是为了生产而消费,整个社会成了一架制造消费欲、消费品的机器。"[3]这样的"消费"已经不再是维持个体生命的"生计日用",而堕落为"浪费"。"浪费"的完成恰恰通过"摧毁"与"破坏"来完成。正如鲍德里亚所说:"浪费始终被视为一种疯狂、精神错乱、本能的官能障碍,因为它使得人们焚毁储备物资,并通过非理性之举殃及生存条件。"[4]相伴而

---

[1] 凌继尧:《美学十五讲》,北京大学出版社,2014,第258页。
[2] 许倬云:《中国古代文化的特质》,北京大学出版社,2013,第98页。
[3] 鲁枢元:《陶渊明的幽灵》,上海文艺出版社,2012,第259页。
[4] 让·鲍德里亚:《消费社会》,刘成富、全志钢译,南京大学出版社,2008,第22页。

生的是现代文明变成"垃圾箱文明",消费社会"正在摧毁人类的基础","时时威胁着我们中的每一位"[1]。如果说,消费社会的"浪费"是消费社会的表象,潜隐其中的则是"金钱"消弭了所有的差异。西美尔曾谈到,在现代社会,金钱成了所有事物"低俗"的等价物,消弭了事物的独特性。当金钱从一种纯粹手段和前提条件成为最终目的,"奢侈"也就成了人类生命个体存在的价值和意义,因为,"幸福"已经与"过剩""多余"紧紧捆绑在一起。

汤因比曾说:"现代人的贪婪将会把珍贵的资源消耗殆尽,从而剥夺了后代的生存权。而且,贪欲本身就是一个罪恶。它是隐藏于人性内部的动物性的一面。不过,人类身为动物又高于动物,若一味沉溺于贪婪,就失掉了做人的尊严。因此,人类如果要治理污染,继续生存,那就不但不应刺激贪欲性,还要抑制贪欲。"[2]节制人类的贪欲,就是要提倡简朴生活与绿色消费,合理、节约利用一切自然资源。被爱因斯坦誉为"当代圣人"的阿尔贝特·史怀泽说:"我们的灾难在于:它的物质发展过分地超过了它的精神发展。它们之间的平衡被破坏了。"[3]"多余的财富只能够买多余的东西,人的灵魂必需的东西,是不需要花钱买的。"[4]过于奢侈的生活注定造成自然资源的巨大浪费,同时,使人类过分热衷于外在物质、财富、名利的追逐,而不能站在安贫乐道的境地去审视人类的生活。

鲁枢元一直倡导"低物质损耗的高品位生活"的生活方式,即在低物质消费的同时更注重精神生活的丰富。他说:

> 西方消费主义的生活模式向着全世界的迅速普及,已经给生态造成沉重的负担与全方位的破坏。一是巨量的冗余消费正在迅速耗尽地球宝贵的自然资源,制造出有史以来最严重的自然生态灾难;二是高消费引

---

[1] 让·鲍德里亚:《消费社会》,刘成富、全志钢译,南京大学出版社,2008,第22页。
[2] 汤因比、池田大作:《展望二十一世纪——汤因比与池田大作对话录》,荀春生、朱继征、陈国梁译,国际文化出版公司,1985,第56页。
[3] 阿尔贝特·史怀泽:《敬畏生命》,陈泽环译,上海社会科学出版社,1995,第44页。
[4] 亨利·梭罗:《瓦尔登湖》,田伟华译,中国三峡出版社,2010,第9页。

发的生产竞争、市场竞争、金融竞争,包括人与人、企业与企业、国家与国家之间的竞争,已经在人与人、国与国、民族与民族之间注入"仇恨的福音",败坏了人类的社会生态;三是物质主义、消费主义致使现代人类精神萎缩、心灵干涸、"精神能量"日益贫瘠,生活中的诗意荡然无存,生活品味在日益低俗化。[1]

倡导一种俭朴、绿色的生活方式,不仅可以节约自然资源,保护地球环境,还可以促进人际关系的和谐与内在心灵的充盈。素朴的生活似乎更能抵达与天地同流的自由境界,给生命个体带来"幸福"与"安适"。南怀瑾曾详细介绍过旧时僧人的衣食住行:

衣,不过三件,多了就要施舍给别人。做衣服的布料甚至是别人扔掉的破布剪裁拼接起来的,名曰:"百衲衣"。
食,一天一顿,至多两顿饭,而且多是粗茶淡饭,一律素食。
住,随遇而安,茅屋、草庵、土穴、岩洞,甚至树下、旷野皆可安身,没有被褥时,草织的蒲团上也可以坐上一夜。
行,"芒鞋斗笠一头陀",有时草鞋也没有,就打赤脚。[2]

我们不一定如佛教徒那般清修,但最起码可以过一种简单、素朴的生活,追求精神层面的富足与安适。风靡于20世纪80年代的"极简主义"提倡欲望极简、物质极简、信息极简、工作极简、生活极简等。极简主义生活方式吸引着渴望回归自然、返朴归真的人们。同时,社会涌现出越来越多的"新素食主义者"。"新素食主义者"指向那些也吃肉、蛋、奶等食物的人群,所谓"素食",更多指向"良心","素食良心把人类看成自然的一部分,而不是和自然分离的。……素食的宗旨不是道德上的完美,而是慈悲地和其他物种栖

---

[1] 鲁枢元:《生态时代的文化反思》,东方出版社,2020,第203页。
[2] 鲁枢元:《生态文艺学》,陕西人民教育出版社,2000,第351页。

息在一起并尊重地球,发挥到极致,我们可以在私人活动及社会政策与计划上每天遵循这些戒律。"[1] 在一定程度上,素食体现了一种绿色、低碳、健康的生活方式。

素朴的日常饮食意味着清雅与节制。"取之有度,用之有节",是生态文明的真谛。反观当下的饮食文化,情况不容乐观。如果说当代是人类饮食丰富、饮食美学繁荣的时代,应是毫无争议的。20世纪80年代以来,人们逐渐将食物看作是艺术加工的原材料,将烹饪方法、烹饪过程看作是艺术创造,将美食看作是艺术作品,社会上出现大量美食杂志、美食文学、饮食类节目等,尤其是在当下自媒体时代,诸如小红书、抖音等平台更是涌现大量美食达人,他们通过美文、美图、短视频等形式分享各地美食,常常引得人们为一道美食而奔赴一座城。享用美食本无可厚非,但如果与过度联系在一起,就极易走向铺张浪费,在一定程度上造成自然资源短缺,乃至影响整个地球生态系统的平衡。

更可怕的是,人类的"贪婪"又借着"审美"的幌子,掩盖其冷漠、自私的面目。人们为了追求味蕾的极致享受,发明各种新奇的烹饪方法,完全无视动物的感受,如有的美食类节目赤裸裸展现动物受难的场景。这些节目不仅加剧观众审美品位的低俗化,也严重暴露出其对生命的不尊重。诸如此类的残忍饮食现象在当代消费文化中并不少见,这充分暴露了人类对生命的冷漠与无感。当代饮食美学与其说是将"吃"作为日常生活审美实践,不如说是为了"掩饰人类低级的生理需求和粗俗的饮食欲望","这样的审美享受以人类内在自然的极度萎缩、自然资源的加速耗尽为代价,当我们批判现代人过分奢华的物质享受导致了自然生态危机的时候,却常常容易忽视畸形的现代审美文化生活与生态危机之间也存在着无法分割的联系,自然资源的过度消耗与人类内在自然的空洞贫瘠成正比"[2]。无节制的日常饮食,以及满足于感官享受的饮食美学会成为资本文化的帮凶,钝化我们的生命感受与道德

---

[1] 福克斯:《深层素食主义》,王瑞香译,新星出版社,2005,第226页。
[2] 王茜:《生态文化的审美之维》,上海人民出版社,2007,第57页。

感,使我们失去与天地万物的紧密联系。

"地球上人类和非人类生命的健康和繁荣有其自身的价值(内在价值、固有价值)。……除非满足基本需要,人类无权减少生命形态的丰富性和多样性。"[1]现代系统论最基本的一个观点是:任何一个系统的平衡都只能在一定的阈值内,如果突破了阈值的范围,平衡系统就会崩溃。过度消费不仅在生态伦理学上是一种不道德的行为,也不符合人性自我完善的内在要求。大自然是质朴的,它真诚无伪;大自然又是适度的,它以能量守恒为准则,够用就行,多则费。在大自然中,不存在无用的东西,也没有过分的东西,一切都恰到好处。格里芬曾说:"我们必须轻轻地走过这个世界,仅仅使用我们必须使用的东西,为我们的邻居和后代保持生态的平衡。"[2]深层生态学者主张实现"轻踩大地"的生活形态,提倡居住在一个简朴的"小区"里,使消费与物质需求达到最小,尽可能使人类的生活对其他物种的影响降到最低。素朴、简化的生活方式可以给人类带来很多好处,"自愿的简化生活或许比其他任何伦理更能协调个人、社会、经济以及环境的各种需求。它是对唯物质主义空虚性的一种反应,它能解答资源稀缺、生态危机和不断增长的通货膨胀压力所提出的问题。社会上相当一部分人实行了自愿的简化生活,可以缓和人与人之间的疏远现象,并可缓和由于争夺稀少资源而产生的国际冲突。"[3]

生活简朴,精神富足,才是人类与自然和谐相处之道。因为人的自我价值实现与天地万物的价值实现应是契合的。人类只有保有平等、共生的生存理念,才能真正认识到人在自然中的生态位,从而调整思维方式、认知方式、生活方式,才能最大限度保全自然的多样性、完整性。我们应该走出现代工业文明范式下的生活方式,保有对古人敬畏生命、适度消费的敬意,将生

---

[1] 雷毅:《深层生态学思想研究》,清华大学出版社,2001,第53页。
[2] 大卫·雷·格里芬编《后现代精神》,王成兵译,中央编译出版社,1998,第94页。
[3] 莱斯特·R.布朗:《建设一个持续发展的社会》,祝友三等译,科学技术文献出版社,1984,第283页。

态伦理引入当代消费观中,因为,过度消费不仅造成了人与人、国与国之间的差距,更造成了自然资源的浪费与自然环境的破坏,这是不道德的。在生态文明时代,我们应该倡导一种人与自然和谐共生的消费观,抵制过于物质化的生活方式,更要赋予日常饮食以伦理态度,深刻理解人类与天地万物的关系,尊重自然,仁爱万物,节制物欲,过一种简朴、清雅的绿色生活。这就需要充分汲取优秀传统文化的营养,建立一种具有人文关怀的当代饮食模式,在全社会牢固树立勤俭节约的消费观,推动生活方式和消费模式向简约适度、绿色低碳、文明健康的方向转变,拒绝奢华和浪费,形成文明生活风尚。

二、过一种"趣味"的生活

朱光潜认为,所谓人生的艺术化就是人生的情趣化。情趣丰富的人,拥有一双慧眼和一颗善感的心,善于发现日常生活中的美,并且具有点化凡俗事物的生命能量。而情趣干枯的人,其生命感觉是迟钝的、麻木的、被动的、盲从的,多沉溺于物质满足,缺乏提升生活品味与生命质量的能力。梁启超曾不无自豪地谈道:

> 假如有人问我:"你信仰的什么主义?"我便答道:"我信仰的是趣味主义。"有人问我:"你的人生观拿什么作根底?"我便答道:"拿趣味做根底。"我生平对于自己所做的事总是做得津津有味而且兴味淋漓。[1]

正因为梁启超将"趣味"作为人生观的"根底",才能在纷繁复杂的人事中始终保有生命的热情,将社会责任感与个人情趣有机统一起来,拥有健全的精神生态。苏东坡富有强烈的淑世精神,总是一心为民,忙于整顿吏治、

---

[1] 梁启超:《生活于趣味》,北京大学出版社,2012,第135页。

抗洪救灾、修建水利工程等，可谓不忙不快乐。但在繁忙的社会事务之余，他喜欢读书、写作、作画，还乐于酿酒、营园、赏石、鉴古等。东坡似乎具有一种神奇的生命能量，可以将平淡，甚或苦难的人生艺术化、情趣化。无论怎样的日常存在，他都以出乎生命本然的喜怒哀乐之情去对待，以一种审美愉悦的态度去拥抱，乐于在早上梳头、中午小睡、晚上濯足等凡俗小事中尽享生命的丰美和富足。有趣味的人生必定是生机活泼，生意盎然的。在苏东坡的生活中，新生的笋芽、翠绿的巢菜、金黄的柑橘，乃至缀着露珠的小草、檐间滴落的春雨，都那么清新自然、生气充盈。当以一颗欣赏的心对待生活的点点滴滴时，普通日常的物、人、事也就充满了诗意，甚至苦难也会化作生命的醇美。林语堂曾说：

> 苏东坡一生的经历，根本是他本性的自然流露。在玄学上，他是个佛教徒，他知道生命是某种东西刹那之间的表现，是永恒的精神在刹那之间存在躯壳之中的形式，但是他却不肯接受人生是重担、是苦难的说法——他认为那不尽然。至于他自己本人，是享受人生的每一刻时光。[1]

热爱生活应是一种直觉，由一个健全的接近大自然的灵魂产生出来，不需要任何理由。弗洛姆认为："争取精神健康、快乐、和谐、爱和创造性的努力，是内在于每一个出生时不是精神上或道德上的白痴的人的。"[2]对生命有着强烈兴趣的人，感觉万事万物都有趣味。因为，任何趣味都是物我交感共鸣的结果。要学会在日常生活中品出生活的趣味，在品茶、饮酒、听竹、赏花等日常小事中领略存在的真谛和生命的玄奥。生活之外别无目的。正如冯友兰所说："以无心做事，就是自然地做事，自然地生活……只应当于日

---

[1] 林语堂：《苏东坡传》，张振玉译，陕西师范大学出版社，2009，第144页。
[2] 陈学明、吴松、远东编《痛苦中的安乐——马尔库塞、弗洛姆论消费主义》，云南人民出版社，1998，第218页。

常生活中无心而为，毫无滞着。"[1]这是一种本色的生活，也是一种艺术的生活。这与生命个体的气质、才情、境界有密切关系。苏东坡曾说："吾兄弟俱老矣，当以时自娱。世事万端，皆不足介意。所谓自娱者，亦非世俗之乐；但胸中廓然无一物，即天壤之内，山川草木虫鱼之类，皆是供吾家乐事也。"[2]在东坡看来，生活的情趣就在山川、草木、虫鱼等平凡事物中，我们对日常生活要有独特发现和体验。

对于生命，苏东坡是充满热爱和欣喜的，他在吟诗作画、游山玩水、品茗抚琴中尽享生命的丰美和富足，又能超然物外，在凡俗日常生活中体味生命的意蕴。鲜活的感性存在不仅是苏东坡精神旅程的起点，也是其最后的归宿。他拒绝停留在纯粹感性的世界里，而是赋予感性存在以一种诗学的特质，超然物外，回到本源，使自我生命在诗意的浸染和包孕中逐渐饱满、丰盈、成熟，自觉体悟着生命的价值和宇宙的真意，在天人合一中抵达和谐圆融的生命境界。这就是苏东坡的魅力，他总能在相反相成中实现和谐。"生活在宋代的苏轼的确就是这样一个有关自然的审美者和实践者，一方面表现在他对自然世俗生活的深切关怀，另一方面又表现为他对自然和社会的超越性审美趣味的追求，这种追求表现在对于生命价值的追求，苏轼找到的是一种自足圆满的生存价值。"[3]苏东坡如此热爱着这个生机盎然的日常世界，至死都拒绝进入极乐世界，而是执着地生活在天地之间。同时，又总能将庸常、平淡甚至卑俗、冷酷的现实世界营造为诗意盎然、温暖明亮的人间乐土。苏东坡具有巨大的生命能量，他总会主动找寻希望与光明，在困窘、逼仄的日子里开出绚烂的生命之花。他的生活世界始终是充满生气、生机、生趣的。唐玲玲说："苏轼是一个有独特个性的普通的人，是一个对生活充满乐观精神的人，是一个拥抱自然大地的人，是一个具有宏博观察能力的人，是一位正

---

[1] 冯友兰：《中国哲学简史》，北京大学出版社，1996，第222页。
[2] 苏轼：《苏轼文集》，孔凡礼点校，中华书局，1986，第1832页。
[3] 王水照、朱刚：《苏轼评传》，南京大学出版社，2004，第428页。

直善良而又有真知灼见的人,是一位博学多才的人。"[1]在中国文化史上,苏东坡是独一无二的,他是一个天才,更是一个全才。他热爱自然,投身社会,悠游艺术,在生命的深处极好地平衡了感性与理性、物质与精神、情感与意志之间的关系,从而抵达身心合一、与天合一的人生境界。

在前现代社会,艺术与技艺彼此契合,道德与礼乐互为一体,审美与伦理相得益彰,人们的日常生活是多元而和谐的存在。随着商品经济日益发达,消费文化甚嚣尘上,人的贪婪与欲望在"审美"的光环下肆虐,于是,这个物质至上、娱乐至死的时代造就了日益齐一化、庸俗化、狭隘化的审美困境,曾经带给人类想象、希冀、自由的"美"沦落为取悦感官的形式。美学在深化的同时也发生了泛化,具体表现为审美的表面化、技巧化、庸俗化。"日常生活中诗情的消解"也是社会现实,而这恰恰与高速发展的经济、日益提高的生活水平是同步的。二者之间似乎有着某种关联。现代人置身于不断丰富的物质世界中,却日益丧失审美的洞察力与感受的独特性,形成单调、乏味、同一的生活风格。"物化""异化"使现代人的生命、生活都成了碎片,"精神污染"屡见不鲜,"人的物化、类化、单一化、表浅化",人的"道德感、历史感的丧失,审美能力,爱的能力的丧失"[2]。在这样一个时代里,人类个体的生命质地越来越稀薄,存在的价值、生命的意义变得越来越空洞,导致了现代人普遍的病态的冷漠或"不感症","这种感官的异常迟钝,这种心理的'不感症',不仅使人失去自己曾经有过的敏感和激情,使人的生活变得异常的贫乏、单调和枯燥,而且更使人与人之间、人与世界之间、人与物之间日益疏远、日益隔膜起来,他人成为一堵墙,人变得越来越孤独,越来越绝望"[3]。在这个既好又坏的时代里,物品的丰富、交往的频繁、生活的舒适是与感觉的钝化、精神的贫乏、生命的萎缩相伴而行的。

"洞察力能使我们看到,忽视精神而以追求物质目的为主的生活必然使

---

[1] 唐玲玲、周伟民:《苏轼思想研究》,文史哲出版社,1996,第195页。
[2] 鲁枢元:《生态批评的空间》,华东师范大学出版社,2006,第22页。
[3] 樊美筠:《中国传统美学的当代阐释》,中国社会科学出版社,1997,第10页。

得人与人对立，国与国对立，因为人的需要无穷无尽，而无穷无尽只能在精神王国里实现，在物质王国里永远不能实现。"[1]风靡全球的消费并未带给人类预期的幸福，相反，现代人却普遍陷入了精神危机，焦虑感、虚无感、荒诞感、无聊感、不安全感……致命的生命感觉的萎缩困扰着人们。一方面，货币给现代生活装上了一个无法停转的轮子，带给人类无尽的物质便利和享受；另一方面，自然的生机、自我的灵性统统消隐在理性、科技与物质的巨大光环中，潜而不见，渊而不明。西美尔在研究货币对现代都市人生活风格的影响时指出，由于缺乏个性与独立内在价值的货币支配了人类包括人际交往的一切活动，个人逐渐将自我的生命体验置换为一种具有交换价值的商品，生命个体日益陷入重物质、轻精神，重理性、轻感性，重本能、轻信仰的精神困境，导致社会普遍出现身心分离、灵肉分离的单向度的人。现代精神变得越来越精于算计，货币夷平了差异，它是"平面化"的、"齐一化"的、"无色彩"的，货币凭借它的"非人格""无个性"顺利取代了人类社会的其他价值，包括生命个体的精神价值。诗情的法则屈服于货币的法则，个性文化中的灵性、情致与理想正在日益萎缩。也许，我们应该寻回生命自身的丰富性与完整性，保持个体灵魂的高雅、独特、内在，找回最切近人类真实生存状态的诗思。

三、过一种"闲适"的生活

中国古人，特别是有较高文化素养的人，普遍具有一种欢喜闲散、悠游岁月、乐天知命的性情，"这种爱悠闲的性情由于酷爱人生而产生，并受了历代浪漫文学潜流的激荡，最后又由一种人生哲学——大体上可称它为'道家哲学'——承认为合理近情的态度"[2]。中国古人崇尚的悠闲生活不是物质层面的享受，而是闲适、自得的精神之乐。善于悠游岁月的人才是真正有智慧的。苏东坡一生忙碌，颠沛流离，到晚年从儋州流放地归来，更加彻悟

---

[1] E.F. 舒马赫：《小的是美好的》，虞鸿钧、郑关林译，商务印书馆，1984，第20页。
[2] 林语堂：《生活的艺术》，越裔汉译，湖南文艺出版社，2012，第151页。

到生命的真谛，决计对一张琴、一壶酒、一溪云，做个自由自在的闲人。在苏东坡的世界里，"闲"具有多重意义，抛却过多的世务，远离尘世的喧嚣，保持内心的宁静，观照诗意的存在，都在东坡的"闲"中。他深谙"闲适之乐"的无穷趣味，不是在其志得意满之时，而是在其遭遇人生困境之时，由此可见，"闲适之乐"并不是单纯的物质享受，而是发自心灵深处的精神之乐，是苏东坡体验人生、思考人生的诗意呈现。在黄州谪居期间，苏东坡不得签书公事，有了更多的闲暇时光，可以领略山川形胜，亦可以读书、参禅，在闲淡散漫的生活中，苏东坡感到莫大的身心愉悦。他在给朋友的信中写道：

> 寓居官亭，俯迫大江，几席之下，云涛接天，扁舟草履，放浪山水间。客至，多辞以不在，往来书疏如山，不复答也。此味甚佳，生来未尝有此适。[1]

在惠州，苏东坡更加体会到真正的闲适之乐：

> 几席之下，澄江碧色，鸥鹭翔集，鱼虾出没，有足乐者。又时走湖上，观作新桥。……盖优哉游哉，聊以卒岁。[2]

苏东坡在身心俱闲中超越了物我、生死、出入、穷达等之间的对立，进入无所思、无所待的至境，获得精神层面的绝对自由。人，一旦超越了外在物质、功名之累，就能以本然之心体味生命的真谛及造物者的真意，也更能感知万物之趣，人生因而显得更为单纯与任真。苏东坡有词云："长恨此身非我有，何时忘却营营。"人终生为生活而奔波忙碌，终日营营，忘却自我。这不是切近生命本源的状态。谪居儋州期间，苏东坡更善于从凡常俗事中寻找乐趣与美意：

---

[1] 苏轼：《苏轼文集》，孔凡礼点校，中华书局，1986，第1813页。
[2] 苏轼：《苏轼文集》，孔凡礼点校，中华书局，1986，第1616页。

安眠海自运，浩浩朝黄宫。日出露未晞，郁郁蒙霜松。老栉从我久，齿疏含清风。一洗耳目明，习习万窍通。少年苦嗜睡，朝谒常匆匆。爬搔未云足，已困冠巾重。何异服辕马，沙尘满风鬃。雕鞍响珂月，实与杻械同。解放不可期，枯柳岂易逢。谁能书此乐，献与腰金翁。[1]

这是其《谪居三适》中一首，另外两首是《午窗坐睡》和《夜卧濯足》。苏东坡常能以闲者的姿态去观察生活、体验生活，正像李渔所说，人若有一段闲情，有一双慧眼，则眼见、耳听即为诗画也，因"闲情"而赋予"闲物""闲事"以诗情画意。苏东坡曾说："处贫贱易，处富贵难。安劳苦易，安闲散难。"一生"不忙不快乐"的东坡在历经人生沉浮之后，不再执着于从外部空间寻求自我价值的确立与实现，而是回归到内心，将"自适"看作个体存在的最高境界。苏辙曾这样评价苏东坡：

盖天下之乐无穷，而以适意为悦。方其得意，万物无以易之；及其既厌、未有不洒然自笑者也。譬之饮食，杂陈于前，要之一饱而同委于臭腐，夫孰知得失之所在？惟其无愧于中，无责于外，而姑寓焉。此子瞻之所以有乐于是也。[2]

苏东坡之所以乐见天地万物，就是因为他能"以适意为悦"。在他看来，适意与闲逸是合为一体的：

环州多白水，际海皆苍山。以彼无尽景，寓我有限年。东家著孔丘，西家著颜渊。市为不二价，农为不争田。周公与管蔡，恨不茅三间。我饱一饭足，薇蕨补食前。门生馈薪米，救我厨无烟。斗酒与只鸡，酣歌

---

[1] 苏轼：《苏轼诗集》，孔凡礼点校，中华书局，1982，第2285页。
[2] 苏辙：《苏辙集》，陈宏天、高秀芳校点，中华书局，1990，第406页。

钱华颠。禽鱼岂知道，我适物自闲。悠悠未必尔，聊乐我所然。[1]

这首诗以形象的方式道出了闲与适的关系。诗中暗用了庄子"鱼之乐"的典故，旨在说明禽鱼的悠然之乐，实际上是来自人的"适"。只有"适"，即人的身心处于一种自我满足而无所外求的状态时，才能静观天地万物的悠然自得。在这里，物与我、适与闲，构成了相遇相成的审美存在，适成了闲的条件，闲成了适的结果，"适"与"闲"构成了幽微、玄妙的联系。在一定程度上讲，"闲"就是人类从异化世界向本真自我的回归，也即"与天为徒""与道为一"，获得身心的安适。

在宋人看来，"适"与"闲"密切相关。"宋代美学一方面走向理性，臻于成熟；另一方面融入生活，走向休闲。"[2]宋代文人一方面高扬审美主体的品格与人生境界，建构以"理气""文道""性情""胸次""气象""涵泳""自得"等为核心范畴的美学思想体系，尤为凸显生命主体的"气象"；同时，在日益世俗化、生活化的时代背景下，凸显休闲旨趣，追求一种平淡自然的境界。苏东坡曾说"适意无异逍遥游""心闲手自适""我适物自闲"，"他的适，主要反映了个人主体展向现实世界的亲和性，从凡夫俗子的普通日常生活中发现愉悦自身的美。"[3]苏东坡对"闲"独具会心，一方面，他"载歌载舞，深得其乐"，尽享歌舞宴饮、游山玩水之乐，体现出充分享受生活的闲情逸致。同时，东坡以寓意于物、闲适放旷的心态对待现实人生，他在诗文中写道：

元丰六年十月十二日，夜，解衣欲睡，月色入户，欣然起行。念无与为乐者，遂至承天寺，寻张怀民。怀民亦未寝，相与步于中庭。

庭下如积水空明，水中藻、荇交横，盖竹柏影也。何夜无月，何处

---

[1] 苏轼：《苏轼诗集》，孔凡礼点校，中华书局，1982，第2104页。
[2] 潘立勇：《宋代美学的代表人物与核心范畴》，《社会科学辑刊》2013年第3期。
[3] 王水照、朱刚：《苏轼评传》，南京大学出版社，2011，第583页。

无竹柏，但少闲人如吾两人者耳。[1]

"月""竹柏""闲人"构成了一幅无事自适、情趣盎然的生活画面，充分表达了自适、闲逸的生活情趣。谪居黄州的苏东坡，感慨于世事沉浮，欣喜于冲突之后的平和，此时的"闲"就少了许多浅薄与虚浮，多了几分淡然与通达。"幽人清事，总在自适。故酒以不劝为欢，棋以不争为胜，笛以无腔为适，琴以无弦为高，会以不期约为真率，客以不迎送为坦夷。若一牵文泥迹，便落尘世苦海矣！"[2] 人只有无心于外物，才能超越世事纷扰。因此，安于闲散的人，无论处于怎样的境遇，都能安时处顺，无往不适。

卢梭在《忏悔录》中曾说，在树林和田野漫不经心地溜达，无意识地有时采一朵花，有时折一个枝，差不多遇到什么就嚼点什么。卢梭的"闲逸"是一种生活风格，它崇尚自然、天真、自由，追求心灵的放松和宁静。梭罗也曾用富有诗性的语言记述了他"疏懒""优美"的一天：

> 在一个夏天的早晨里，照常洗过澡之后，我坐在阳光下的门前，从日出坐到正午，坐在松树，山核桃树和黄栌树中间，在没有打扰的寂寞与宁静之中，凝神沉思。那时鸟雀在四周唱歌，或默不作声地疾飞而过我的屋子，直到太阳照上我的西窗……这样做不是从我的生命中减去了时间，而是在我通常的时间里增添了许多，还超产了许多。我明白了东方人的所谓冥想以及无为的意思了。[3]

梭罗在文中表达了在大自然中清静、悠然、自由的状态。在这里，梭罗把自己没入自然中，认为同化于大自然才是一生中最美好、最有意义的事，"跟大自然一样朴实""纯真"，我们只需"如大自然一般自然地过一天吧"。

---

[1] 苏轼：《苏轼文集》，孔凡礼点校，中华书局，1986，第2260页。
[2] 洪应明：《菜根谭》，吴言生译注，陕西旅游出版社，1998，第230页。
[3] 亨利·梭罗：《瓦尔登湖》，田伟华译，中国三峡出版社，2010，第85页。

如今快节奏生活却日益剥夺了人们安于闲散的自由。梭罗认为，人们在一个错误的支配下劳动，"即使在相对自由的国度，大多数的人由于无知或者错误整天生活在无止境的忧虑和繁重的苦力当中，这些人注定不能采集到生命中甜美的果实。……实际上，劳作的人终日不得闲，他们也不能形成正直的人格；他无法与他人维持最果敢的关系"[1]。可见，如此"繁忙"的生活并未带给人类预期的幸福。

鲍德里亚在《消费社会》一书中提到，现代人由于过度劳作、过度忙碌而引发的身心疲惫。他认为，正像"消费"成为一个"世界性问题"一样，"疲劳"也正在成为一个"世界性问题"，成为"世纪新病症"，成为"我们时代的标志"[2]。现代人的幸福感虚空到只能用物质来衡量，清风明月，只有在金钱的包装下，才具有诗意。鲁枢元曾说，现代社会里的"休闲"已被金钱绑架，本来人人共享的"清风""明月"，都被打上了商业的标签，摇身变成了"农家乐""田园度假村""生态游览区"，没有一定的经济实力，清新的空气、怡人的夜空怕是无缘了。对于一般民众来说，享受休闲却以付出更多的劳动为代价，且最终以疲劳收场。现代人似乎忘记了，享受悠闲生活比享受奢侈生活便宜得多。有时，要享受悠闲的生活，只需有一种艺术家的性情，在一种全然悠闲的情绪中，去消遣一个闲暇无事的下午即可。正如梭罗在《瓦尔登湖》里所说的，要享受悠闲的生活，所费是不多的。

林语堂曾说："人类的生活终不过包括吃饭、睡觉、朋友间的离合、接风、饯行、哭笑、每隔两星期左右理一次发、植树、浇花、伫望邻人从他的屋顶掉下来等类的平凡事情。"[3]这是一种真实而简单的生活状态。宋代赵希鹄在《洞天清禄集》中说：

> 人生一世间，如白驹过隙，而风雨忧愁，辄居三分之二，其间得闲

---

[1] 亨利·梭罗：《瓦尔登湖》，田伟华译，中国三峡出版社，2010，第3页。
[2] 让·鲍德里亚：《消费社会》，刘成富等译，南京大学出版社，2000，第208页。
[3] 林语堂：《生活的艺术》，越裔汉译，湖南文艺出版社，2012，第198页。

者才一分耳。况知之而能享用者,又百之一二。于百一之中,又多以声色为受用,殊不知吾辈自有乐地,悦目初不在色,盈耳初不在声。[1]

真正在"百之一二"之"闲"中寻得"乐"者,少之又少。只有"闲""适",万物才呈现出悠闲、自在的生命状态。现代社会过于"进步",过于"繁忙",过于"热闹",生命个体日日困于名缰利锁,这种熙熙攘攘的状态往往让人"陷溺其心""心无偶闲",丧失了个体自我反思、自我沉淀的安静、清闲的空间,导致个体生命的异化。李泽厚深刻地切中当下现实之脉:"苏东坡词云:'长恨此身非我有,何时忘却营营。'人的自我被抛掷、沉沦在这个世界上,为生活而奔波忙碌,异化自身,终日营营,忘却真己。纳兰词说,'驻马客临碑上字,斗鸡人指佛前灯,劳劳尘世几时醒'也是同一个意思。"[2] 奔波、辛劳、忙乱,成了现代人的标签。

中国传统文化认为万物存在的本然状态是"闲"的,故曰:"寒波淡淡起,白鸟悠悠下。怀归人自急,物态本自暇。"[3] 天地万物悠然自得、闲暇自在,人乃自然有机组成部分,故人之闲也是人之存在的本然状态。追求、实现闲的境界,则是生命存在的应然意义所在。如此,"闲"便显得难得而可贵。人类应该保持"闲""静",从纷繁复杂的尘世生活中抽离出来,对世间万物持一种淡淡的同情。当生命个体不再被外在的物质、欲望绑架时,个体的心境才会闲散、从容,如镜子般映照万物,包容万物,在物我两闲中获得安适。美好的生活到底是怎样的,幸福又如何界定,恐怕没有让所有人都信服的标准答案。李泽厚曾说:

"活"不只是"如何活"和"为什么活",而是"活"在对人生、对

---

[1] 赵希鹄:《洞天清禄集》,《丛书集成》本,商务印书馆,1939,第1页。
[2] 李泽厚:《历史本体论·己卯五说》(增订本),生活·读书·新知三联书店,2006,第89页。
[3] 钟星选注《元好问诗文选注》,上海古籍出版社,1990,第48页。

历史、对自然宇宙（自己生存的环境）的情感的交会、沟通、融合、合一之中。人从而不再是与客体世界相对峙（认识）相作用（行动）的主体，而是泯灭了主客体之分的审美本体，或"天地境界"。……人沉沦在日常生活中，奔走忙碌于衣食住行、名位利诱，早已把一切丢失遗忘，已经失去那敏锐的感受能力，很难得去发现和领略这目的性的永恒本体了。也许，只在吟诗读书、听音乐的片刻中，也许，只在观赏大自然的俄顷和长久中，能获得"蓦然回首，那人却在灯火阑珊处"的妙悟境界。[1]

在匆忙而琐碎的日子里，吟诗、读画、听风、看云，似乎成了奢侈品。凡是一种良好的、实用的哲学理论，都奠基于具体的现实生活，符合人类天然的情感，同时，又具有极强的超越精神和理想向度，为人类建构一种"应当如此"的美好生活。苏东坡的伟大，就在于他始终关注"活"本身的价值和意义，拒绝任何形式的人与自然的割裂、物质与精神的偏执、理智与情感的剥离，追求一种圆满、充盈的生命形式，努力活出一个真实、独特、富有创造活力的"东坡"。

---

[1] 李泽厚：《李泽厚哲学文存》（下），安徽文艺出版社，1999，第523页。

AI东坡先生
24小时在线答疑，品宋朝生活逸趣。

观风流人生
在苏轼的起伏历程里，找寻自己的答案。

品大宋风雅
身临其境赏宋朝美学，品味何谓「人间有味是清欢」。

享东坡食谱
盘点中华美味，探寻大宋文豪与美食背后的秘密。

美学密码

「码」上解锁 千年生活的

RENJIAN YOU WEI SHI QINGHUAN

后　　记

　　与东坡先生相识、相知、相惜，最初源于学术的热情。先生生于眉山，逝于常州，葬于郏县，仕宦于凤翔、开封、杭州、密州、湖州、黄州、登州、定州、惠州、儋州等，可谓"身行万里半天下"。循着先生的足迹，一路走来，有欣喜与感动，也有辛酸与悲伤。在四川眉山，我探访了三苏祠。这是东坡出生的地方。如今，人、物早已模糊，只有古井无声无息地守候着，看春夏秋冬，听悲欢离合。不由得恼它的无情，又慨叹人世的短暂。在河南郏县，我走进了三苏园。这是东坡安葬的地方。初夏的午后，青草蔓蔓，偶有虫鸣。天纵奇才，沉睡在眼前的这片土地，已近千年，不由得悲从心来。也许不该悲伤。东坡精神早已化入一山一水、一草一木之中，滋养着我们的生命。在江苏常州，我寻到了藤花旧馆。这是东坡终老的地方。我静静地坐在台阶上，看东坡像、洗砚池，还有先生曾看过的藤花、晒过的太阳，真实而虚幻，清晰而模糊。我常常想：在人生的尽头，先生是否有抱怨、有遗憾？

　　西湖苏堤、徐州黄楼、密州超然台、惠州白鹤峰、黄州雪堂、儋州书院……行走在东坡先生爱过、生活过的地方，看着荒芜的庭院、斑驳的门楣，感受着他的气息、温度，体悟着他的超迈、旷达，渐渐懂得"此心安处是吾乡"的荒凉与温暖。先生的一生被浓缩为一个个地方，甚至只是地图上的一个个"点"。我却循着这一个个"点"，触摸到了一颗伟大的灵魂，他有着精神的礼节和宇宙的风度：热爱生活，尊重生命，体恤他人，怜惜万物。我喜欢先生。他的生命是打开的，脚踏一方天地，目及处即风景，舌尖处即美食，煮野菜、喜酿酒、善品茶、会营园、懂养生、爱自然，过一种清新、清雅、清欢的日常生活。这样的东坡是可爱的、真实的、可亲的。面前的这本小书，与其说是对东坡先生的言说，倒不如说是自己真实的心路历程。它稚嫩、青涩，甚至存在误读与错解，却是我行走、书写时的真实心态。能不能成为先生的有缘人，我一直在努力。

关于东坡，王水照先生曾说，"说不全、说不完、说不透"。我们一次次出发，一次次回眸。也许，他只是、就是一个鲜活的"人"，生长在青山绿水之间，有着衣食住行的考虑，更有着人情世事的烦恼，无论出处、穷达，不执、不迷，悟自我，悟天地，在一次次困厄中与命运握手言和，凭着热情、赤诚、乐观、旷达谱写了生命的华彩乐章。也许是先生成全了我们。于我而言，更是如此。人到中年，遭遇亲人离世、身患疾病的变故，是东坡先生给予我温暖、力量、希望。我深知：人生一世，草木一秋。我们来自蓝天白云，终归要回到生命的根处。可还是无法释怀父亲的突然离世。我的父亲，善良、温厚、开朗、豁达，他深爱着我们，深爱着这个世界，却来不及告别。在人潮汹涌中，我拼命寻找熟悉的背影；在璀璨星空中，我努力寻找最亮的星星；在灵隐寺的佛龛中，我真的找到了，我的父亲，笑着，看着我。那一瞬间，我泪如雨下！

人生就是一场修行，每个人都有自己的道场，但人生的幸运总离不开他人的支持和帮助。在这里，首先感谢吾师鲁枢元先生，是他一步步引领我走进绚烂的精神世界。老师认为，东坡先生"心性中似乎有一种天生的对于其他生命的认同趋向与亲和力"。我认为，吾师有着和东坡先生一样的"人情味和温情主义"。同时，感谢张平教授、李勇教授、王耘教授、刘文霞教授、宋孝忠教授、胡艳秋博士等诸位师友的关心帮助；特别感谢河南大学出版社孔令刚总编辑的大力支持、谌洪波主任的统筹策划，以及陈炜、高枫叶为本书顺利出版付出的辛勤劳动。感谢我的家人和朋友，给予我一如既往的包容、

后　记

理解和最绵长的情谊。感谢所有的美好：日月山河、草木虫鱼，书籍文字、茶酒花香，以及所有遇见和即将遇见的人。

"以月照之偏自瘦，无人知处忽然香。"每个人都是孤独的、寂寞的，每个人又是自足的、圆满的。在不长不短、不快不慢的一生中，愿我们都满怀对世界的欣喜和热爱，拥抱每一次日出，接受每一次月缺，倾听每一次虫鸣，欢悦每一次花开。

作　者